Mais que uma

Motocicleta

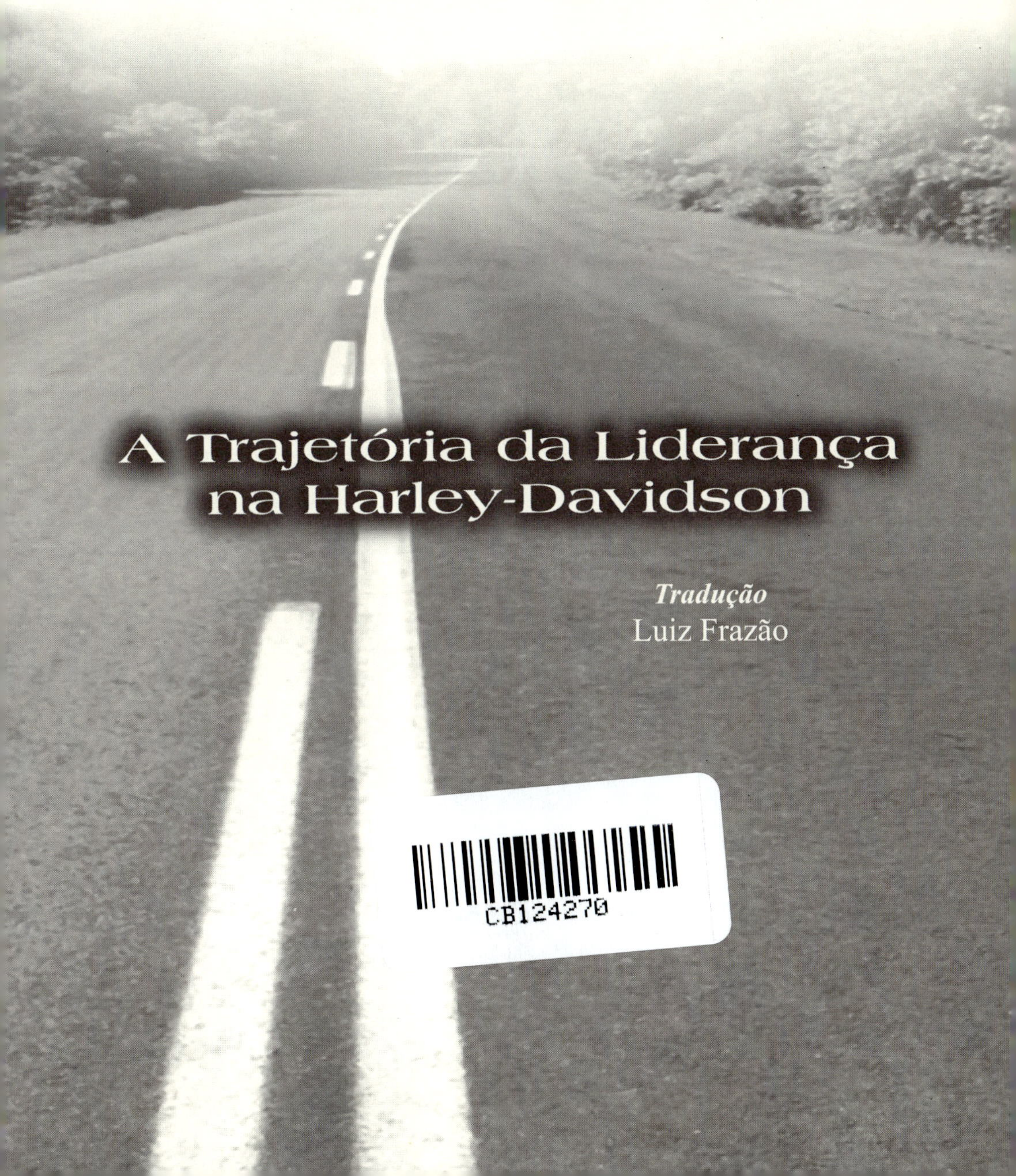

A Trajetória da Liderança na Harley-Davidson

Tradução
Luiz Frazão

Mais que uma

Motocicleta

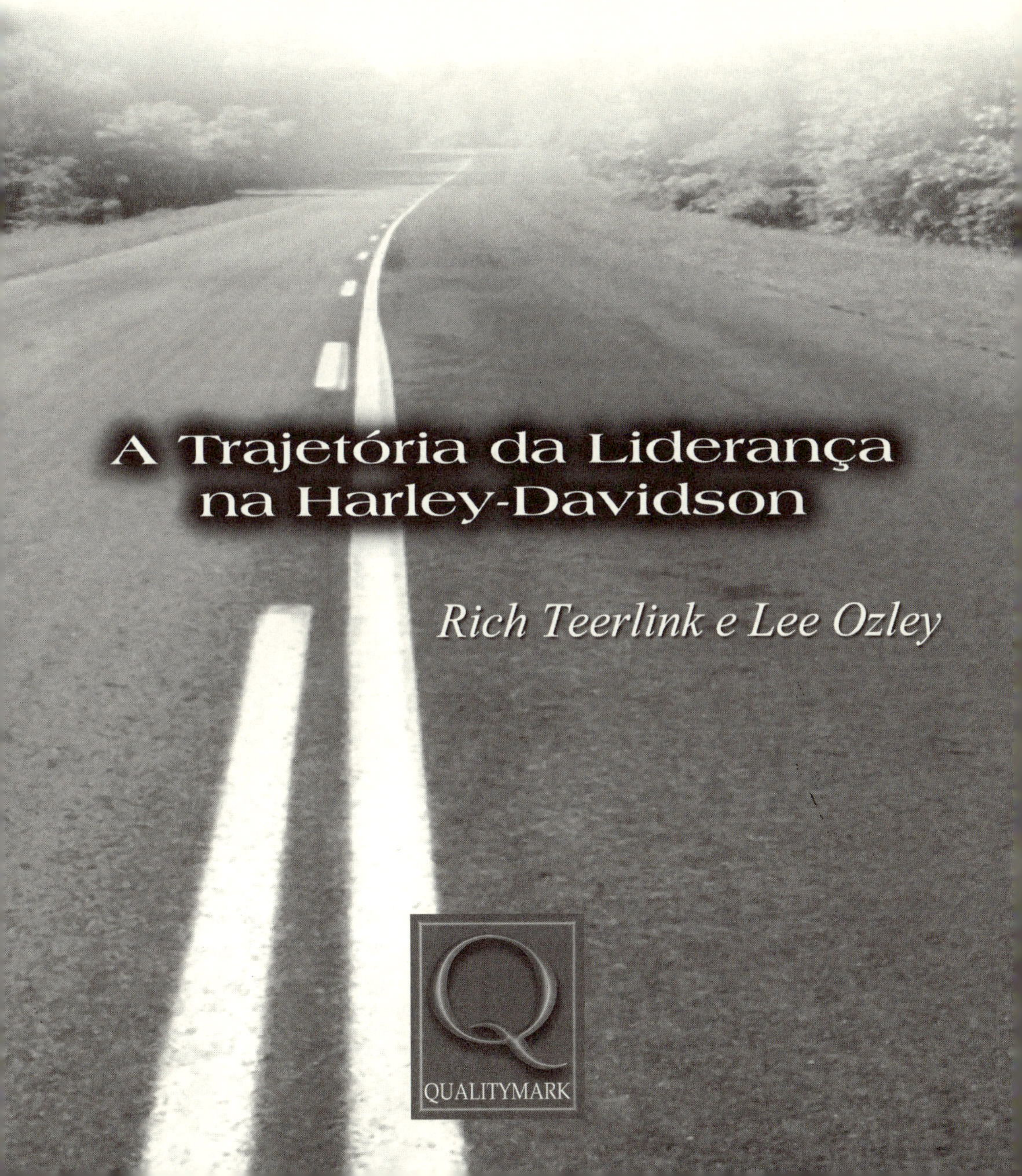

A Trajetória da Liderança na Harley-Davidson

Rich Teerlink e Lee Ozley

QUALITYMARK

Tradução autorizada do original em inglês More than a motorcycle: the leadership journey at Harley-Davidson publicado pela Harvard Business School Press.

Direção Editorial
SAIDUL RAHMAN MAHOMED
editor@qualitymark.com.br

Produção Editorial
EQUIPE QUALITYMARK

Capa
WILSON COTRIM

Editoração Eletrônica
UNIONTASK

CIP-Brasil. Catalogação-na-fonte
Sindicato Nacional dos Editores de Livros, RJ

T959m

Teerlink, Rich

Mais que uma motocicleta: A trajetória de uma liderança na Harley-Davidson; tradução Luiz Frazão — Rio de Janeiro: Qualitymark Ed., 2002.
320p.

Tradução de: More than a motorcycle: the leadership journey at Harley-Davidson

ISBN 85-7303-331-2

1. Gerentes, empresas. 2. Liderança. 3. Desempenho financeiro. 4. Ozley, Lee. I. Título.

01-9085

CDD 985.565.55
CDU 985.565.5

2002

IMPRESSO NO BRASIL

Qualitymark Editora Ltda.
Rua Teixeira Júnior, 441
São Cristóvão
20921-400 – Rio de Janeiro – RJ
Tel.: (0XX21) 3860-8422

Fax: (0XX21) 3860-8424
www.qualitymark.com.br
E-Mail: quality@qualitymark.com.br
QualityPhone: 0800-263311

Este livro é dedicado a todos os homens e mulheres com os quais tivemos o privilégio de trabalhar ao longo de nossas carreiras. Eles foram os mestres, e nós, os alunos.

"O importante, naturalmente, não era o começo, pois como saber quando tem início uma viagem? — não a passagem propriamente dita, mas o sonho da viagem e o afã de encontrar um caminho."

— WILLIAM LEAST HEAT-MOON
River-Horse

Agradecimentos

Tantas pessoas influenciaram nossas vidas, enriqueceram nossas experiências e nos ensinaram coisas úteis. Gostaríamos de agradecer a algumas delas em particular:

- Aos alunos e ao corpo docente da Graduate School of Business, da Auburn University, especialmente o dr. Achilles Armenakis e os alunos do curso de doutorado Lori Muse e Phil Chansler, que em todos os momentos nos incentivaram neste esforço, apresentando esclarecimentos e críticas muito úteis e ampliando nossos horizontes.
- Aos colegas de Lee na Responsive Organizations, Inc. (ROI), que não só contribuíram radicalmente com recursos para os trabalhos na Harley-Davidson como também nos ofereceram contínuo apoio pessoal, seus conselhos e sua amizade.
- Aos funcionários da Harley-Davidson e aos representantes e membros da Paper, Allied-Industrial, Chemical, Energy Workers International Union (PACE) e International Association of Machinists and Aerospace Workers Union (IAMAW), cuja coragem e sabedoria não apenas "fizeram acontecer" como também nos serviram de incentivo e apoio ao longo de nossa trajetória. Queremos agradecer especificamente a extraordinária assessoria, a ajuda e a assistência nas pesquisas que Flip Weber nos ofereceu na fase de elaboração de nosso texto.
- A Kirsten Sandberg, editor sênior da Harvard Business School Press, cujos conhecimentos profissionais, gentil orientação e regu-

lar incentivo nos proporcionaram a vontade de iniciar e concluir este livro.

- A Jeff Cruikshank, cuja extraordinária paciência, competência e habilidade nos ajudaram a encontrar nossa "voz", permitindo-nos dizer de forma mais eficaz o que queríamos dizer.
- A Ann Teerlink e Terri Ozley, que não apenas sofreram os altos e baixos de nossa trajetória, mas também nos ofereceram amor, apoio, esclarecimentos e conselhos inequívocos enquanto nos empenhávamos para escrever este livro.

Nota dos Autores

Conforme sugerido anteriormente, muitas pessoas contribuíram para os processos e invenções descritos neste livro. Somos apenas duas dessas pessoas.

Além disso, na maioria dos casos, cada processo implicou o envolvimento de várias pessoas, que deveriam receber o devido crédito por cada invenção. Essa condição gera uma grande confusão: Quem somos "nós"?

Nós (os autores) nos sentimos tentados a driblar essa questão através do uso incessante da voz passiva, mas a Harvard Business School Press desestimulou essa estratégia. Assim sendo, adotamos nossa própria convenção. Neste livro, a primeira pessoa do plural ("nós") é reservada principalmente para designar o mutável elenco de líderes existentes dentro e em torno da Harley, tanto na alta administração quanto nos sindicatos, que ajudaram a tornar realidade os fatos descritos nas páginas que se seguem.

Quando principalmente ou exclusivamente responsáveis pelas idéias ou ações descritas, os autores serão chamados de "Rich e Lee", "Lee e Rich", ou "os autores". Em alguns casos, estará óbvio que "nós" se refere à equipe de Rich e Lee.

Procuramos também, na medida do possível, deixar que indivíduos-chave contassem suas próprias histórias. (Todas as passagens referentes ao pessoal da Harley, tanto no passado quanto no presente, foram extraídas de entrevistas realizadas na primavera de 1999.) Da mesma forma, quando um de nós tem algum comentário a fazer individualmente, esse aparte é atribuído a Lee ou Rich. Esperamos que esse afastamento das convenções próprias dos trabalhos de co-autoria lhe seja útil e não desvie a sua atenção.

Elogios Antecipados a *Mais que uma Motocicleta*

"*Mais que uma Motocicleta* capta a essência do paradoxo inerente à arte de liderar mudanças: você precisa motivar as pessoas a exigir aquilo que elas entendem não querer. Um grande esclarecimento muito bem apresentado."

— Watts Wacker, Presidente do Conselho de Administração da First Matter Inc., e Co-autor de *The Visionary's Handbook*

"Este livro singular é certamente um dos melhores que já li sobre liderança e administração. É um trabalho inspirador e autêntico. Somente pessoas dotadas de uma grande visão de competência e compromisso, e que nutrem um genuíno respeito pelas pessoas, poderiam ter escrito este livro. Gostei muito."

— Max De Pree, Autor de *Leadership Jazz* e *Leading Without Power*

"Finalmente, um livro que conta a verdade sobre as mudanças organizacionais! Esta rica saga transmite os temores, os erros, as parcerias e os sucessos que mostram como as mudanças realmente acontecem, refletindo a verdadeira trajetória e suas demandas sobre nós: humildade, aprendizado, comunidade, amor e inclusão das pessoas. Agradeço a Teerlink e Ozley por escreverem este livro e aplaudo a coragem dos dois para fazê-lo. Eles demonstraram ter respeito suficiente ao nos contarem a história nua e crua."

— Margaret J. Wheatley, Autora de *Leadership and the New Science*, e Co-autora de *A Simpler Way*

"Esta descrição honesta, detalhada e convincente da transformação ocorrida na Harley-Davidson é leitura obrigatória para qualquer pessoa que esteja enfrentando dificuldades para realizar mudança organizacional. Teerlink e Ozley oferecem valiosas lições sobre como trabalhar em cooperação com representantes dos interesses dos funcionários, fazendo-nos lembrar de toda a sabedoria contida no ditado 'a tecnologia viabiliza; as pessoas realizam'."

— Jeffrey Pfeffer, Thomas D. Dee Professor de Comportamento Organizacional na Stanford Graduate School of Business, e Autor de *The Human Equation*

"Teerlink e Ozley levam os leitores a percorrer a longa e tumultuada trajetória da Harley, da beira da extinção à competitividade classe mundial. Esse antigo ícone de um estilo de vida liberado realizou sua extraordinária 'virada' através de um processo radical de mudança que, literalmente, libertou seus funcionários para que eles pudessem contribuir de forma significativa para o sucesso da empresa. As claras, concisas e poderosas idéias deste livro sobre a efetivação da mudança organizacional e a melhoria contínua o tornam uma fonte de leitura obrigatória, com ampla aplicabilidade no setor empresarial. Uma viagem estimulante."

— Thomas J. Usher, Presidente do Conselho de Administração e Executivo Principal da USX Corporation

"Repleto de esclarecimentos práticos para administradores, líderes sindicais, trabalhadores e teóricos, *Mais que uma Motocicleta* documenta como a Harley-Davidson se recuperou, passando de uma empresa revirada, provocadora e quase falida a uma empresa mais cooperativa, orientada para as pessoas e líder no seu setor. Teerlink e Ozley apresentam de forma objetiva todos os piques, quase desastres, macetes e percalços de uma grande 'virada', associando sempre as ações práticas da empresa a muitas das teorias administrativas mais avançadas da época. Este livro é uma jóia rara destinada a resistir à prova do tempo, da prática futura e da teoria."

—James Brian Quinn, Professor Emérito de Administração na Amos Tuck School of Business, do Dartmouth College, e Autor de *Intelligent Enterprise* e *Innovation Explosion*

"Qualquer pessoa envolvida na liderança de mudanças organizacionais deveria ler *Mais que uma Motocicleta.* Teerlink e Ozley contam a história da resistência às mudanças e explicam a razão pela qual a conquista da confiança é tão necessária para o sucesso. Se eu tivesse tido a oportunidade de ler este livro antes de minhas experiências com a Saturn, teria menos fios de cabelos brancos hoje."

— Skip LeFauve, Presidente e Executivo Principal Aposentado da Saturn

"Uma história altamente educativa e bem contada sobre a transformação de um ícone americano. *Mais do que uma Motocicleta* é leitura obrigatória para qualquer pessoa interessada em uma mudaça organizacional eficaz."

— Edward E. Lawer III, Diretor do Center for Effective Organization, da University of Southern California.

Mais que uma Motocicleta apresenta uma visão honesta da complexa e corajosa transformação de uma grande empresa americana e seu pessoal. Embora o cenário seja a Harley-Davidson, qualquer empresa com esperança de se renovar e ser bem-sucedida no século XXI pode aprender muito com Teerlink e Ozley: que devemos aprender a agir com base no respeito mútuo e na colaboração, não no confronto e nos interesses pessoais. Este livro deveria constituir leitura obrigatória para todos os líderes comprometidos com as mudanças de natureza trabalhista e administrativa. Meus agradecimentos aos autores por compartilharem suas experiências conosco."

— Boyd Young, Presidente Internacional da PACE International Union

Prefácio à Edição Brasileira

Quando se pensa nas transformações pelas quais o mundo passou nos últimos 100 anos, não é difícil imaginar que as organizações criadas no início do século XX tenham se defrontado muitas vezes com crises e com a necessidade de mudar procedimentos, forma de atuação e até mesmo suas convicções.

Uma organização surgida no auge da administração científica, quando o gerenciamento era autocrático e centralizado, as pessoas eram vistas como mais uma peça na engrenagem empresarial, os líderes eram encarados como seres inacessíveis, a concorrência era menos acirrada e a demanda era suficientemente grande, certamente passou por profundas transformações para se adequar a novidades como a Gestão da Qualidade Total, a globalização, a disseminação da tecnologia da informação e a valorização do ser humano dentro das estruturas organizacionais.

No entanto, nem todas as corporações passaram incólumes por estas transformações. Muitas sucumbiram e outras, como a Harley-Davidson, chegaram bem perto disso. Diante de tal constatação é inevitável que nos perguntemos o que determina a sobrevivência das organizações ao longo do tempo. Embora esta obra não apresente respostas definitivas, sua leitura certamente oferecerá alguns indícios dos fatores que fazem a diferença entre o sucesso e o fracasso.

É certo que cada história organizacional tem suas peculiaridades, e não é possível generalizar ou buscar fórmulas infalíveis capazes de solucionar todos os problemas. O caminho da sobrevivência organizacional é particular e único, mas os instrumentos e, principalmente, a motivação que impulsiona os líderes à superação de crises têm muitas semelhanças.

O relato de **Richard Teerlink** e **Lee Ozley** sobre as dificuldades e a grande virada da Harley-Davidson Motor Company é permeado pela determinação, pelo empenho e, especialmente, pela crença no poder transformador das pessoas. Este ícone empresarial americano, que simboliza para milhões de pessoas em todo o mundo um estilo de vida livre e ousado, pôs em prática os mesmos valores que embalam sua marca e transformou crise em oportunidade, controle em participação, velhas fórmulas em ousadas e criativas iniciativas.

A leitura deste relato deixa a impressão de que todo sonho é realizável quando se conta com a determinação e o empenho sinceros de pessoas unidas por um mesmo objetivo e impulsionadas pela ousadia e pela paixão.

Sumário

	1987 — 1988 — 1989
Processo Empresarial	SBP Inicial encaminhado à diretoria "Guarda-Chuva" Empresarial encaminhado à diretoria Comissão Executiva trabalha valores e questões
Comunicações	Grupo da força-tarefa para assuntos de comunicação através do Processo de Visão Conjunta Necessita de grupos de foco de pesquisa de opinião Revitalização das reuniões abertas (realizadas pelo menos trimestralmente em todas as localidades)
Remuneração e Benefícios	Grupo da força-tarefa para assuntos de remuneração através do Processo de Visão Conjunta Reporta abordagem aos tipos de comportamento STIP altera recomendações
Relações Força de Trabalho-Administração	Discussões e investigações internas da administração Contrato de um ano Negociações sobre o processo de solução de problemas Implementação do Processo de Visão Conjunta
Eterno Aprendizado	Centros de aprendizagem AEI Treinamento da Visão Conjunta
Estrutura Organizacional	Pesquisas e discussões
	1987 — 1988 — 1989

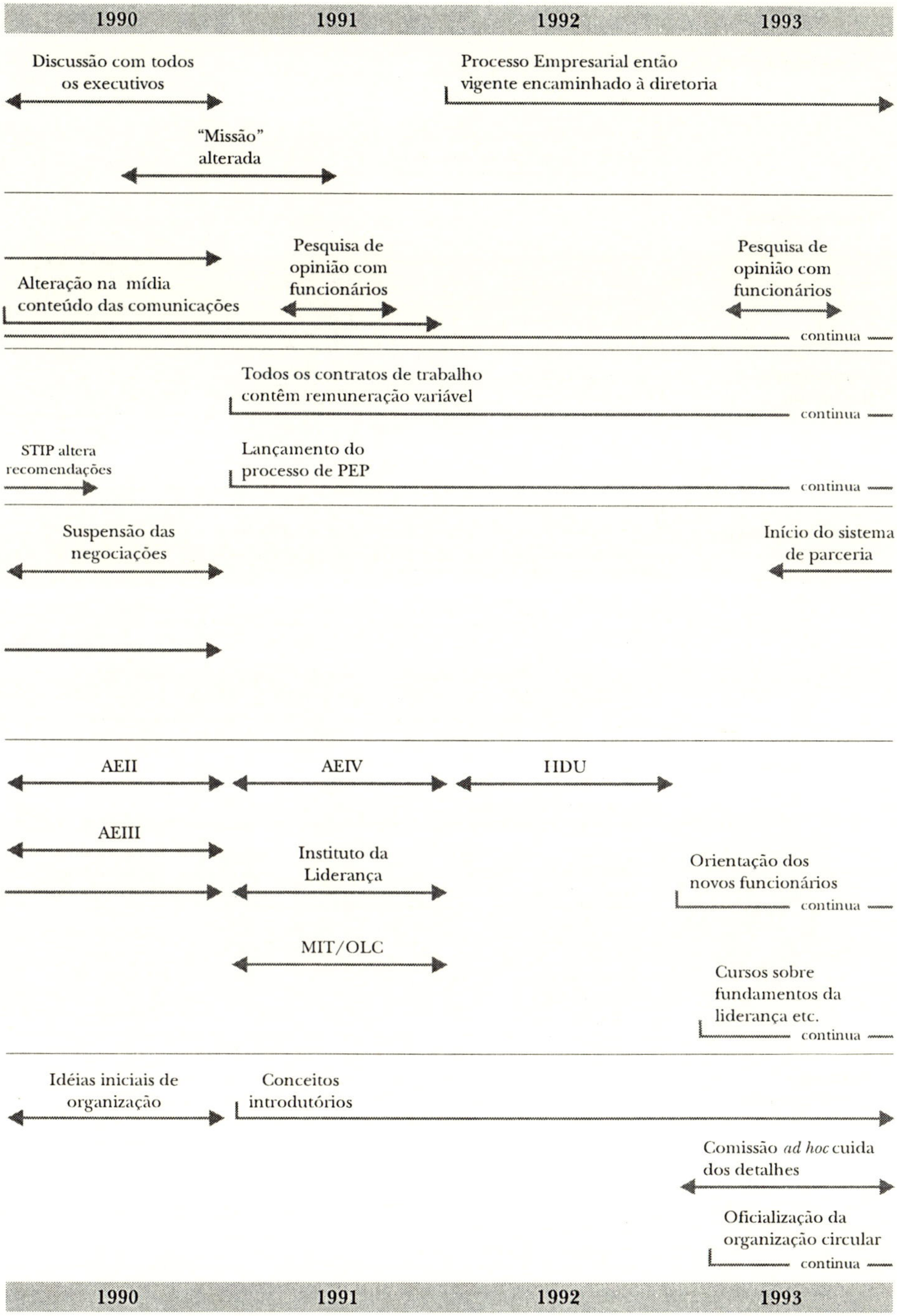
1990
1991
1992
1993
Discussão com todos os executivos
Processo Empresarial então vigente encaminhado à diretoria
"Missão" alterada
Alteração na mídia conteúdo das comunicações
Pesquisa de opinião com funcionários
Pesquisa de opinião com funcionários
continua
Todos os contratos de trabalho contêm remuneração variável
continua
STIP altera recomendações
Lançamento do processo de PEP
continua
Suspensão das negociações
Início do sistema de parceria
AEII
AEIV
IIDU
AEIII
Instituto da Liderança
Orientação dos novos funcionários
continua
MIT/OLC
Cursos sobre fundamentos da liderança etc.
continua
Idéias iniciais de organização
Conceitos introdutórios
Comissão ad hoc cuida dos detalhes
Oficialização da organização circular
continua
1990
1991
1992
1993

	1994 — 1995 — 1996
Processo Empresarial	Módulos de aprendizado Estratégia de produção e Plano 2003 encaminhados à diretoria
Comunicações	Alteração da mídia/conteúdo das comunicações Criação do departamento de comunicações
Remuneração e Benefícios	Remuneração variável Relações Força de Trabalho-Administração Lançamento do processo de PEP
Relações Força de Trabalho-Administração	Início do sistema de parceria Projeto conjunto da nova fábrica/procura de local JPIC Fábricas existentes reivindicam ampliação; contratos de longo prazo (Wisconsin 1996, York e Kansas City em 1997
Eterno Aprendizado	Módulos de aprendizado no Processo Empresarial Orientação dos novos funcionários Círculo de treinamento da "Melhor Prática" Cursos sobre fundamentos da liderança etc. Treinamento do sistema de parceria
Estrutura Organizacional	Criação dos "subcírculos" de Sistemas de Informações, Produção e Engenharia Todos os acordos incluem compromisso com a liderança compartilhada mediante a utilização dos grupos naturais de trabalho Oficialização da organização circular
	1994 — 1995 — 1996

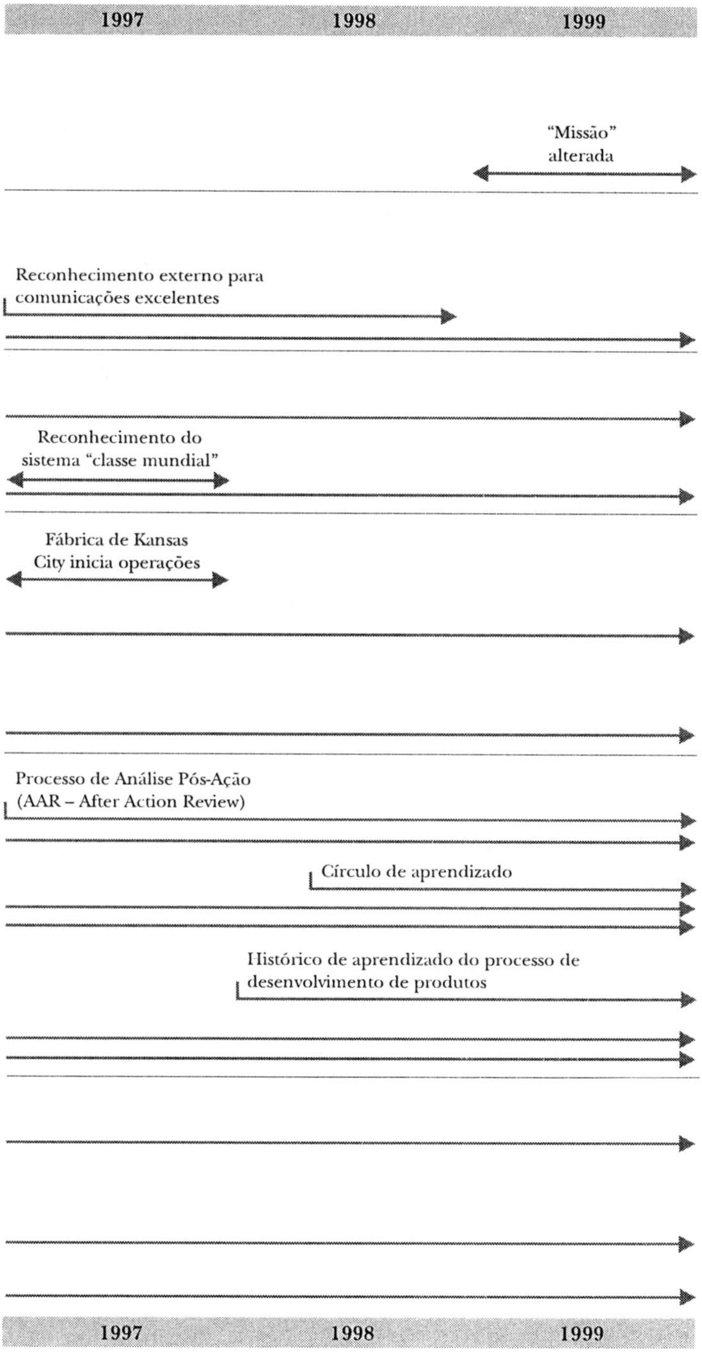
1997
1998
1999
"Missão" alterada
Reconhecimento externo para comunicações excelentes
Reconhecimento do sistema "classe mundial"
Fábrica de Kansas City inicia operações
Processo de Análise Pós-Ação (AAR – After Action Review)
Círculo de aprendizado
Histórico de aprendizado do processo de desenvolvimento de produtos
1997
1998
1999

Introdução

Em um dia de junho de 1998 que, se não pelo especial evento, nada teria tido de extraordinário, 150.000 visitantes acorreram à simpática cidade de Milwaukee, Wisconsin, no Meio-Oeste americano. Eles chegaram dispostos a se divertir.

Não se tratava de festeiros comuns, mas de proprietários e entusiastas de motocicletas Harley-Davidson que estavam retornando à cidade natal de suas motos favoritas para comemorar o 95º aniversário da empresa.

Para muitos desses visitantes, a viagem começou como um dos cinco "passeios em grupo" realizados, cada um partindo de uma localidade diferente da América do Norte. Cada rota totalizava mais de 1.000 milhas. À medida que essas caravanas cumpriam seus itinerários, partindo dos cinco cantos do continente em direção a Milwaukee, mais motoqueiros se juntavam aos grupos. Cada nova Harley no grupo acrescentava o seu rugido rouco às demais, — um som descrito por muitos amantes da Harley como algo semelhante a *potato-potato-potato**, expresso através do empedrado ronco da voz mecânica em tom *basso profundo*.

Quando as cinco legiões de motoqueiros se encontraram, ficou evidente que algo fora do comum estava acontecendo. "Quando o passeio alcançou Milwaukee", registrou mais tarde o relatório da Harley do ano de

* N.T.: Aqui a intenção dos autores foi reproduzir a semelhança fonética entre o som produzido pelos motores das motos e o da palavra "potato", que significa "batata" em inglês.

1998, "havia uma sensação de algo maior do que todas as pessoas e os planos juntos. Enquanto um mar de motocicletas Harley-Davidson desfilava de manhã cedo pelo centro de Milwaukee, o entusiasmo das comemorações de nosso aniversário era ouvido na torcida de milhares de pessoas ao longo das calçadas e ruas, acenando das janelas de prédios comerciais e edifícios-garagem, todas disputando um lugar para assistir à passagem dos motoqueiros e suas trovejantes máquinas de duas rodas".

Sem dúvida, a maioria desses 150.000 fãs de motocicletas e outros visitantes estavam comemorando a alegria e o sentido de liberdade proporcionados pelo motociclismo. Um grupo menor — os que possuíam ações da empresa, por exemplo — certamente estava comemorando o desempenho astronômico apresentado pela empresa nos últimos anos. Em 1997, por exemplo, a Harley acumulou seu 12º ano consecutivo de receita e lucro recordes, tendo produzido e vendido mais motocicletas do que em qualquer ano anterior de sua história. Cem dólares investidos nas ações da Harley em 1986 valiam um pouco mais de US$7.000 no final de 1998.

Mas, com certeza, uma minoria desses visitantes bem como os funcionários locais da empresa estavam comemorando também o fato de ainda existir uma empresa chamada "Harley-Davidson Motor Company", que continuava a fabricar motocicletas e componentes em várias cidades dos Estados Unidos. Quinze anos antes, por ocasião do 80º aniversário da empresa, ninguém apostaria nesse fato. Aquele foi o ano em que a vertiginosa queda da Harley em termos de participação de mercado atingiu proporções tão alarmantes — de quase 80% da categoria 850cc+ em 1973 para irrisórios 23% em 1983 — que o governo Reagan estendeu a proteção tarifária ao moribundo setor de produção de motocicletas nos Estados Unidos. Estava claro que a Harley, acossada por uma alta estrutura de custos e pela má qualidade, não poderia enfrentar sozinha seus concorrentes japoneses.

O que mudou na Harley entre 1983 e 1998? A resposta é simples: muitas coisas. Algumas — dentre as quais, o renascimento do interesse pelo motociclismo e a onda de consumo voluntário decorrentes da prosperidade sustentada do mercado acionário — totalmente alheias ao controle da empresa. (A sorte desempenha um papel importante em muitas histórias de sucesso empresarial.) Outras, como várias mudanças radicais na estrutura do controle acionário da empresa, ocorreram de forma muito visível no cenário nacional. Houve, ainda, aquelas que se processaram principalmente nos bastidores.

Mais que uma Motocicleta versa sobre essa última categoria de mudanças. Trata-se da história de uma trajetória empresarial que começou em 1981, embora este livro se concentre no período pós-1987. Essa fase da trajetória foi iniciada por um dos autores (Richard F. Teerlink, doravante chamado de "Rich"), moldada e orientada por Rich e o outro autor (Lee M. Ozley, doravante chamado "Lee"), vindo contar posteriormente com a adesão de muitas centenas de outras pessoas que trabalhavam dentro e em torno da Harley-Davidson, Inc. ("Harley") no final da década de 80 e no decorrer dos anos 90.

Rich e Lee uniram forças em 1987 e trabalharam juntos durante os 12 anos seguintes. Oferecemos aqui alguns detalhes biográficos básicos que deverão ser complementados mais adiante, quando esse procedimento for de utilidade para a narração da história.

Rich ingressou na Harley em 1981, tendo integrado o corpo de altos executivos da Harley durante a maior parte das décadas de 80 e 90. Ele participou da maioria dos eventos-chave durante um período deveras turbulento da história da Harley. Rich se aposentou em março de 1999, tendo ocupado os cargos de presidente e executivo principal da empresa de 1988 a 1997, e de presidente do conselho de diretores da Harley de 1996 a 1998.

Lee, consultor e teórico organizacional com várias décadas de experiência, ajudou grandes empresas a implementar e lidar com as mudanças. Co-fundador da Responsive Organizations, Inc., empresa fundada em 1979 e especializada na criação de processos integrados de mudança para empresas do setor de produção, na sua maioria sindicalizadas. Durante os 15 anos seguintes, a ROI trabalhou com cerca de 80 empresas na América do Norte e Europa, inclusive a Harley. Depois que entrou em compasso de aposentadoria parcial e resolveu seguir uma carreira autônoma em 1992, Lee continuou trabalhando com a Harley e com vários outros clientes.

Estamos escrevendo sobre uma série de mudanças ocorridas na Harley ao longo desses 12 anos porque acreditamos que esses eventos possam interessar aqueles que desejem ver as empresas americanas — grandes e pequenas, conhecidas e desconhecidas — apresentar um desempenho mais eficaz, eficiente e humanizado.

Com base em nossas experiências comuns e individuais, partimos do princípio básico de que, para que as empresas sejam mais eficazes, eficientes e humanizadas, seus líderes precisam ter acesso à sabedoria e experiência de seu próprio pessoal. Para tal, eles terão que se engajar em alguns processos radicais de mudança.

Acreditamos que a eficácia e a durabilidade das hierarquias tradicionais do tipo "comando e controle" sejam limitadas. Essas hierarquias foram tomadas emprestadas do setor militar pelos impérios ferroviários americanos do final do século XIX, e desde então vêm sendo recriadas pela maioria das empresas nos Estados Unidos. Por serem estruturadas "de cima para baixo" e serem mais ou menos unilaterais em seus processos decisórios, as empresas em que prevalece o sistema de comando e controle estão sujeitas a mergulhar rapidamente em uma crise. Quando estava em crise no início da década de 80, a Harley se beneficiou de forma significativa apenas desse estilo de liderança absoluta hierarquizada de cima para baixo.

Mas o que acontece quando a crise passa?

Achamos que, nessa ocasião, os líderes devem deixar de levar soluções ao seu pessoal para levar-lhes *questões* a serem solucionadas. Os líderes têm que renunciar a algumas das mais preciosas prerrogativas administrativas, muitas das quais provenientes da antiga época da tática de "comando e controle". Em vez de exigir conformidade, esses administradores têm que conquistar e recorrer ao *compromisso.*

Queremos deixar claro de antemão que as páginas que se seguem contêm muito poucas idéias "novas". As idéias novas são extremamente raras, especialmente no contexto das organizações humanas, onde tantas pessoas talentosas — acadêmicos, consultores e profissionais liberais — muito já se esforçaram para aperfeiçoar seus processos. Ao contrário, neste livro o leitor irá encontrar um estudo de como as mudanças foram iniciadas e sustentadas em uma orgulhosa empresa americana.

Esse preceito suscita uma questão óbvia, porém importante. Os estudos empresariais individuais, mesmo aqueles com o tipo de contexto que procuramos apresentar aqui, têm seus limites. Sem dúvida, acreditamos que este exemplo prático contenha muitas lições importantes e que algumas dessas lições tenham ampla aplicabilidade no setor empresarial, tanto nos Estados Unidos quanto em qualquer outro lugar. Por outro lado, não aceitamos a abordagem do tipo "livro de receitas" adotada por muitos livros de negócios hoje existentes no mercado: acrescente uma pitada disto, um pouquinho daquilo e uma colherada daquilo outro; mexa bem os ingredientes, e transforme a sua empresa. Nossa experiência nos mostra que a coisa não é bem assim.

Podemos dizer, por experiência própria, que as mudanças significativas e positivas ocorrem devagar. Rich menciona o ato de "empurrar uma corda", com a intenção de sugerir que é inútil aplicar energia de forma contraproducente. Grande parte da mentalidade gerencial hoje envolve o ato de empurrar cordas — forçar mudanças, fazer mensurações errôneas, renunciar rapidamente às iniciativas, e procurar atalhos para os processos pelos quais uma empresa poderia alcançar aprendizado, crescimento e desenvolvimento *efetivos*, se ao menos fosse capaz de eliminar seus próprios entraves. Este livro mostra como semear sementes e incentivar as pessoas a cultivar essas sementes.

Como deve estar claro nas páginas subseqüentes, o nosso negócio é explorar as idéias até torná-las mais claras e poderosas. Esperamos que você goste de saber o que aprendemos e participe conosco de um diálogo que vem se desenvolvendo há mais de uma década.

1

Prelúdio

Em 1965, 62 anos depois de ser fundada em Milwaukee por William Harley e pelos três irmãos Davidson — Walter, William e Arthur — a última fabricante exclusiva de motocicletas dos Estados Unidos enfrentava grandes dificuldades. Sob a crescente pressão da concorrência estrangeira, inclusive a recente entrada de várias empresas japonesas no mercado, a Harley necessitava de recursos para financiar sua modernização e diversificação. Conseqüentemente, a empresa abriu seu capital e, durante os três anos seguintes, foram vendidas mais de 1,3 milhão de ações da Harley.

Mas o capital aberto tinha seus perigos. No final de 1968, tornava-se evidente que, pelo menos, uma empresa — a Bangor Punta, uma famosa "alimentadora de base" com raízes no setor ferroviário — reservava desígnios hostis para a Harley. A Bangor Punta era conhecida por se capitalizar a partir de suas aquisições e depois sucatear o que sobrasse. Esse possível destino tinha pouco apelo para as famílias fundadoras, que continuavam intimamente envolvidas com os assuntos da empresa.

Comprada!

Uma possível solução para as dificuldades da Harley seria a sua aquisição por parte de uma empresa maior, de preferência com abastados cofres, habilidades de produção e uma filosofia empresarial compatível. Uma investidora amigável em potencial era a American Machine and Foundry

(AMF), sediada em White Plains, Nova York. Até recentemente, a AMF foi um conglomerado relativamente moderado, com a maior parte de seus ativos empregados na fabricação de produtos industriais, como processamento de tabaco e equipamentos bancários. Mas, na tentativa de diversificar sua oferta de produtos, a AMF começou a se lançar no setor de "produtos de lazer" na década de 60. Sua primeira iniciativa nesse sentido — um investimento na produção de equipamentos automáticos para arrumação de pinos de boliche — logo se tornou o seu gerador básico de caixa. Em seguida, a AMF partiu para a aquisição do controle acionário de outras empresas de produtos de lazer, dentre as quais fabricantes de tacos de golfe, raquetes de tênis, esquis e iates.

Em 1969, a AMF comprou a Harley. Com isso, a AMF conseguiu o gancho desejado no setor de lazer, e a Harley começou a receber maciças injeções de capital, uma condição — que se prolongaria por vários anos — absolutamente necessária para a melhoria de seus processos de produção. Mesmo que não se tratasse de uma união abençoada, esse era pelo menos um bem-sucedido casamento de conveniência em que ambas as partes se declaravam satisfeitas com o resultado.

À época da aquisição, todas as operações da Harley estavam concentradas em Milwaukee, Wisconsin. As fábricas da Harley estavam tristemente obsoletas, e seus padrões de qualidade eram suspeitos. Os três maiores ativos da empresa — além do novo relacionamento com a AMF — eram uma qualificada rede de concessionárias, uma poderosa marca (que, felizmente, inspirava uma espantosa fidelidade por parte do consumidor), e um dedicado quadro de funcionários. Os funcionários horistas da empresa eram todos representados por divisões locais de sindicatos internacionais: a Allied Industrial Workers (posteriormente incorporada pela United Paperworkers International e designada ao longo de todo este livro como PACE) representava os funcionários dos setores de operação e manutenção, enquanto a International Association of Machinists (IAM) representava a força de trabalho de setores qualificados menores.

Após comprar a Harley, a AMF nomeou um executivo de grupo, baseado em White Plains, Nova York — local da sede da AMF —, para supervisionar a divisão de motocicletas. Essa mudança representava um duro despertar para muitos dos antigos residentes de Milwaukee. Depois de 65 anos no coração de um dos centros de produção mais antigos e orgulhosos de Wisconsin, a sede da Harley-Davidson era, sem nenhuma cerimônia, transferida para um subúrbio administrativo de Nova York.

Logo vieram novas mudanças. A Harley solicitou o capital necessário para ampliar sua produção em Milwaukee; a AMF respondeu ressaltando que a empresa controladora possuía uma enorme e bem equipada fábrica que se encontrava totalmente ociosa em York, Pennsylvania. Com isso, a linha de montagem final das grandes motos foi transferida para York. É verdade, a AMF estava injetando grandes volumes de capital na Harley, tanto em York quanto em Milwaukee, e o volume de produção da fabricante de motocicletas começou a crescer. Mas ficou difícil continuar afirmando que Milwaukee ainda "fabricava motocicletas". Na realidade, as operações da Harley baseadas em Milwaukee ficaram reduzidas ao papel de grande fornecedora de componentes para a fábrica de York.

Durante toda essa sucessão de dolorosas mudanças — muitas das quais atravessadas na garganta dos fiéis fãs da Harley, porém mais ou menos fundamentais para a sobrevivência da empresa —, os representantes da AMF garantiram a seus funcionários de Wisconsin que a transferência da linha de montagem final e outras operações para a fábrica de York não levaria a dispensas em Milwaukee. Mas logo ficou provado o contrário. E a par dos aspectos específicos desse tipo de descumprimento de promessas, o pessoal da Harley se sentiu profundamente traído. As Harleys (as *Harleys!*) agora estavam sendo montadas pelo pessoal da Pennsylvania, que mais entendia de equipamentos para arrumação de pinos de boliche e cápsulas de explosivos — dois dos principais produtos de York — do que de motocicletas. Na opinião dos funcionários da Harley baseados em Milwaukee, se havia algo conhecido como "pessoal da Harley", essas pessoas certamente não moravam em York, Pennsylvania.

Em parte como resultado dessas mudanças, o relacionamento entre a PACE e a administração da Harley foi gradativamente se deteriorando. O número de reclamações trabalhistas aumentava. Embora a Harley precisasse demais melhorar sua produtividade, todos os esforços da administração para que o trabalho da empresa fosse executado com eficiência eram recebidos com hostilidade e resistência. Em particular, os esforços no sentido de fazer com que houvesse interação e coordenação entre os funcionários baseados em Milwaukee — inclusive os gerentes — e seus colegas de York pouco efeito tiveram além de mero silêncio sepulcral. (Uma ironia, em vista do fato de que a IAM representava também os funcionários de York.) Em junho de 1974 surgiu um impasse, quando a PACE, baseada em Wisconsin, anunciou uma greve em face da recusa da empresa em concordar com o dissídio coletivo que envolvia todos os sindicatos representados dentro do grande império AMF. (Sem esse acordo, com o qual a AMF se recusava a concordar, era impossível controlar a movimentação de funcionários entre as fábricas da AMF.) A paralisação das atividades durou mais de 100 dias — uma divergência sem precedentes em uma empresa que, durante décadas, se orgulhou por se conduzir como uma "família".

Enquanto isso, a AMF perdia a fé. Não só a Harley se revelava um empreendimento difícil de ser administrado — agora dividido entre dois estados — como a subsidiária das motocicletas não vinha respondendo às maciças injeções de capital da AMF. A conquista japonesa do mercado de motocicletas de primeira linha continuava implacável. E, embora as vendas da Harley totalizassem 17% da receita total da AMF, uma parte muito pequena desse resultado revertia em benefício desta última. Um estudo realizado pelo Boston Consulting Group sugeriu que seria necessária uma injeção de mais US$60 milhões a US$80 milhões para que a proposta da nova linha de motores da Harley se tornasse uma realidade.

Em White Plains, quando se dizia basta, bastava. Em 1980, a AMF anunciou que estava pronta a receber propostas de compra de sua problemática divisão de motocicletas.

Da Lua-de-Mel aos Percalços

No dia 16 de junho de 1981, Vaughn Beals — ex-executivo de grupo da divisão da Harley para a AMF, e hoje presidente do conselho de administração e executivo principal de uma recém-fundada Harley-Davidson, Inc., agora independente — percorreu a Capitol Drive em sua moto e entrou no estacionamento da fábrica de Milwaukee. O passeio teve cunho altamente simbólico. Com esse gesto, Beals deixou claro que a Harley estava retornando à sua cidade natal, e que as Harleys voltariam a ser produzidas pelo "pessoal da Harley".

Três dias depois, Beals, juntamente com 12 colegas, comprou a Harley da AMF através de uma ousada e improvável aquisição de controle acionário por parte da administração. Como isso veio a acontecer? Para desespero da AMF, um agressivo esforço de comercialização da divisão da Harley não despertou *nenhum interesse de compra.* Quando um grupo da administração interna liderado por Beals apresentou uma proposta de aquisição alavancada, a AMF não teve opção, a não ser a negociação. Vários meses e cerca de US$80 milhões depois, a Harley recuperava sua antiga condição de empresa privada e independente. O logotipo da AMF foi retirado do tanque de combustível em forma de lágrima, marca registrada da Harley. Parecia que a vida poderia voltar ao normal.

Será? Beals e seus arrojados colegas enfrentaram algumas realidades cruéis. O mercado de motocicletas peso-pesado estava se atrofiando gradativamente. E o pior é que a participação da Harley nesse decadente mercado continuava a despencar — de aproximadamente 80% da categoria de 850cc+ em 1973 para 30,8% em 1980. Pela primeira vez em 50 anos, a Harley perdia dinheiro. Em conseqüência da aquisição alavancada, a empresa agora acumulava uma imensa dívida. A Citicorp, a instituição que concedeu o empréstimo para a possível aquisição, já dava sinais de que poderia entrar com pedido de liquidação da Harley a fim de recuperar pelo menos parte de seu investimento na fabricante de motocicletas.

Enquanto isso, é claro, os problemas internos da empresa persistiam. Os concorrentes estrangeiros lançavam novos projetos, mas como o projeto e os processos de desenvolvimento dos produtos da Harley eram lentos e imprevisíveis, a empresa era obrigada a manter a fidelidade aos seus produtos tradicionais. (A "tradição" era benéfica em termos de apelo visual, mas não tanto em termos de tecnologias obsoletas.) Os pontos de equilíbrio eram altos, o que tornava a empresa extremamente vulnerável até mesmo a pequenas oscilações de mercado. Em termos de qualidade, o padrão adotado pela empresa não era o de um produto aperfeiçoado, mas de um produto "apenas bom". O excesso de estoques em processo e os custos de transporte correlatos absorviam todo o precioso caixa da empresa.

Beals e seus colegas sabiam que precisavam reverter esse quadro. Para se convencerem, eles examinaram primeiro a situação interna da empresa. Sem dúvida, agora eles estavam convencidos de que as ameaças externas à empresa eram suficientes — os eficientes concorrentes japoneses, um mercado em decadência, e assim por diante. Mas ainda mais responsáveis pelas dificuldades da empresa eram os seus funcionários: tanto a gerência como a força de trabalho. Beals e seus colegas decidiram que era aí que as mudanças tinham que ocorrer.

Durante os cinco anos seguintes, a Harley lutou para sobreviver. De acordo com a maioria das avaliações iniciais, o desempenho e as perspectivas da empresa eram desanimadores (ver Tabela 1.1). Os esforços para estabilizar e melhorar a empresa eram dificultados por um caixa rigorosamente limitado, cujo acesso agora era controlado por um acordo de empréstimo estritamente baseado nos ativos da empresa. A situação exigia que fossem tomadas medidas de desespero. Em 1982, a Harley reduziu em 40% a sua força de trabalho (com incidência de cortes maiores sobre os assalariados do que sobre os funcionários horistas). Todos os assalariados que permaneceram na empresa aceitaram uma redução salarial de 9% e concordaram que seus salários permanecessem congelados nos níveis reduzidos por um mínimo de dois anos. Quando a administração abriu seus livros para os sindicatos, estes só tiveram que concordar que as medidas drásticas — medidas que prejudicariam muitos funcionários antigos da Harley — eram necessárias.

Tabela 1.1. A Performance da Harley-Davidson em 1982

Participação no mercado americano (651cc+)	15,2%
Unidades embarcadas	32.400
Receita (US$ milhões)	210
Lucros (perdas) operacionais (US$ milhões)	(15,5)
Funcionários	2.289

A lua-de-mel que começou quando Beals e seus colegas levaram a Harley de volta para Milwaukee durou pouco. Obrigados pelas circunstâncias da luta pela sobrevivência, Beals e seus colegas adotaram um estilo de administração altamente tradicional, do tipo comando e controle. Os gerentes da empresa se concentraram na implementação de "soluções imediatas" de cima para baixo e nos resultados financeiros a curto prazo. Todas as ações de efeito se originavam no ápice da pirâmide empresarial.

É claro que nem todos os grupos subordinados se sentiam obrigados a estar sempre cumprindo ordens. Um exemplo foi o que ocorreu no final de 1981, quando a administração — após decidir que as operações no armazém existente eram excessivamente onerosas — terceirizou o gerenciamento e a distribuição das peças para um fornecedor externo. A arbitragem da conseqüente causa trabalhista devolveu essa função aos funcionários sindicalizados. Outro exemplo veio em 1983, quando um grupo de revendedores Harley que se opunha à maneira como a administração vinha conduzindo a empresa formou a Harley-Davidson Dealer Alliance, levando o caso para a principal financiadora da Harley, em uma tentativa de obrigar a administração da empresa a mudar suas estratégias. Embora o esforço tenha fracassado, os desafios estavam claramente aparecendo para a tática de comando e controle da administração.

Raios de Esperança

Mas a palavra de ordem era "sobrevivência", e, em meados da década de 80, parecia que Beals e seus colegas poderiam operar o milagre de que a Harley necessitava. Primeiro, após vários fracassos notáveis na área de desenvolvimento de produtos, a Harley lançou o motor Evolution para o modelo 1984. Esse motor — combinado à nova e empolgante linha de produtos Softail — logo começou a gerar recursos para o arruinado caixa da empresa. A Softail era uma elegante variação do clássico visual Harley, e estourou no mercado.

Os bons produtos sempre facilitam a comercialização. Mas a Harley fez esforços complementares para garantir que seus produtos aperfeiçoados encontrassem seus mercados. A empresa deu início a programas especiais com a finalidade de ajudar suas concessionárias a atrair e reter clientes. Talvez o mais significativo tenha sido o Harley Owners Group (HOG), criado em 1983. Instituído como uma forma de estabelecer uma comunicação mais eficaz com os usuários finais da empresa, o HOG logo se expandiu, transformando-se no maior clube de motociclismo do mundo. Em parte devido a essa e outras iniciativas semelhantes, as concessionárias voltaram a acreditar que a empresa poderia atuar como uma parceira confiável.

Do ponto de vista operacional, os executivos da Harley investiram nas melhorias. O veterano diretor de produção Tom Gelb organizou um grupo para estudar as práticas na época adotadas pelas empresas de produção mais eficazes do mundo. Gelb e seus colegas da área de produção se convenceram de que, se as operações da empresa melhorassem, tanto a qualidade dos produtos quanto os lucros aumentariam de forma radical. A equipe de produção, portanto, passou a adotar na Harley três técnicas copiadas dos japoneses: envolvimento do funcionário (EI — Employee Involvement); entrega de materiais just-in-time (que na Harley passou a ser conhecida como Materiais Conforme Necessário — Materials as Needed, ou MAN), e controles estatísticos do processo (que passou a ser chamado de Controle Estatístico do Operador (Statistical Operator Control, ou SOC). Esse "trio" passou a constituir a base de melhorias significativas de produtividade de meados até o final da década de 80, e hoje continua a ser a pedra angular da estratégia de produção da empresa.

Os custos operacionais mantiveram as atenções voltadas para a estrutura financeira da empresa, que se apresentava instável tanto antes quanto após o LBO administrativo. Em 1983, a Harley reestruturou grande parte de seu patrimônio líquido e de sua dívida, na tentativa de aliviar a pressão financeira e ganhar tempo para o trabalho de reconstrução. No final de 1985 — depois do iminente risco de extinção mencionado — a dívida remanescente foi reestruturada, com duas novas instituições financeiras vindo assumir o lugar do Citibank. Esses dois eventos de reestruturação, associados a operações que geravam lucros marginais, permitiram que a Harley apresentasse um pequeno, porém positivo, patrimônio líquido em dezembro de 1985.

Restava dar um grande passo em direção à estabilidade financeira: a abertura do capital social. Beals e seus colegas tinham suas desconfianças em relação à oferta pública das ações da empresa. Por um lado, eles *gostavam* de estar no controle de seu destino e dirigir sua própria empresa privada. Por outro, eles sabiam que o acesso aos mercados de capital abertos contribuiria para a saúde da empresa a longo prazo. Gradativamente, com o incentivo de assessores externos, os gerentes da Harley se animaram com a idéia de uma oferta pública.

Isso significava esperar até que a Harley se recuperasse o suficiente para ditar um bom preço no mercado. Em 1986, todas as medidas financeiras relevantes se mostravam positivas. Os custos de produção eram cada vez menores. (As reduções nos estoques em processo e os custos de transporte correlatos geraram uma economia de mais de US$40 milhões por ano.) A qualidade melhorou radicalmente e, conseqüentemente, as reclamações dos motoqueiros em relação à garantia diminuíram. Revitalizada, a rede concessionária cresceu. Quando a Harley-Davidson fez uma oferta pública de ações em julho de 1986, a transação resultou em um estrondoso sucesso. (Na realidade, a iniciativa levantou US$25 milhões a mais do que os subscritores esperavam!) Pelo menos por enquanto a empresa estava a salvo.

Apresentação de Um dos Autores

Um dos arquitetos da recuperação financeira da Harley foi o diretor financeiro da empresa, Richard F. Teerlink, também um dos autores deste livro. Pelo fato de Rich ter desempenhado um papel fundamental tanto na fase de "sobrevivência" da Harley quanto nos acontecimentos subseqüentes descritos mais adiante neste livro, faremos uma pausa agora para descrever o perfil e as perspectivas de Rich.

RICH: Descendo da primeira geração de minha família, nascida nos Estados Unidos. Meu pai, holandês, era fabricante de ferramentas e moldes, tendo imigrado para os Estados Unidos por saber que jamais poderia ter sua oficina própria na Holanda.

Meu pai acreditava nas pessoas e que todos deveriam ter uma oportunidade. Ele implementou um plano de participação nos lucros em sua pequena cadeia de lojas de produtos agrícolas na década de 40, por exemplo. Por isso, criei-me imbuído na filosofia de que todo mundo é importante. Mas meu pai também estava intimamente familiarizado com o ramo de produção, apesar de ter estudado apenas até a 6ª série. Ele era capaz de percorrer a fábrica, olhar e dizer: "Estamos com excesso de estoque. Há prateleiras demais cheias. Algo está errado."

Especializei-me em contabilidade, mas sempre estive atento ao quadro mais amplo, talvez pelo fato de meu pai ter sua própria oficina e eu ter sido treinado dentro dessa perspectiva. Uma de minhas melhores preparações para a liderança ocorreu quando eu trabalhava para um cidadão chamado Earl Fester, em uma pequena subsidiária da Miehle-Goss-Dexter, em Racine, Wisconsin. A subsidiária decidira crescer. Ingressei na empresa como gerente de fábrica e engajei-me em um setor de atividades no qual nunca havia trabalhado — negociação de contratos com o nosso sindicato, condução de reclamações trabalhistas, e assim por diante. Depois, fui transferido para Springfield, Missouri, onde construímos nossa nova fábrica.

Essa experiência e outras posteriores me levaram a focalizar a importância da educação e da comunicação. Os líderes têm que ter um bom nível de escolaridade, uma vez que eles irão educar, comunicar-se e liderar outras pessoas. Isso não acontece por acaso. Acontece porque uma empresa faz com que isso aconteça.

Mas aprendi também que existem limites no que você pode fazer, até mesmo com líderes instruídos e articulados. Ao final do dia, nem todos irão ver as coisas da forma como você quer. Nem sempre as pessoas irão querer fazer o que você entende por certo.

Assim sendo, embora relativamente bem-sucedido como líder adepto do estilo comando e controle, aprendi a dar muita autonomia àqueles que me rodeavam. Aprendi a deixar as coisas se desenvolverem. Mesmo quando quero as coisas feitas rapidamente, acho que elas precisam se desenvolver. Há coisas que simplesmente levam seis meses para ser feitas, independente de você querer vê-las feitas em três. Em particular, tenho que reservar tempo para desenvolver a gerência. E aí reincidimos na questão do aprendizado. Quando reflito sobre as várias experiências que já tive, elas parecem sempre convergir para a filosofia do "Aprenda a compreender as pessoas. Não as obrigue a compreender. Ajude-as a compreender".

De Olho no Futuro

Nos tempos "bicudos" que perduraram do início até meados da década de 80, os funcionários da Harley, tanto assalariados como horistas, se viram dançando na corda bamba. Muitos perderam seus empregos ou oportunidades de progresso profissional. Muitos ótimos funcionários deixaram voluntariamente a empresa, após decidirem que teriam um futuro mais brilhante em outro lugar. Os departamentos se esvaziaram, em alguns casos eliminando a burocracia, mas, em outros, mutilando funções organizacionais vitais.

Quando a sorte da Harley começou a melhorar na segunda metade da década de 80, os dirigentes da empresa começaram a se perguntar se essas melhorias seriam uma faca de dois gumes. E se os sobreviventes, que muito tinham do que se orgulhar, chegassem à conclusão de que a Harley agora estava "em condições suficientemente satisfatórias"? Afinal, a empresa havia dado o contragolpe nos concorrentes japoneses e pedido ao governo federal que antecipasse em um ano a rescisão da tributação de cinco anos sobre a exportação de seus produtos. O presidente Ronald Reagan elogiou publicamente a empresa (por ocasião de uma visita à fábrica de York, no dia 6 de maio de 1987) por ter recuperado o seu padrão de competitividade classe mundial. "Vocês nos mostraram como ser os melhores", disse Reagan (conforme citado no relatório de 1987 da Harley). "Vocês são líderes em novas tecnologias. Vocês foram fiéis aos valores americanos de trabalho árduo e jogo limpo... Como vocês mais uma vez mostraram, os Estados Unidos são um lugar especial. Estamos a caminho de uma prosperidade sem precedentes... e chegaremos lá em uma Harley."

De acordo com algumas medições, a Harley estava de volta ao mercado (ver Tabela 1.2). Mas será que Reagan tinha razão? A Harley era a melhor? E isso bastava?

Tabela 1.2. A Reversão (Quantificada)

	1982	1986
Participação no mercado americano (651cc+)	15,2%	19,4%
Unidades embarcadas	34.000	36.700
Receita (US$ milhões)	210	295
Lucros (perdas) operacionais (US$ milhões)	(15,5)	7,3
Funcionários	2.289	2.211

NOTA: A estabilidade da força de trabalho entre 1982 e 1986 não reflete experiência anterior imediata. Entre 1981 e 1982, a força de trabalho sofreu redução de 40%.

Entre eles, Rich e seus colegas da alta administração da Harley se preocupavam que a resposta a essas perguntas fosse negativa. A Harley, sem dúvida, era uma grande marca. Se não era uma "líder em novas tecnologias", como afirmou Reagan, pelo menos a Harley agora figurava no mapa tecnológico. Os membros da empresa, no entanto, sabiam que ela não era particularmente qualificada em matéria de inovação. A maior parte dos lucros da Harley era proveniente da venda de peças e outros fluxos auxiliares de receita — em outras palavras, não da venda de novas motocicletas. E aqueles que trabalhavam na empresa sabiam também que a Harley continuava a enfrentar sérios problemas, dentre os quais uma alta estrutura de custos — o mais alto do setor —, padrões de qualidade inadequados e um nível instável de compromisso dos funcionários com a continuidade do sucesso da empresa.

A avaliação deste último ponto provou ser uma tarefa difícil para Rich e seus colegas. Sem dúvida, os funcionários da Harley envidaram esforços heróicos no sentido de salvar a empresa. Todas as vezes em que tiveram que se sacrificar pela empresa, eles o fizeram — com rapidez, boa vontade e eficácia. E, apesar de uma compreensível antipatia por tudo que procede do Japão, eles aderiram às inovações que Tom Gelb e seus colegas do setor de produção importaram desse país. Essas mudanças foram responsáveis pela "virada" substancial nos destinos da empresa nos últimos anos, uma reversão hoje tão comemorada pela imprensa de negócios quanto pelo presidente dos Estados Unidos.

Os gerentes da empresa também contribuíram de maneira vital. Na época em que Vaughn Beals e seus colegas resgataram a Harley-Davidson da beira da extinção, uma definição específica de "liderança" passou a dominar a empresa. De acordo com essa definição, o papel da liderança não era prever desafios iminentes, decidir como solucioná-los e depois impor à empresa a solução prescrita. "Liderança" (segundo essa teoria) consistia em um pequeno grupo de pessoas que contariam com o apoio de outros membros da empresa. De acordo com essa visão do mundo, os líderes eram dotados de características que os credenciavam especificamente a exercer atividades de liderança: carisma, conhecimento técnico e administrativo e capacidade de focalizar as situações como um todo. A liderança era uma característica pessoal para ser exercitada de forma hierárquica, de cima para baixo.

A Harley não inventou essa definição, é claro. Em praticamente todas as mais de 80 empresas com as quais Lee trabalhou, bem como aquelas com as quais Rich também trabalhou e estava familiarizado, o modelo de "comando e controle" era (e ainda é) o modelo dominante quando se trata de organização de empresas do setor industrial. Em grande parte, isso se deve ao fato de o sistema ter demonstrado sua eficácia, muito recentemente na Harley, mas também em inúmeras outras situações. Quando uma empresa está sofrendo extrema pressão — a ponto de um passo em falso poder representar a sua derrota — um sistema autoritário de controle pode ser absolutamente necessário.

Podemos fazer uma analogia com um país cercado por todos os lados por forças invasoras. O exército de defesa recorre aos seus generais em busca de uma liderança determinada, e a nação reza para que esses generais sejam devidamente hábeis e tenham sorte. Mas o que acontece quando os exércitos invasores são rechaçados e essa pressão imediata é aliviada?

E se a ameaça externa não for suficientemente forte para servir como pedido de socorro urgente? A invasão é uma coisa; a lenta erosão de uma posição competitiva é outra. Diante do segundo tipo de desafio, a empresa deveria insistir em suas táticas de comando e controle? Ou deveria procurar novos sistemas organizacionais e gerenciais?

Rich verificou que logo deveria assumir maior responsabilidade pelo futuro da empresa. Conseqüentemente, ele começou a conversar com seus colegas da alta administração, inclusive Beals, sobre alternativas para o estilo gerencial de comando e controle. Esses colegas concordavam plenamente com as preocupações de Rich, mas nenhum tinha uma idéia clara das *providências* que poderiam ser tomadas em relação a essas preocupações. Havia outras empresas que tivessem enfrentado situações semelhantes em seus processos decisórios? O que *essas empresas* fizeram? Quem as ajudou?

"Tradicionalmente", recorda-se o ex-executivo da Harley, Jim Paterson,

> a cultura da empresa girava em torno de um presidente ou executivo principal muito poderosos — desde as gerações Davidson até Vaughn Beals. Você esperava que lhe dissessem o que fazer, e depois você o fazia. E se o fizesse direito, você era promovido. O problema, naturalmente, é que acabava havendo muitos índios que não sabiam o que fazer sem o cacique. Isso ocorria não apenas com a estratégia e as operações, mas também com a maneira como as pessoas eram tratadas. Rich identificou essas áreas como áreas que necessitavam de mudanças.
>
> Ele queria eliminar os níveis gerenciais, por exemplo. É claro que isso iria se traduzir em receita e tornar a empresa mais rentável. Porém, o mais importante é que faria com que as pessoas se sentissem participantes e capazes de prestar sua contribuição. Além disso, não seria necessário passar por dez níveis hierárquicos para chegar aos dirigentes da empresa.

Durante os anos de recessão, de 81 a 86, muitas dessas medidas foram tomadas por necessidade. Eliminamos níveis hierárquicos porque fomos *obrigados*. E os funcionários dos níveis hierárquicos mais baixos da empresa se revelaram, indo além do cumprimento de suas tarefas. Eles contribuíram com idéias e começaram a se sentir parte da empresa e de seu sucesso. E nós queríamos aproveitar essa condição — não apenas protegendo-a, mas desenvolvendo-a.

Na antiga empresa, você estava preocupado em construir o seu reduto — relatórios, gratificações, secretárias, e assim por diante. Na nova empresa que Rich estava começando a visualizar, você alcançaria o sucesso de maneiras muito diferentes. Você teria que participar, ser intelectualmente curioso, empenhar-se para melhorar o seu nível de escolaridade, adquirir novas habilidades gerenciais, ser membro de equipe e líder de equipe.

"Falar é muito fácil", conclui Paterson. "Mas, quando você tenta institucionalizar esse tipo de coisa, é muito difícil."

Inventar e institucionalizar uma nova abordagem para dirigir a Harley: essa foi a empreitada na qual Rich se engajou enquanto se preparava para assumir o recém-criado cargo de presidente e diretor de operações da Divisão de Motocicletas da Harley. Para todos os efeitos, esse era o cargo mais alto de uma empresa maior, que hoje inclui uma fabricante de veículos de recreio sediada em Indiana, a Holiday-Rambler, adquirida em 1987 como parte de uma iniciativa planejada de diversificação. Qualquer idéia apresentada por Rich e seus colegas da Divisão de Motocicletas (alternadamente chamada de "Motor Company") era cuidadosamente examinada no tocante às suas implicações para a empresa como um todo.

RICH: Eu não tinha prazo, mas um grande sentido de urgência. Eu sabia que precisávamos ser mais competitivos. Tínhamos que eliminar os custos de nossos produtos, e, para tal, tínhamos que nos envolver mais. Além disso, eu por acaso acreditava fundamentalmente que as pessoas deveriam ter a oportunidade de influenciar suas vidas e seu ambiente de trabalho. Tudo faz parte de um mesmo contexto.

2

A Caminho

A partir dos primeiros meses de 1987, Rich expôs suas preocupações em relação à organização a Tom Gelb, vice-presidente de produção, e a John Campbell, vice-presidente de recursos humanos. Juntos, em uma série de reuniões informais e *ad hoc*, eles estudaram diversas formas de manter a empresa progredindo.

Uma das opções, naturalmente, já era conhecida. Como a Harley havia demonstrado de forma convincente a sua capacidade de responder à crise, talvez a solução fosse garantir que a continuidade de um clima de crise dominasse toda a empresa. Entretanto, os três dirigentes suspeitavam de que essa estratégia pudesse levar ao desgaste e não a um alto desempenho sustentável.

Baseados em sua antiga convicção de que as *pessoas* são o recurso mais importante de qualquer empresa, Rich começou a se perguntar, alto e bom som, como a Harley poderia oferecer novos tipos de incentivo que estimulassem uma ampla base de "participação" (no sentido figurado) em toda a empresa. Assim, a empresa teria mais probabilidade de conseguir que seus funcionários se esforçassem ao máximo. A estratégia do envolvimento do funcionário (EI — Employee Involvement) era mais do que nova na Harley (ver Capítulo 1). Mas o que parecia ser necessário era um envolvimento mais amplo e profundo, que abrangesse toda a empresa. A longo prazo, a Harley só iria sobreviver e prosperar se cada funcionário assumisse a responsabilidade de liderar a empresa.

Essas discussões gradativamente levaram os três executivos à conclusão de que a empresa deveria estudar a implementação de um programa formal de "participação nos lucros", ou permitir que todos os funcionários compartilhassem as melhorias feitas na empresa:

RICH: Víamos a participação nos lucros como um possível gancho — uma forma de fazer com que as pessoas focalizassem a maneira como poderíamos melhorar juntos. Parecia ser uma forma promissora de progredir com uma base mais ampla de participação.

Eu já tinha visto programas de participação nos lucros que eu pensava fazer algum sentido, e já tinha visto outros também que não geravam os tipos de melhorias que procurávamos. O programa da Herman Miller, que eu vira em primeira mão, tinha vantagens e desvantagens. Mas certamente ajudou a gerar grande compromisso por parte das pessoas.

A participação nos lucros não era o único aspecto que estávamos considerando. Estávamos escarafunchando, sondando e fazendo experiências. De certa forma, estávamos agindo como os antigos desenvolvedores de produtos, que inventavam um novo conceito de produto, fabricavam um protótipo e depois o "assavam" até que apresentasse defeito, para descobrir que parte se quebrara e por que. Estávamos procurando aqui e ali, na tentativa de encontrar uma alternativa viável. A participação nos lucros foi uma dessas alternativas que olhamos e dissemos: "Olha só, vamos ver se com isso chegamos lá". Era o nosso equivalente à "engenharia artesanal".

Apresentação de um Novo Recurso: Lee Ozley

Baseados nesses fundamentos, Rich, Tom e John iniciaram uma série de conversações com Edward Lawler. Lawler, diretor do Center for Effective Organizations e reconhecido especialista em sistemas de remuneração alternativos, ouviu com atenção os fundamentos que os executivos da Harley ofereciam em favor de um programa de participação nos lucros. Ele os surpreendeu ao discordar da conclusão a que os três haviam chegado. As questões que a Harley vinha enfrentando, advertiu ele, pareciam demasiadamente amplas e complexas para ser resolvidas através de uma simples abordagem de participação nos lucros. Ele sugeriu que a Harley conversasse com três consultores, cada um possivelmente capaz de ajudar a empresa a lidar com questões de natureza mais ampla.

E assim, em outubro de 1987, a Harley se reuniu individualmente com três consultores indicados por Ed Lawler. As reuniões se realizaram em uma sala de conferências situada no primeiro andar das instalações da Harley-Davidson na Capitol Drive. Os três representantes da Harley procuraram apresentar a cada um dos entrevistados uma visão geral da empresa. Eles disseram acreditar na estratégia do envolvimento do funcionário, e se confessaram orgulhosos dos passos iniciais da empresa nesse sentido. Por outro lado (confessaram eles prontamente), a Harley não estava nem perto de onde precisava estar em termos de extrair as melhores idéias de seu pessoal.

Os dirigentes da Harley consideraram desanimadora a primeira dessas discussões. O primeiro consultor parecia ter uma solução-padrão que ele aplicava a todas as suas missões. Ele deixou claro que estava ansioso para implementar o tipo de plano de participação nos lucros que Rich, Tom e John estavam estudando. Na realidade, disse, ele já tinha uma boa idéia de como deveria ser o plano.

RICH: Aturei muitas visitas de consultores interessados em vender seus "peixes". Eles todos querem encher seus olhos, primeiro demonstrando seu brilhantismo, e, segundo, com todos esses fantásticos clientes por cujo sucesso eles se consideram exclusivamente responsáveis. E, pelo que mostra a minha experiência, eles dificilmente discordam de você. Dificilmente dizem: "Bem, se isso é o que você quer, está falando com a pessoa errada." Em geral, eles aceitam a missão e depois tentam mudar seu objetivo durante o curso dos trabalhos. Mas eles não deixam a grana escapar.

O segundo entrevistado foi Lee M. Ozley, co-fundador e presidente da Responsive Organizations, Inc. (ROI), empresa com sede na Virgínia. A ROI contava com uma impressionante carteira de clientes, dentre os quais AlliedSignal Corporation, National Steel and the United Steelworkers, U.S. Steel and the United Steelworkers, Cummins Engine Company,

Diesel Workers Union e United Auto Workers. Vamos deixar que Lee se apresente.

LEE: Sou nascido e criado no Alabama. Meu pai era vendedor atacadista de artigos de ferragem — provavelmente a pessoa mais ética que já desempenhou essa função. Sua preocupação era oferecer a seus clientes aquilo de que eles necessitassem, e não de garantir suas comissões. Lembro-me de tê-lo acompanhado certa vez em uma visita de vendas, carregando aqueles catálogos com 27 kg de peso e vendo-o preencher formulários para seus concorrentes quando seus preços eram melhores do que os dele, ou quando seus produtos eram mais adequados às necessidades de seus próprios clientes.

Minha mãe — dona de casa, mãe e, posteriormente, enfermeira — é a pessoa mais notável que já conheci. Não me lembro de ter ouvido ela fazer qualquer comentário negativo a respeito de alguém. Ela me ensinou que todo mundo tem virtudes e merece respeito, e que, às vezes, é apenas uma questão de tempo para que encontremos qualidades em algumas pessoas.

Concluí meus estudos universitários na Auburn University, onde também fui designado para servir na Força Aérea dos Estados Unidos através do programa ROTC. Após a minha precoce temporada na Força Aérea durante a era Vietnã, cursei a Universidade de Wisconsin, onde estudei a obra de Abraham Maslow, provavelmente o melhor professor socrático que já conheci.

Nessa ocasião, envolvi-me com os sindicatos trabalhistas, que me deram uma visão muito diferente de como os funcionários viam as organizações de que eles faziam parte — inclusive seu próprio sindicato.

Depois, tive a oportunidade de ver as organizações por um "outro prisma", ocupando cargos de gerência de operações em duas empresas do setor de produção. Em uma dessas empresas, enfrentamos a implementação do Título VII da Lei dos Direitos Civis de 1966 nos estados do extremo sul dos Estados Unidos. Essa tarefa foi realizada sem maiores dificuldades. Bastou conversarmos com todas as pessoas, explicar o que estava e o que não estava acontecendo, e aonde estávamos tentando chegar.

Francamente, não tivemos qualquer problema sério para implementar o que muitos, inclusive eu, pensavam ser muito difícil.

Nesse ínterim, ficou claro para mim que, limitando-me a trabalhar alternativamente com a instituição "trabalhista" ou com a instituição "administrativa", eu não poderia ter o tipo de influência que desejava. Houve uma época de minha vida em que eu pensava em ser ministro, porque tinha a intenção de ajudar as pessoas a ter melhores condições de vida. Mas me ocorreu que é no trabalho que as pessoas passam a maior parte de seu tempo. Cheguei à conclusão de que, se pudesse influenciá-las no trabalho, eu teria muito mais chance de realmente fazer uma diferença. Assim sendo, o ambiente de trabalho, sob diversos pontos de vista, passou a ser o foco central do restante de minha carreira.

Passei algum tempo como árbitro e mediador, o que me ajudou a compreender e avaliar que seria melhor para todos se pudéssemos solucionar os problemas nas suas respectivas fontes — em vez de fazê-lo em momento tão tardio que exigisse a figura de um interventor para resolver o problema.

Ingressei, então, na Kurt Salmon Associates (KSA), em Atlanta. Na época, a KSA estava voltada para a implementação de um novo sistema de produção e queria continuar a desenvolver o "lado humano" de sua prática. Kurt Salmon era um dos homens mais éticos que já conheci. A oportunidade de trabalhar com ele me ajudou a compreender os princípios básicos da consultoria, bem como firmar e manter "contratos" mutuamente eficazes com os clientes.

Em 1975, fui para Washington, D.C., para servir como diretor executivo do American Center for the Quality of Working Life, uma fundação sem fins lucrativos responsável pela implementação de algumas das primeiras iniciativas de colaboração entre os setores trabalhista e administrativo nos Estados Unidos. No final de 1978, eu queria atuar de forma independente e aplicar algumas das lições aprendidas. Assim sendo, juntamente com minha esposa, fundei a Responsive Organizations, Inc. (ROI). Na época em que a Harley fez contato comigo através de Ed Lawler, a ROI trabalhava com diversas empresas sindicalizadas do setor de produção.

Ed e eu nos conhecemos há anos. Na época ele morava em Los Angeles e sua área de trabalho se restringia principalmente ao oeste do Mississippi. Um dia, ele me chamou e disse: "Indiquei seu nome para algumas pessoas na Harley-Davidson. Elas dizem estar interessadas em um plano de participação nos lucros, mas essa história é longa. Acho que seria um desafio muito interessante.

Novamente, os três gerentes da Harley projetaram o seu balão de ensaio: o fato de que um programa eficaz de participação nos lucros poderia expandir a base de "participação" em toda a empresa. Eles perguntaram se Lee seria capaz de criar e instalar esse programa.

Como Ed Lawler antes dele (mas diferente de seu antecessor imediato presente na sala naquele momento), Lee perguntou exatamente qual era o problema que a Harley estava tentando resolver. Rich, Tom e John expressaram sua vontade de expor as questões subjacentes que haviam levado às suas conclusões, mas queriam saber a razão pela qual Lee precisava descer a mais um nível de detalhes. Lee respondeu que a sua experiência lhe mostrava que era importante evitar definir uma solução para um problema antes que as causas básicas desse problema se manifestassem e fossem discutidas.

Ele disse que era muito comum as empresas tentarem levar as soluções aos funcionários, em vez de trabalhar *com* os funcionários para solucionar um problema. Seria incompatível com a tradição da Harley em termos de envolvimento do funcionário, ressaltou ele, se a empresa simplesmente implementasse um programa de participação nos lucros de cima para baixo.

E em qualquer caso, prosseguiu Lee, qualquer proposta de plano de participação nos lucros deveria ser avaliada como parte de um contexto muito mais amplo. Muitos desses planos eram implementados numa tentativa de reduzir as horas extras. Mas nos casos em que as horas extras somavam de 20 a 30% do salário-base, uma compensação de participação nos lucros (normalmente em torno de 3 a 5%) seria insignificante, e o plano não alcançaria a meta estabelecida. As empresas que pediam aos funcionários que negociassem 30% das horas extras por 3 a 5% de participação nos lucros quase sempre se decepcionavam com os resultados.

Lee concluiu, esses comentários iniciais dizendo que ele provavelmente não era a pessoa certa para assumir diretamente a implementação do plano de participação nos lucros. Ele teria prazer em indicar outros consultores à Harley, se esse era o rumo que a empresa realmente desejava seguir, mas Lee e a ROI provavelmente não eram a opção adequada.

Para Rich, tratava-se de algo inusitado. A maioria dos consultores com os quais ele havia lidado no passado se mostrou mais *gananciosa* do que esse tal de Ozley.

RICH: Foi a visita de consultoria mais incomum que já vi.

LEE: Francamente, tínhamos muito trabalho na época. Em face dessa carga de trabalho, provavelmente não aceitaríamos essa missão. Na realidade, lembro-me de ter participado de uma reunião de planejamento, após essa primeira conversa em Milwaukee, quando um de meus colegas fez uma pergunta capciosa. "Tudo bem, Lee — disse ele —, que diabos você vai fazer se conseguir vender o seu peixe?" Mas parecia uma situação interessante — conforme prometera Ed Lawler —, e aqueles três caras de Milwaukee estavam nitidamente interessados em arranjar uma solução, qualquer que fosse essa "solução".

Estimulados por essa oportunidade de focalizar as questões e necessidades subjacentes, Rich, Tom e John expuseram em linhas gerais para Lee as conversas mantidas durante os seis meses anteriores. Eles enfatizaram as questões que tanto os intrigavam: A constante administração em regime de crise prejudica uma força de trabalho a longo prazo? Como a Harley poderia, na falta de uma crise concreta, reforçar suas tradições relativamente frágeis de envolvimento do funcionário e melhoria contínua? O que motivaria os funcionários a melhorar cada vez mais? O que promoveria um alto desempenho sem desgaste?

Da Visita de Vendas ao Diálogo

Nessa ocasião, talvez após uma hora de conversa entre os três executivos e seu convidado, começou a ocorrer uma mudança interessante. O objetivo da reunião — entrevistar um possível candidato que ajudasse a Harley a implementar seu plano de participação nos lucros — perdeu importância, surgindo um novo objetivo. Trabalhando em nível de "causa básica", os quatro participantes da reunião começaram a trabalhar juntos, como parceiros e colegas, engajando-se em uma sessão *brainstorming* e comparando anotações. Lee atuou como um facilitador informal da reunião. Mas, como um grupo cada vez mais coeso, Rich, Tom, John e seu novo colega começaram a explorar as idéias e ir mais fundo nos grandes desafios que a Harley poderia estar enfrentando nos meses e anos futuros.

Cada participante colocou seus pontos de vista em debate. Lee se estendeu um pouco falando sobre as idéias do teórico organizacional Abraham Maslow, que exercera profunda influência sobre ele quando estudaram juntos anos antes. Maslow afirmava, entre outras coisas, que, se não for por força de uma crise, as pessoas raramente assumem compromisso com um programa que lhes seja imposto. Por outro lado, estão dispostas a se comprometer com um programa que elas ajudem a criar. Esse fato, sugeriu Lee, tinha profundas implicações para os dirigentes de uma empresa. Talvez um "líder" não seja aquela pessoa que soluciona todos os problemas de uma empresa de forma unilateral, mas alguém que identifica de forma eficaz e reúne um grande número de pessoas em um procedimento de solução de problemas em grupo.

LEE: Engajamo-nos em um modelo de aprendizado conjunto. Estaríamos discutindo algo. Eu fazia uma pergunta e eles diziam: "Talvez esse conceito desse certo." Depois, invertíamos os papéis. Era mais uma espécie de seminário do que um discurso de vendedor.

Os executivos da Harley estavam familiarizados com o trabalho de Maslow e refletiam em voz alta sobre como a "hierarquia de necessidades" de Maslow se manifestara na recente história da Harley. Eles usaram também suas próprias experiências, na Harley e em outras empresas, como respaldo para as questões de liderança e solução eficaz de problemas.

Aos poucos, trabalhando com Lee, eles chegaram a um consenso em relação à redefinição provisória de "liderança" para a Harley. De acordo com essa nova definição, liderança era o processo de criação e sustentação de um ambiente no qual as pessoas trabalham em conjunto com o objetivo de alcançar metas comuns — não porque elas sejam *obrigadas*, mas porque *querem* fazê-lo. A liderança era um processo no qual *todos* poderiam contribuir para o sucesso da empresa. A liderança era um processo no qual pessoas comuns poderiam alcançar façanhas extraordinárias.

Essa definição de liderança aceleraria muito o processo de mudança em curso na Harley-Davidson. Aqueles que ocupavam cargos formais de liderança teriam que abandonar o estilo de liderança de comando e controle, passando a atuar como recursos, facilitadores e orientadores. Essas pessoas continuariam a ter uma responsabilidade primária no desenvolvimento da direção estratégica geral da empresa. Mas elas ajudariam também todos os funcionários a aceitar e cumprir suas responsabilidades individuais, a fim de alcançar as metas mutuamente combinadas.

Em determinado momento da discussão, Lee expressou sua opinião de que esperar que as pessoas comuns alcançassem façanhas extraordinárias não era uma meta irreal. Ele disse estar disposto a apostar que os funcionários da Harley eram tão talentosos quanto os funcionários de outras empresas com as quais ele havia trabalhado anteriormente. Era quase certeza que eles demonstravam extraordinárias habilidades de liderança fora do ambiente de trabalho. Eram líderes em suas igrejas, em suas organizações cívicas e fraternais, nos sistemas escolares dos quais seus filhos participavam e em inúmeras outras situações. O desafio era gerenciar a Harley de forma a exigir a aplicação dessas extraordinárias habilidades de liderança *no ambiente de trabalho.*

Rich respondeu de forma muito positiva a essa linha de argumento, que "batia" com o seu perfil e a sua experiência profissional, a começar pelas lições aprendidas na pequena empresa de produção de seu pai e depois através de sua experiência na fábrica de móveis Herman Miller, de Michigan. E talvez o aspecto mais animador da perspectiva de Rich era que essas idéias correspondiam intimamente à recente história da Harley. Se a Harley tomasse o rumo para o qual a discussão de grupo parecia estar apontando, a empresa não estaria adotando uma filosofia desconhecida. Pelo contrário, estaria agindo de forma a reforçar os valores mais nobres e fundamentais da empresa.

Rich e Tom estavam em uma posição particularmente favorável para articular esses valores. Três anos antes, em 1984, eles (juntamente com outros colegas da alta administração, em uma iniciativa liderada pelo então executivo principal Vaughn Beals) montaram um manual sobre as "políticas empresariais" da Harley, que tentava captar e codificar o sistema de valores da empresa. Na avaliação de Rich, o manual era um trabalho interessante. Infelizmente, nunca foi colocado em prática. Em um estágio já muito avançado do processo — na verdade, após a impressão de vários milhares de exemplares do manual — os gerentes da Harley relutantemente chegaram à conclusão de que teriam que interromper a iniciativa e descartar a publicação. Por quê? Porque a Harley continuava efetivamente sob o controle de sua principal financiadora, que estava em posição de ditar normas para a empresa. Seria desastroso a empresa se comprometer publicamente com os tipos de comportamento descritos no manual e a sua decisão vir a ser posteriormente revogada por um banco. Se você não garante poder corresponder aos padrões que defende, concluíram relutantemente os dirigentes da Harley na época, então não celebre esses padrões. Os manuais foram jogados fora.

RICH: Por que abrimos o capital social da empresa em 1986? Por todas as razões, uma delas para fugir da hipótese de ter alguém nos dizendo como dirigir nossa própria empresa. Eu preferia enfrentar os acionistas do que os banqueiros, sempre.

Depois de três horas nessa desenvolta discussão, Lee se ofereceu para sintetizar o que ele tinha ouvido sobre o problema enfrentado pela Harley e as providências que a empresa poderia tomar para solucionar esse problema.

Primeiro, disse ele, a Harley havia revertido de forma radical os seus destinos, fato admirado nos meios gerenciais de todo o mundo. Essa "virada" representou um feito significativo, digno de ser comemorado. Foi uma façanha realizada predominantemente através de um estilo de liderança de comando e controle absolutamente adequado aos desafios específicos do período de 1982 a 1986.

Segundo, seria difícil manter o entusiasmo demonstrado pelos funcionários nos últimos tempos de crise depois que a poeira baixasse. Essa situação incomodava Rich e Tom, porque eles viam grandes desafios financeiros e de marketing pela frente — desafios de tamanha complexidade e urgência que a Harley precisava contar com um maior nível de compromisso futuro de seus funcionários do que antes.

Terceiro, estava surgindo um consenso entre Rich e alguns colegas-chave de que o pessoal da Harley-Davidson constituía a mais distinta vantagem competitiva da empresa. Essa idéia se originou das convicções pessoais de Rich, bem como das notáveis realizações da Harley nos últimos tempos. Sem dúvida, a marca Harley era poderosa no mundo inteiro. Mas foram as *pessoas* que operaram esses milagres, enfatizava Rich.

Quarto, a curto prazo, a administração da Harley precisava convencer os funcionários a "participar", isto é, ser individualmente responsáveis pelo sucesso da empresa.

Quinto, os líderes da empresa tinham que substituir a abordagem de comando e controle por algum outro sistema. A tática de comando e controle não ajudaria a Harley a conseguir os resultados que a empresa agora precisava alcançar — tampouco era condizente com os valores da empresa ou os valores de Rich e outros dirigentes. Dentre algumas das falhas do sistema de comando e controle estavam a falta de aceitação de responsabilidade pessoal, a preocupação com tarefas e atribuições específicas, a frustração, a contribuição limitada ou restrita para a solução de problemas e o processo decisório, a síndrome do "não é a minha função", e — o que era mais perigoso para a saúde da empresa a longo prazo — a *conformidade* em vez do *compromisso.* A nova abordagem ao gerenciamento da Harley até então era desconhecida. A julgar pela conversa daquela tarde, no entanto, essa nova abordagem certamente estaria baseada no envolvimento dos funcionários e na responsabilidade pessoal.

E, por fim, o pessoal da Harley tinha que traçar um rumo para a empresa. Lee citou um ditado atribuído a Yogi Berra: *Se não souber para onde está caminhando, você acabará indo parar em algum outro lugar.*

Rich, John e Tom concordaram. Eles observaram também que *agir* com base nas implicações dessa síntese seria uma tarefa intimidante, focalizada especificamente no tema da *mudança.* Rich ressaltou que as pessoas são instintivamente resistentes às mudanças e que a mudança da "vitoriosa fórmula" na Harley seria uma missão particularmente difícil. Havia grande probabilidade de as pessoas apelarem para o antigo clichê: Se não está quebrado, para que consertar?

Rich então articulou um paradoxo que começara a lhe ocorrer. Era possível, argumentou, que ele e outros líderes da Harley manipulassem as mudanças organizacionais necessárias. Simplesmente em virtude de sua autoridade hierárquica, eles poderiam substituir qualquer tipo de sistema gerencial que quisessem pelo sistema agora implementado. Mas isso não seria contraproducente? Não serviria justamente para reforçar a mentalidade de comando e controle que eles estavam tentando extinguir?

Como, Rich perguntou, alto e bom som, conseguir — ou até mesmo *exigir* — que as pessoas queiram mudar?

Partindo Daqui para Lá

Encerrando essa questão, a reunião passou a tratar dos tipos de providências práticas que poderiam iniciar um processo de mudanças produtivo. No decorrer dessa discussão, Lee aproveitou a oportunidade para descrever um processo que ele havia utilizado em outras empresas.

Primeiro, sugeriu Lee, a liderança da empresa, inclusive a liderança sindical, teria que se sentar para discutir o futuro que eles queriam alcançar. Do lado direito de uma página em branco de um *flip chart*, ele desenhou um retângulo e, embaixo, escreveu a frase "Visão do futuro ideal".

Visão do futuro ideal

Essas sessões de debates, disse ele, tinham que ser bem planejadas e facilitadas, a fim de permitir que as opiniões fossem plenamente expostas, especialmente as diferenças de opiniões. "As pessoas estarão procurando indícios nessas reuniões", explicou ele. "Elas estarão procurando congruência entre o que você diz e o que você quer, bem como o que o seu comportamento diz que você quer. Se você lhes disser que 'valoriza as diferenças', por exemplo, elas ficarão de olho em você na primeira vez em que essas diferenças se manifestarem."

Esse exercício de estabelecimento de visão, prosseguiu Lee, raramente resulta no tipo de confusão que um gerente pode prever. Ao contrário, quando os funcionários têm a oportunidade de se expressar livremente na descrição do seu tipo ideal de empresa, a visão por eles criada geralmente é *bastante semelhante* àquela descrita pelos dirigentes da empresa. Em outras palavras, apesar de todos os complicadores da vida organizacional — dentre os quais nível hierárquico, especialização funcional, grau de escolaridade, e assim por diante —, *as pessoas dentro de uma empresa querem mais ou menos as mesmas coisas dessa e para essa empresa.*

LEE: Um aspecto muito interessante de minha experiência é que os manda-chuvas e os subordinados são muito mais agressivos em suas expectativas em relação à empresa do que o gerente típico. Nem sempre, mas em geral.

A convergência de valores dentro de uma empresa é um fenômeno natural e poderoso, prosseguiu Lee. Na maioria das vezes, as pessoas não *têm* que estar na situação em que estão. Se as esperanças, os sonhos e os valores da liderança de uma empresa diferirem demasiadamente daqueles da própria empresa, a tendência é de que surja um dos dois resultados. Alguns desses "alienados" simplesmente se sujeitam e obedecem. Outros, deixam a empresa. Eles vão trabalhar em outro lugar, onde exista mais entrosamento, e, com o tempo, passa a haver uma congruência cada vez maior de valores entre aqueles que ficam. "Eles podem não falar sobre o assunto — comentou Lee —, mas a questão existe."

Novamente, os comentários de Lee corresponderam às próprias experiências de Rich. Na Herman Miller, onde Rich trabalhou antes de ir para a Harley, o presidente do conselho, Max DePree, enfatizava que todos os funcionários eram "voluntários". As pessoas só agem voluntariamente para ajudar uma empresa que elas admirem e dentro da qual elas se sintam à vontade.

Tom Gelb concordava com a premissa de que todo o pessoal da Harley alimentava esperanças semelhantes quanto à empresa. Ele conhecia bem seus colegas da gerência e, como diretor de produção, conhecia igualmente bem seus subordinados. "Estou convencido — disse ele — de que *qualquer* funcionário em nossa empresa, com as mesmas informações e a mesma maneira de *compreender* essas informações que nós aqui presentes nesta sala, chegaria às mesmas conclusões que nós chegaríamos e tomaria as mesmas decisões que nós tomaríamos."

Se isso fosse verdade, respondeu Lee, então o verdadeiro ponto de partida em um processo de mudança organizacional deveria ser a visão do futuro ideal (simbolizado pelo retângulo que ele desenhou no quadro). "Estou sempre me surpreendendo com a quantidade de energia despendida no esforço de saber 'como chegar lá', e não 'para onde estamos caminhando'. As pessoas perdem todo o seu tempo discutindo o processo e nunca chegam à visão. E como essa batalha processual estava tão acirrada e pesada, os diversos grupos simplesmente pressupunham que jamais poderiam chegar a um acordo em relação a algo tão importante quanto uma 'visão'."

Por outro lado, se as pessoas forem bem-sucedidas no processo de estabelecimento da visão, cria-se um contexto muito mais favorável à solução da questão de como chegar ao problema. A questão de "como chegar lá" persiste, advertiu Lee, mas o problema se torna muito mais administrável.

Manter o processo administrável era uma constante preocupação, disse Lee. Ele geralmente recomendava que fosse designado um grupo básico, formado por membros de todos os setores da empresa, para executar a tarefa de esboçar preliminarmente uma "visão do futuro ideal". Quando chegasse a um consenso, esse grupo compartilharia a visão com um contexto organizacional mais amplo. O grupo se envolveria com um segmento funcional muito mais amplo em um segundo passo-chave do processo de mudança: a descrição da *então* posição em relação ao futuro desejado.

Nessa ocasião, Lee retornou ao *flip chart* e desenhou um segundo quadro à esquerda do quadro da "visão". Esse quadro ele rotulou de "Nossa posição atual".

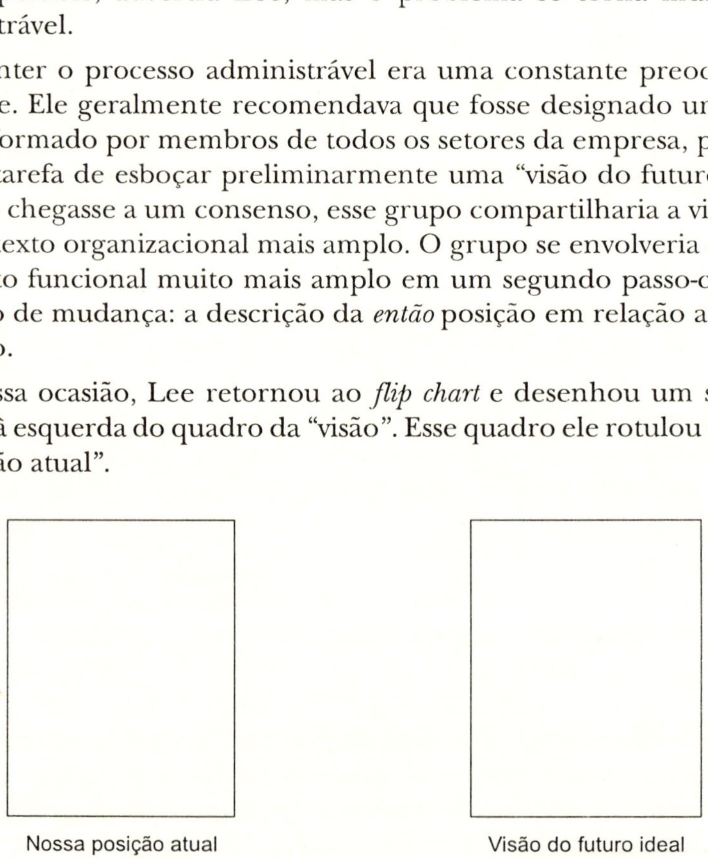

Nossa posição atual — Visão do futuro ideal

Diagnosticando a posição da empresa na ocasião em comparação ao futuro desejado, as pessoas se sentiriam muito mais livres para assumir as falhas — suas e da empresa — do que se tivessem que diagnosticar a situação no momento em relação a qualquer outro referencial (por exemplo, ontem, ou alguma outra empresa). Esses outros tipos de comparação, disse Lee, quase sempre geram reações defensivas, inclusive desculpas e transferências de culpa, e raramente são suficientemente esclarecedores.

A partir do momento em que a visão do futuro ideal estivesse justaposta a uma clara descrição de "nossa posição atual", prosseguiu Lee, começaria a tarefa realmente difícil. Nessa fase do processo, os membros da empresa teriam que desenvolver um "impulso estratégico para as mudanças", de forma integrada e abrangente, bem como uma série de planos de ação como respaldo. Esse procedimento transportaria a empresa de sua posição atual para o futuro desejado. Novamente Lee rabiscou no quadro, dessa vez desenhando uma precisa seta apontando do quadro da esquerda para o da direita.

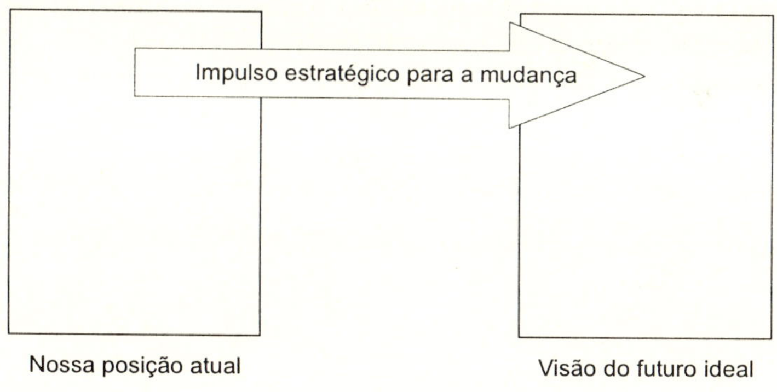

O quarto passo do processo, disse Lee rabiscando novamente no entulhado *flip chart*, envolveria o exame e, se necessário, a modificação de todas as políticas, procedimentos e sistemas existentes da Harley com duas finalidades. Primeira, todos teriam que refletir os valores, princípios e filosofias inerentes ao futuro imaginado. Segunda, todos teriam que respaldar as *mudanças específicas* necessárias para que essa condição de futuro desejado fosse alcançada.

Ao final dessa rodada de anotações, o *flip chart* se apresentava da seguinte maneira:

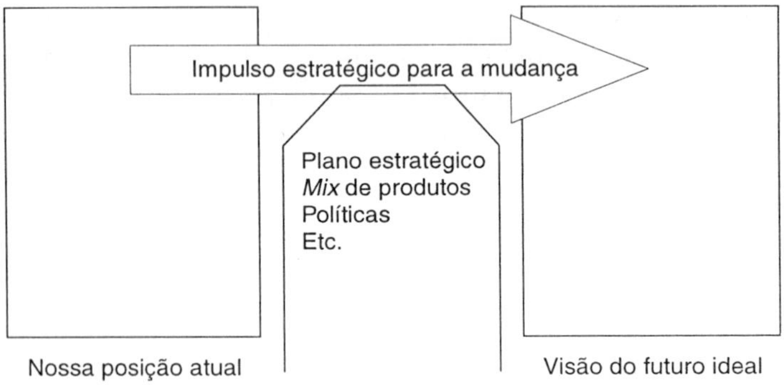

Seria necessário acrescentar mais uma importante peça a esse modelo, disse Lee. Procurando espaço no *flip chart,* ele desenhou um rudimentar conjunto de degraus, em sentido ascendente, do canto inferior esquerdo para o canto superior direito da folha. Em um dos degraus no meio dessa rudimentar escadaria, ele desenhou um bonequinho, cuja cabeça não chegava a alcançar a base do degrau seguinte:

Este pobrezinho, explicou Lee, está vivenciando uma mudança organizacional. Na vida real, a mudança não é linear nem tranqüila. O processo tende a se desenvolver em forma de degraus, geralmente após um período relativamente estático. Uma pessoa que esteja subindo a escada normalmente não consegue ver o que há pela frente e pode se sentir apreensiva em relação à mudança iminente. Esse fato enfatiza a razão da importância de uma visão compartilhada: as pessoas têm mais probabilidade de tolerar o desconhecido a curto prazo quando participam do traçado do curso de ação geral.

Lee, então, suspendeu o gráfico e sobrepôs o degrau da escada no modelo, colocando o bonequinho no meio da escada, entre os quadros "atual" e "futuro ideal".

Quando se trata de um processo de mudança eficaz, explicou Lee, é preciso que as mudanças ocorram passo a passo. "Não estamos falando de chute direto para o gol, mas de um passe aqui, um drible ali, outro passe mais adiante." As pequenas ações do dia-a-dia, habilidosamente escolhidas e implementadas com sucesso, convencem as pessoas de que todos estão no mesmo barco e que as coisas estão caminhando.

Ao mesmo tempo, disse Lee, as pessoas que se encontram "na escada" devem aprender a olhar tanto para trás quanto para a frente. É muito comum as pessoas envolvidas no processo de mudança organizacional em grande escala perderem o controle do progresso real já feito. Elas desanimam e perdem a fé no processo. O fato de poder fazê-las olhar para trás, para algum ponto de onde elas e a empresa partiram, pode ser algo extremamente tranqüilizador.

RICH: Já empreendemos muitos esforços de solução de problemas na Harley. Em retrospecto, vejo este modelo como, de longe, o mais eficaz de todos. A sua força provém, em grande parte, dessa idéia dos degraus. Acho que isso se deve ao fato de ser um modelo que o leva a pensar no ponto de onde você partiu.

Recebendo Bem as Mudanças

Rich e seus colegas se disseram intrigados com o modelo que Lee lhes apresentou. Rich o comparava, de forma favorável, com a análise tradicional das "lacunas" realizada pelos planejadores estratégicos em muitas empresas. A análise das lacunas examina cuidadosamente os pontos fortes, as deficiências, as oportunidades e as ameaças da empresa. (Daí a análise das "lacunas" ser chamada também de análise "SWOT", sigla formada a partir das palavras "strengths", "weaknesses", "opportunities" e "threats", no inglês.) A abordagem do "futuro imaginado" parecia mais dinâmica do que a análise das lacunas, o que só oferecia vantagens, afirmou Rich. Entretanto, prosseguiu, ele não tinha certeza se já havia encontrado uma resposta para a sua pergunta original. As mudanças constituem um processo ameaçador e, em alguns aspectos, as planejadas são as mais ameaçadoras de todas. Assim sendo, como uma empresa pode esperar, e até mesmo exigir, que seus membros recebam bem as mudanças?

Em resposta, Lee descreveu uma estrutura conceitual simples que ele havia desenvolvido com base no trabalho realizado pelo falecido Richard Beckhard, no MIT, e Michael Beer, em Harvard. Em uma folha de papel em branco do *flip chart*, Lee escreveu a seguinte fórmula, chamada de "a matemática das mudanças":

Mudança = (E x M x P) > Resistência

E = Envolvimento
M = Modelo
P = Processo

Essa estrutura (segundo Lee) ajuda as pessoas a compreenderem as mudanças, saber de onde provém a resistência às mudanças, e criar as circunstâncias dentro das quais a resistência pode ser vencida. A começar pela pergunta de Rich. As pessoas percebem as mudanças como algo que as levará para um novo lugar, uma sensação que acaba se revelando incômoda e até mesmo penosa. Diante de uma proposta de mudança, portanto, as pessoas encontram grande conforto no *status quo* (ainda que não fossem anteriormente fãs dele). Na falta de uma crise reconhecida, portanto, não haverá qualquer mudança radical do *status quo,* a não ser pela imposição.

Mas essa situação tem os seus problemas. Rich já havia mencionado o maior desses problemas. Uma mudança imposta através de comando e controle não só gera ansiedade como também um segundo tipo de resistência: as pessoas não gostam de ser pressionadas. Elas não gostam de mudanças, e muito menos de *ser mudadas.*

Porém, sugeriu Lee, podemos ver as mudanças de outra forma. Essa alternativa foi captada na fórmula escrita no quadro. Isso acontece quando o produto dos três fatores é maior do que a resistência à mudança proposta, e quando nenhum dos fatores é igual a zero.

O primeiro desses três fatores é o *envolvimento*, representado pela letra "E". O envolvimento surge quando as pessoas vêem e compreendem a necessidade de agir de forma diferente. Rich, Tom e John viam claramente a necessidade do envolvimento do funcionário e da melhoria contínua na Harley. Muitas estruturas e processos criados para estimular esse tipo de envolvimento e melhoria já haviam sido implementados. Mas, antes que pudessem ocorrer mudanças radicais na Harley, as pessoas em todos os setores da empresa teriam que compartilhar essa percepção. O envolvimento seria alcançado quando os funcionários de toda a Harley vissem o mundo da mesma forma e concordassem que a permanência no modo atual *não lhes era interessante* a longo prazo.

A resistência à mudança, prosseguiu Lee, emana do medo do desconhecido. Para lançar um processo de mudanças bem-sucedido, portanto, a empresa tinha que criar novos veículos de educação e troca de conhecimentos. Em um mundo ideal, os funcionários receberiam exatamente as mesmas informações (no tocante aos assuntos críticos, como participação de mercado, concorrência, concessionárias, satisfação do motoqueiro, e assim por diante) de que dispusessem Rich, Tom, e outros membros da gerência, e *compreenderiam* essas informações de maneira semelhante.

O segundo fator para o incentivo das mudanças é um *modelo* (representado na fórmula pela letra "M"). Trata-se da "visão do futuro ideal" descrita anteriormente como o primeiro passo no processo quadrifásico. Esse modelo tinha que ser desenvolvido com o contínuo envolvimento dos funcionários. Quando esquematizado de forma devidamente detalhada, ofereceria uma meta clara a todos na empresa. Se a meta inspirasse suficientemente as pessoas, o modelo reforçaria o envolvimento, ajudando, assim, a transformar em realidade a meta comum.

O terceiro fator na fórmula, representado pela letra "P", é o *processo*. Novamente, essa variável está diretamente ligada ao modelo de quatro fases que o grupo já explorou. O *processo* era uma palavra de ordem para todos os sistemas, procedimentos e programas que teriam que ser alinhados à mudança para que a meta desejada fosse alcançada. O processo inclui ainda formas de oferecer às pessoas a ajuda de que elas necessitam (em termos de treinamento, orientação, e assim por diante) para empreender as mudanças. A empresa teria que oferecer esses tipos de apoio tanto aos indivíduos quanto aos grupos.

A estrutura estava longe de uma fórmula precisa, enfatizou Lee. Não se tratava de uma questão de acionar variáveis fixas e calcular uma receita ótima para as mudanças. Ao contrário, disse ele, a estrutura oferecia uma abordagem útil para que as mudanças fossem bem recebidas, enfatizando uma rica e sutil interação entre três variáveis-chave: o envolvimento, o modelo e o processo. Além disso, essa estrutura colocava a autoridade sobre o processo de mudança no seu devido lugar: nas mãos daqueles sobre os quais incidiriam os maiores efeitos das mudanças almejadas.

Novamente Rich e seus colegas concordaram com essa linha de argumento. É claro que eles não suspeitavam que o modelo e a matemática das mudanças em pauta serviriam de base para mudanças radicais na Harley durante mais de uma década. Mas eles *estavam* se convencendo de que Lee era um recurso valioso. Ao contrário de outros consultores, Lee aparentemente se enquadraria na cultura específica da Harley, o que só poderia ajudar o tipo de processo de mudança que tanto ele quanto a empresa defendiam.

Rich pediu a Lee que falasse sobre os prazos. Lee respondeu que os gerentes da Harley provavelmente deveriam esperar passar de 12 a 18 meses trabalhando com ele e seus colegas, a fim de se prepararem para esse tipo de mudança. Para Rich e Tom, no entanto, passar até um ano e meio simplesmente se *preparando* para as mudanças era algo inaceitável. Para início de conversa, o cronograma do dissídio coletivo seguinte reivindicava um prazo mais curto. E, em termos mais amplos, em vista da urgência das realidades enfrentadas pela Harley, a empresa não poderia esperar um ano ou mais para que a gerência se adaptasse às mudanças. Até lá, disseram eles enfaticamente, *todos* os funcionários tinham que estar profundamente envolvidos no processo.

LEE: Na minha opinião, tratava-se de um exemplo perfeito de como as exigências atuais podem sobrepujar as melhores das intenções a longo prazo. "Temos que correr e fazer com que as pessoas cheguem à solução certa." Sem dúvida eles tinham fortes razões para tocar o barco em frente. E, é claro, essa condição dependia deles. Não havia nenhum sistema alternativo implementado. Mas tocar o barco em frente na direção errada poderia ser uma atitude contraproducente a longo prazo. Falamos muito sobre essa tensão em nossas discussões subseqüentes.

RICH: Isoladamente, o cronograma de Lee estaria perfeito. Mas havia um contrato sindical prestes a entrar em vigor, e seria um acordo de três anos. Eu sentia que, se não nos preveníssemos antes que esse próximo contrato de três anos passasse a vigorar, a empresa estaria se metendo em uma grande encrenca. Achava que não poderíamos passar sem algum tipo de processo de mudança que fizesse jus às bênçãos de todas as partes.

A reunião chegou ao fim. A questão de um prazo mais curto continuava em aberto, com a promessa de Lee falar com seus colegas na Virgínia sobre possíveis maneiras de acelerar o processo. Rich, Tom e John agradeceram a Lee pela contribuição para uma sessão extremamente interessante e prometeram compartilhar as linhas gerais da reunião com outros executivos-chave.

Isso eles fizeram durante as semanas que se seguiram. Realizaram também reuniões informais com a liderança sindical, a fim de discutir essas preocupações organizacionais em relação ao futuro. A maioria das pessoas concordava que o contínuo envolvimento funcional havia gerado alguns benefícios reais, mas que a Harley continuava a enfrentar difíceis desafios. Do ponto de vista dos sindicatos, o maior desafio a ser enfrentado era conseguir o engajamento de *todos* no sucesso da empresa a longo prazo.

LEE: Retornei à Virgínia e falei aos meus colegas sobre essa deliciosa reunião de quatro horas de que eu havia participado. "Essa é a boa notícia", eu disse. "A má notícia é que eles não podem nos conceder os 12 a 18 meses necessários para que tudo saia a contento." Contestamos essa condição. Pensamos seriamente em nos retirar do projeto por achar que seria muito difícil. Ao mesmo tempo, no entanto, estávamos entusiasmados com a perspectiva de trabalhar com esse interessante cliente.

Primeiros Passos e Passo em Falso

Passado um mês da reunião original de outubro de 1987, Lee foi convidado a retornar a Milwaukee para fazer uma nova visita a Rich, Tom e outros. Essas conversas contemplariam a maneira como a Harley poderia avançar de acordo com as linhas adotadas durante a primeira visita de Lee.

"Acho que Lee Ozley entrou em cena por ser muito bom interventor", recorda-se a gerente de recursos humanos, Filippa "Flip" Weber. "E ele foi o homem do *processo*, que era do que precisávamos."

"Originariamente — discorre ela —, pensávamos querer alguém que soubesse tudo sobre participação nos lucros. Mas estávamos mais interessados em construir um relacionamento com os funcionários, que era a especialidade de Lee."

Os executivos da Harley consideraram essa segunda série de debates igualmente promissora. Cada vez mais, eles achavam que ela tinha acontecido com base no recurso certo para as complexas tarefas em questão. Conseqüentemente, eles decidiram providenciar uma série de reuniões com os principais líderes sindicais e gerenciais, nas quais eles compartilhariam o novo plano. Como era importante que todas as partes se sentissem à vontade com ele e seus colegas da ROI, Lee realizou uma reunião com cerca de 45 líderes sindicais-chave nas instalações de Wisconsin em três ocasiões diferentes.

Posteriormente, Lee lembrou a primeira dessas reuniões, descrevendo-a como um "desastre".

LEE: O Milwaukee Grand Hotel. Jamais me esquecerei. Cometi alguns erros fundamentais, a começar por ter vestido uma camisa confeccionada sob medida, com as minhas iniciais bordadas e abotoaduras. Meu cabelo estava um pouco volumoso e eu coloquei algumas jóias de ouro em cima de mim.

Eu estava um pouco nervoso , por isso falei demasiadamente rápido. Estava tentando vender-lhes uma idéia, e sei que me saí como uma espécie de ladrão de galinha sulista ou vendedor de gordura de serpente. Mais tarde, um membro do sindicato que se tornou meu amigo disse: "Cara, você está falando a cerca de zilhões de quilômetros por hora".

Idiota, né? Mas, em parte, isso aconteceu porque, a essa altura, eu realmente acreditava na idéia e queria colocá-la em prática.

Tirando os problemas de estilo, os sindicatos também tinham suas dúvidas em relação à missão de Lee. Afinal, ele representava a proposta de uma iniciativa que contava com a bênção da administração. A iniciativa fora moldada em parte pela administração, e, se vingasse, a administração bancaria tudo. Do ponto de vista dos sindicatos, o ceticismo fazia sentido.

RICH: Ficamos um tanto preocupados ao tomarmos conhecimento da resposta dos sindicatos. Entretanto, dizer que recebemos um choque seria exagero. Queria descobrir o que havia dado errado. E Lee facilitou as coisas para nós. Ele se pronunciou dizendo: "Falhei. Preciso de uma segunda chance". Por isso o atendemos.

Mas os gerentes também pareciam ter suas preocupações, embora fossem preocupações difíceis de resolver. Ao conduzir suas reuniões com grupos de gerentes de segundo e terceiro níveis, Lee encontrou um número surpreendentemente pequeno de desafios. O que ele encontrou, pelo contrário, foi uma acentuada atitude de conformidade. Ele ouviu referências regulares a um "eles" não especificado: Se é isso que *eles* querem, tudo bem para nós. Diante desse fato, Rich e seus colegas estavam convencidos de que haviam detectado um grande problema na Harley. Os insidiosos efeitos do sistema de comando e controle na Harley estavam se tornando evidentes, e a primeira e melhor prova poderia ser encontrada entre os níveis gerenciais.

Enquanto isso, Rich e Tom visitaram a instalação de York e pediram aos líderes de lá que estudassem um processo semelhante. Mas eles rapidamente expressaram seu desinteresse pela iniciativa. Os gerentes e funcionários na Pennsylvania continuariam seus esforços de melhoria contínua com a finalidade de conseguir operações mais eficientes e construir relações harmônicas entre os funcionários e a gerência.

É claro que a rejeição de York foi um contratempo, mas não chegou a transtornar o processo que estava sendo implementado. Um pequeno quadro de gerentes contratou um recurso incomum da área de consultoria. Esse recurso estava apto a ajudá-los a reformular uma empresa que, para muitos observadores, dentro e fora dela, não precisava ser reformulada. Os céticos sindicatos em Milwaukee ainda tinham que ser "dobrados", e a enorme instalação de York, que empregava mais de mil funcionários qualificados, havia optado por um processo que ainda não havia se iniciado. Como sempre suspeitaram, Rich e seus colegas enfrentaram um enorme desafio.

RICH: Minha filosofia é: escolha as suas batalhas, marque os seus territórios e nunca force a barra. Nunca procuramos obrigar York — ou quem quer que fosse, por assim dizer — a fazer algo que não quisesse.

Não, não é fácil. Tampouco óbvio. Se o fosse, não estaríamos dissecando a questão hoje para fins didáticos e de aprendizado. Tudo tem origem naquela crença fundamental de que as pessoas são a única vantagem competitiva sustentável. E um elemento-chave para que se perceba essa vantagem é a participação. Portanto, como iríamos conquistar a participação com base no compromisso e não na conformidade? Eis a grande questão.

3

Elaboração de um Roteiro para as Mudanças

O primeiro passo para a mudança do relacionamento entre o sindicato e a administração na Harley, conforme afirmou Lee na reunião de outubro de 1987 com Rich, Tom e John, era *imaginar um futuro desejado.* Esse processo, endossado pelo grupo na ocasião, envolveria líderes de todos os setores da empresa — tanto da administração quanto do sindicato. Os líderes da Harley decidiram levar essa mensagem a um contexto organizacional mais amplo.

No final do outono e início do inverno de 1987, portanto, Lee, Tom, Rich e John — individual e conjuntamente — se reuniram com os gerentes e os grupos sindicais para explicar o plano proposto e tentar angariar a cooperação desses grupos. Algumas dessas reuniões foram bem-sucedidas. Em pelo menos um caso, Lee se dirigiu a um grupo sindical que não se mostrara receptivo à sua mensagem e fez uma nova tentativa.

Embora o avanço desse processo introdutório tenha sido lento, um outro processo paralelo aumentava as chances da empresa. O acordo trabalhista que cobria os funcionários de Wisconsin expiraria no dia 1º de abril de 1988 — faltavam apenas alguns meses. Esse prazo pressionaria significativamente o cronograma das mudanças.

Neste capítulo, eu descrevo como membros de todos os setores da Harley se reuniram para criar o que a empresa chamaria de "visão conjunta" para as operações da empresa em Wisconsin.

"Lee nos disse que era possível", recorda a diretora de relações trabalhadores-administração, Flip Weber. "Acho que ele nunca nos disse *como* o esquema iria funcionar. Na verdade, ele tinha alguns conhecimentos e uma noção do processo que deveria ser seguido para que fosse desenvolvido um trabalho conjunto. As coisas não acontecem do nada. Ele tinha o *processo.* Mas, mesmo assim, ele não conseguia nos dizer exatamente como implementá-lo, em parte porque o processo teria que ser adaptado à nossa realidade. Teríamos que 'harleyrizá-lo'."

Dando a Partida

Na Harley, os dissídios coletivos de três anos eram a norma. Rich (juntamente com outros gerentes da empresa) estava convencido de que a verdadeira mudança não poderia ocorrer na Harley, a menos que fosse inserido na nova série de contratos sindicais um compromisso explícito com uma mudança substancial. Tomando por base o ano de 1988, Rich achava que a Harley não poderia sustentar mais três anos de mudanças gradativas. E as mudanças só poderiam "vingar" se o processo de dissídio coletivo as sancionasse e reforçasse. Por outro lado, Rich não acreditava que a empresa pudesse se comprometer com um processo de transformação de tamanhas proporções nos três anos seguintes.

RICH: Considerando-se o nosso ponto de partida, decidimos que queríamos um contrato de um ano. A negociação de um contrato de três anos que envolvesse esse tipo de compromisso, dado o nosso ponto de partida, provavelmente não seria factível.

Conseqüentemente, os representantes da administração decidiram abandonar a sua abordagem à questão do dissídio. Eles decidiram não apresentar uma longa lista de propostas de mudanças de regra de trabalho que visasse à melhoria da produtividade. Ao contrário, eles deram início às negociações no começo de 1988 com uma única exigência: que fosse prestado apoio ao processo de criação de uma visão conjunta que Lee lhes havia descrito. A gerência também expressou sua preferência por um acordo provisório de um ano.

RICH: Dizendo "É só isso que queremos", estávamos transmitindo uma mensagem muito forte. Ou seja, de que "Isso é de extrema importância para a empresa".

LEE: Você poderá perguntar se esse processo de criação de uma visão conjunta poderia, de alguma forma, ser tratado sem que fosse incorporado ao contrato. A minha experiência me diz que a resposta é: "Provavelmente não." No caso de todos os grupos com os quais trabalhamos, houve uma memória formal do acordo. Do contrário, você induz os representantes sindicais à derrota, politicamente falando. O acordo pode ser inserido no contrato, ou aparecer em um anexo a ele. Mas que os funcionários depois não venham questionar: "Quem autorizou vocês a se bandearem para a administração?"

De sua parte, os sindicatos vieram à mesa de negociações com um conjunto de exigências relativamente convencional. Após substanciais idas e vindas, as partes — ou seja, o PACE Local 7209 (Milwaukee), o IAM Lodge 78 (Milwaukee), o PACE Local 7460 (Tomahawk), Flip Weber e os gerentes das fábricas de Milwaukee (Capitol Drive) e Tomahawk — chegaram a um acordo trabalhista de um ano que incluía um reajuste salarial mais ou menos comum, bem como a tão importante linguagem de respaldo ao processo de visão conjunta. Em retrospecto, o prazo de um ano do contrato ajudou tanto o sindicato quanto a administração a correrem um risco. Independente do insucesso dos acontecimentos, argumentavam os membros de ambas as equipes, tudo não passaria de um ano.

Em retrospecto também, as sólidas relações pessoais de Rich e Tom com os líderes sindicais ajudaram a viabilizar o sucesso dessas negociações. Como resultado de anos de franco diálogo tanto com a administração como com o sindicato, eles conquistaram um alto grau de credibilidade pessoal. Nas conversações antes, durante e depois das negociações formais, Rich e Tom ofereceram garantias fidedignas de que não estavam dispostos a sacrificar interesses vitais.

LEE: O que se ouvia sobre Rich e Tom era: "Bem, o que eles estão dizendo pode não me agradar, mas eles sabem o que fazem, e não ficam se esquivando das questões." Nunca houve qualquer tipo de subterfúgio, controle de crises, agendas ocultas ou toda aquela história de relações públicas; era tudo direto e objetivo. Os membros do sindicato achavam que Rich e Tom estavam sendo corretos com eles. Agora, se eles pensavam que o que Rich e Tom defendiam era factível ou não era outra questão completamente diferente. Mas eles nunca duvidaram do compromisso de Rich e Tom.

Juntos, a gerência e os funcionários tomaram sua primeira decisão crítica de seguir em frente.

Projetando às Pressas

O primeiro passo envolvia a criação de uma estrutura e um *processo* facilitado. Um dos colegas de Lee na ROI assumiu a responsabilidade por cada unidade Harley participante, depois de obter a aprovação tanto do sindicato local quanto da liderança administrativa. Lee, por sua vez, assumiu o papel de recurso de apoio *de facto* para todos os grupos locais, além de ter atuado como facilitador no centro do processo.

Trabalhando com os membros das fábricas da Harley em Milwaukee e Tomahawk, Lee e seus colegas começaram a envolver todos aqueles que ocupavam cargos de liderança sindical e gerencial nessas localidades. Essas reuniões tiveram início de forma intensiva na primeira semana de abril de 1988. No total, mais de 100 líderes sindicais e gerenciais participaram dessas discussões. A meta geral era permitir que as pessoas expusessem suas esperanças, seus medos, suas preocupações, suas convicções e seus sentimentos em relação à Harley como empresa, bem como o seu papel como funcionárias da Harley.

Rich e Lee concordavam que os dirigentes da empresa não poderiam dizer às pessoas em que acreditar, ou como se sentir, em relação a qualquer coisa. As pessoas tinham que se reunir e discutir juntas essas questões críticas e tirar suas próprias conclusões. Ao mesmo tempo, no entanto, a Harley precisava de uma *estrutura* que garantisse que algo de coerente resultasse de todas essas discussões. Em cada localidade, portanto, os participantes se submeteram ao exercício dos retângulos, que Lee ministrara para Rich, Tom e John no outono anterior: o futuro, a nossa posição atual e como partir da posição em que nos encontramos hoje e chegar lá. Lee e seus colegas desenvolveram um esquema estruturado para ser utilizado em todas essas sessões facilitadas. O uso do mesmo esquema para todas as instalações ajudou os participantes a contribuir de maneira uniforme para o processo de visão — uma contribuição que permitisse a consolidação em um momento futuro.

RICH: O esquema era extremamente importante. Para ser bem-sucedido nessa tarefa, você tem que estruturar as questões. Por exemplo, você deve perguntar: Qual o relacionamento adequado entre o sindicato e a empresa? Qual o relacionamento adequado entre os sindicatos? Qual deve ser o desempenho financeiro da empresa?

LEE: Você começa dizendo: "Tudo bem, se esta empresa está funcionando como vocês gostariam que ela funcionasse, o que os diversos grupos de acionistas teriam a dizer sobre a empresa? O que a comunidade financeira diria sobre a empresa? O que os seus clientes diriam sobre a empresa? O que o operário do chão de fábrica diria sobre a empresa em termos de qualidade, desempenho financeiro e relações interpessoais?

Você estrutura o processo de criação de visão. E, no caso da Harley e outras empresas, deve-se adotar um formato-padrão, porque, um dia, esse processo terá que ser conduzido como um todo. É como um processo de tradução: Ao final do dia, você gostaria que estivesse tudo em inglês, e não em seis idiomas diferentes.

O Processo de Visão Conjunta

O Processo de Visão Conjunta (logo capitalizado) desenvolveu uma a uma das localidades em uma série de níveis diferentes, em uma seqüência pré-especificada. Primeiro, cada indivíduo utilizou uma planilha para amadurecer o desafio em sua própria cabeça e chegar a uma visão pessoal da empresa e do relacionamento sindicato-administração. Todas essas visões individuais se uniram no contexto de um grupo de trabalho de funcionários, e cada grupo de trabalho alimentou a sua visão, inserindo-a na respectiva liderança (sindicato ou administração) daquela localidade. Por fim, essas duas perspectivas foram unificadas em uma visão conjunta para a fábrica como um todo (ver gráfico abaixo).

Fluxo de Informações

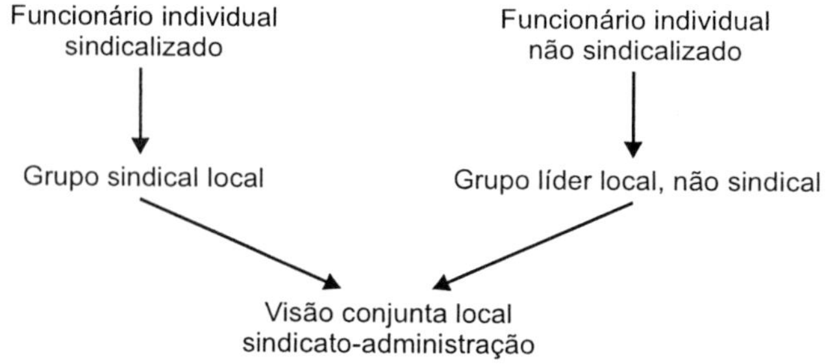

À medida que esse complexo processo se desenrolava, o relógio não parava, enquanto o contrato sindical de um ano definia os prazos externos. Essa condição gerava pressões negativas e positivas. Do ponto de vista negativo, Lee e seus colegas estavam tentando comprimir o trabalho de um ano ou mais em três meses. Muitas horas de trabalho tiveram que ser dedicadas à produção, que não deveria ser transtornada pelo Processo de Visão Conjunta. (No total, a empresa empenhou cerca de 6.000 pessoas-hora nas reuniões associadas ao Processo de Visão Conjunta.) Diferentes locais precisavam se unir em um ritmo mais ou menos uniforme, para que nenhuma instalação achasse ter sido preterida.

Do ponto de vista positivo, os prazos serviam como um útil estímulo para o processo. Lee e seus colegas aplicavam uma pressão muito sutil nos grupos que estavam atrasados em seus cronogramas. Gradativamente, as diferentes instalações foram ganhando impulso. Lee e seus colegas da ROI se reuniam regularmente com os líderes sindicais ("que, como era de se prever, estavam sendo massacrados", recorda Lee). Eles também mantinham reuniões regulares com Rich, Tom Gelb e outros líderes. Manter todos os líderes informados sobre o rápido desenvolvimento da elaboração do projeto do Processo de Visão Conjunta era um enorme desafio. Em parte devido às pressões de prazo, a equipe da ROI improvisava dia a dia.

LEE: Na maioria das vezes era: "Bem, esse é o nosso melhor palpite. O que vocês acham, rapazes?" Dei um significado completamente novo à expressão "projeto no pé". Depois de iniciado, começou a caminhar muito rápido. Os diagnósticos eram emitidos à medida que o processo se desenvolvia: conversando com os membros de nossa equipe, conversando com os líderes-chave e sempre perguntando: "Isso faz sentido? O que vocês acham disso?" De modo que o projeto foi tomando forma à medida que recebíamos informações deles no decorrer do processo. Ninguém queria ser comandado e controlado pelos consultores! Por isso trabalhamos nesse modo de constante questionamento e certificação. Foram muitas longas e agitadas jornadas de trabalho.

RICH: O custo de todo esse esforço foi prontamente incluído em nossos orçamentos e previsões. Estávamos empregando bem o nosso dinheiro? Sem dúvida. Essas atividades estabeleceram o alicerce para todas as mudanças que estariam por vir.

A gerência também se viu às voltas com as mudanças durante esse agitado período. Rich precisava de um sucesso para a presidência da Motor Company e recorreu ao seu colega Jim Paterson, que, além de ter uma larga experiência nas áreas financeira e de marketing, possuía sólidas habilidades em administração de pessoal. Mas de que maneira essa mudança afetaria o Processo de Visão Conjunta? "Em março de 88 — recorda Jim Paterson —, Rich me chamou reservadamente e disse: 'Quero nomeá-lo presidente da empresa.' Conversarmos sobre o assunto, e eu acabei aceitando. Duas semanas depois, ele disse: 'Ah, a propósito — estamos dando início ao Processo de Visão Conjunta e precisamos de sua ajuda para fazê-lo funcionar'. Foi assim que entrei nesse negócio."

Finalização da Visão

Após três meses de trabalho em todas as localidades de Wisconsin (York, mais uma vez, não participou), mais de 130 líderes sindicais e administrativos se reuniram em maio de 1988 para uma sessão de três dias no Ramada Inn, no aeroporto de Milwaukee. Nos documentos internos da ROI essa reunião foi chamada de "Grande Dia de Maio", indicando a grande importância que Lee e seus colegas lhe atribuíram. A meta era finalizar a Visão Conjunta da empresa, com base nas visões individuais de cada fábrica que os diversos grupos haviam produzido no decorrer dos três meses anteriores de trabalho.

A máxima do Grande Dia de Maio era que *não seria incluído na declaração final de visão o que não fosse produto de unânime consenso.* Nenhuma idéia que não fosse apoiada por unanimidade não sobreviveria aos arremates finais.

A sessão de três dias consistiu de uma série de extensas, exaustivas e, às vezes, acaloradas discussões. Ao chegar a Milwaukee, cada um dos participantes da reunião do Grande Dia de Maio havia trabalhado muito para articular suas mais profundas impressões sobre a direção que a empresa estava seguindo. O processo de abandonar uma visão individual para aderir a uma visão institucional (fosse do ponto de vista sindical ou administrativo) elevava o sentido de "propriedade" dos participantes no tocante às visões por eles articuladas. Esse sentido de participação era reforçado à medida que as pessoas de cada localidade trabalhavam em conjunto para chegar a uma visão consensual *conjunta* (um "documento geral para o local") que se aplicaria à localidade como um todo.

O resultado foi que cada fábrica produziu sua própria visão da Harley e essas visões específicas — embora não tão díspares — eram suficientemente diferentes para exigir uma substancial intermediação para que se chegasse a um denominador comum. Naturalmente, surgiram algumas rivalidades intrafábricas, onde cada fábrica pressupunha que a sua visão da Harley, elaborada de forma tão criteriosa, era a "correta".

Era muito freqüente durante esse processo um participante demonstrar uma relutância natural e esperada em abandonar o documento *específico* da localidade que ele tanto se esforçara para produzir. Isso era um sinal muito positivo de que o processo de desenvolvimento do projeto já começava a apresentar sucesso: as pessoas presentes no Grande Dia de Maio estavam demonstrando um sentido de participação pessoal nos assuntos da empresa. Através de um contínuo diálogo (o que refletia os processos de diálogo até hoje utilizados), as reuniões conduziram os participantes de um ponto A ("*minhas* idéias") por uma série de passos ("minhas idéias para a *instituição*", "minhas idéias para o *local*") até chegar a um ponto B, onde as idéias individuais passaram a ser "minhas idéias para a *empresa*". Foi um processo compensador para todos os envolvidos e um extraordinário presságio.

Em alguns casos, apesar da estrutura gerada pelo esquema, as visões individuais das fábricas incluíam seções de natureza demasiadamente local e específica para serem inseridas no documento que regeria toda a empresa. "Imaginamos um maior envolvimento da Harley-Davidson nos projetos e eventos comunitários", dizia uma seção da visão apresentada por um dos grupos, "dentre os quais as cerimônias do Dia dos Combatentes de Guerra, participação em noites esportivas e compra de ingressos para a temporada empresarial de eventos esportivos a serem rifados para os funcionários". Os participantes concluíram que essa visão não estava "errada" — na realidade, era provável que estivesse "certa" de acordo com as circunstâncias daquela fábrica — mas não falava às metas e princípios gerais.

Mesmo a par da abrangente natureza do assunto em questão, obter o consenso de 130 pessoas representava um enorme desafio. Entre os participantes do Grande Dia de Maio estavam o executivo principal da empresa, gerentes seniores, líderes funcionais, representantes sindicais internacionais, representantes sindicais locais e representantes da administração, além de membros do sindicato dos trabalhadores, que também atuavam, em regime de meio expediente, como procuradores e o sindicato e membros do Conselho Executivo. Para complicar ainda mais as coisas, em diversas ocasiões os grupos tendiam a se dividir em diferentes facções: por planta, por função, por afiliação institucional, e assim por diante.

LEE: Muito antes de chegarmos à fase da assinatura das 130 pessoas, chamamos o pessoal do sindicato e da administração aos brios, colocando-lhes a seguinte questão: "Olhem aqui — dissemos —, se houver qualquer pendência entre o pessoal de vocês em relação ao que está acontecendo, temos que saber agora, porque não queremos que a bomba venha a estourar no último minuto, e na frente da outra parte."

Através dessas discussões reservadas informais, Lee e seus colegas gerentes do processo identificaram tanto as áreas em que havia aparente consenso como aquelas em que parecia haver divergências. Para abordar a área de divergências, a equipe da ROI montou o equivalente às "comissões de conferência" adotadas pelo Congresso, com a finalidade de intermediar as discussões entre a administração e os trabalhadores, bem como entre as diferentes localidades envolvidas. Dependendo da gravidade da questão, os membros das "comissões de conferência" poderiam incluir os gerentes mais seniores e os líderes dos trabalhadores da empresa.

Entre as questões mais contenciosas estavam a fabricação de componentes e a produção em Wisconsin. (A fabricação de componentes no exterior era apenas uma parte da questão; assim como a questão da viabilidade do retorno da linha de montagem de motocicletas para Wisconsin. Na época, a montagem final era realizada exclusivamente na fábrica de York, Pennsylvania.) A fabricação de componentes e os processos de produção locais eram de fundamental importância para a empresa, e o elenco integrante da "comissão de conferência" refletia essa importância: Rich Teerlink, Tom Gelb, os dois representantes do sindicato internacional e os presidentes dos sindicatos locais.

As deliberações da comissão para assuntos pertinentes à fabricação de componentes e produção se estenderam até o último minuto, e o grupo quase não conseguia chegar a um consenso. Em determinado momento, Lee entrou na sala em que essas discussões estavam se desenrolando e anunciou de forma incisiva que todos estavam saindo para jantar. "É agora ou nunca", disse ele, pressionando os dois lados a chegarem a um denominador comum. Pouco depois, os dois lados chegaram, de comum acordo, a uma frase de teor cuidadosamente elaborado: "Estamos à procura de novas oportunidades de produtos para as instalações de Wisconsin, e pretendemos que todas as instalações fabriquem e montem seus produtos internamente". A comissão de fabricação de componentes e montagem esteve prestes a fracassar, mas, no último minuto, chegou a um consenso.

LEE: Na realidade, o único problema que tivemos no Processo de Visão Conjunta até esse ponto estava relacionado à questão da montagem. Além dessa complexa questão especificamente, tudo se resolveu com muita rapidez.

E é isso que se espera de uma organização saudável. Se não for assim, aliás, a empresa provavelmente está diante de um grande problema. Mas quando dá certo, como no caso da Harley, é um maravilhoso veículo para que se chegue à pergunta: Bem, e por que você supõe que essa intervenção seja necessária para que todos cheguem a um acordo em relação a essas questões fundamentais? Você pode pressioná-los e desafiá-los a pensar na forma de funcionamento da empresa.

Os participantes do processo de intervenção também trataram da questão das estruturas, embora o assunto não fosse considerado parte do Processo de Visão Conjunta propriamente dito. Tomando por base as suas experiências anteriores em mais de duas dezenas de esforços conjuntos de cooperação, Lee sugeriu que a gerência de montagem e os líderes sindicais estudassem a criação de uma rede de estruturas temporárias que ajudasse a impulsionar o Processo de Visão Conjunta.

Em resposta a esse conselho, os participantes da reunião de maio exigiram a criação de um Grupo de Liderança Conjunta (JLG — Joint Leadership Group), composto por líderes sindicais e administrativos de todas as localidades de Wisconsin (bem como Rich Teerlink e Tom Gelb), para orientar o processo. O JLG foi definido como o "zelador do movimento em direção à nossa visão". O grupo identificaria "quem eram os agentes do processo decisório adequados para qualquer assunto específico". Além disso, o JLG assumiria a responsabilidade pela integração das atividades relacionadas à Visão Conjunta no âmbito de toda a empresa, e garantiria uma "comunicação conjunta eficaz no tocante ao progresso rumo à visão".

Ao mesmo tempo, o grupo de trabalho solicitou o desenvolvimento de uma infra-estrutura de Comissões Locais (LSC — Local Site Commitees) para assumir a responsabilidade básica de identificar esses obstáculos às mudanças. (A identificação desses obstáculos, ou "barreiras", logo se revelou uma parte fundamental do processo de mudança na Harley.) Trabalhando nessas estruturas, os participantes concordaram em utilizar três diretrizes para decidir que grupos deveriam cuidar de que problemas:

- ***Os problemas e questões seriam tratados pelas pessoas mais diretamente afetadas e qualificadas.*** Esta diretriz captava o espírito do esforço mais amplo: permitir e incentivar todos na Harley a assumirem responsabilidade pelo sucesso da empresa e não esperarem soluções oriundas da alta administração.

- ***Somente o grupo conjunto de alto nível poderia identificar questões consideradas fora dos limites do Processo de Visão Conjunta.*** Essas questões incluíam assuntos de domínio exclusivo da gerência (aquisições, remuneração de nível executivo, e assim por diante) ou eram objetos de dissídio coletivo de trabalho (salários, benefícios, condições de trabalho etc.). Em outras palavras, nada no Processo de Visão Conjunta reduziria as prerrogativas fundamentais da gerência, e nada contrariaria os direitos dos trabalhadores previstos nos contratos de trabalho locais.
- ***Qualquer grupo conjunto poderia formar forças-tarefa para desempenhar atividades constantes no cronograma desse grupo.*** Novamente, a flexibilidade e o processo decisório local eram temas centrais do esforço.

No último dia da sessão de três dias — 20 de maio de 1988 — todos os participantes assinaram o documento final. Esse documento (posteriormente impresso e distribuído em formato de brochura com 12 páginas e a lista de assinaturas inserida nas quatro últimas páginas) abordava 12 assuntos: desempenho financeiro; qualidade; produto; satisfação do cliente; eficácia da gerência; eficácia do sindicato; relacionamentos, remuneração e benefícios; segurança, saúde e salubridade; ambiente de trabalho; e comunicação. De acordo com o espírito da visualização da empresa desejada, todas as declarações foram formalizadas no tempo presente: "vemos", "comercializamos", "buscamos", e assim por diante. A única exceção ocorreu no preâmbulo da declaração de Visão Conjunta, que, numa linguagem simples mas eficaz, explicava a finalidade do inusitado documento:

> Os homens e as mulheres da Harley-Davidson aprenderam através de nossas turbulentas experiências das décadas de 70 e 80 que as mudanças são inevitáveis. Para sobreviver e prosperar na próxima década e no decorrer do século XXI, precisamos continuar a nos adaptar ao ambiente mutável e reforçar nossa empresa para que ela se destaque na nova competição mundial.
>
> Este documento foi produzido por alguns membros-chave dos sindicatos e da administração na primavera de 1988 e representa a visão do tipo de empresa que desejamos que a Harley-Davidson seja. À medida que o ambiente for mudando e novas oportunidades surgirem, a nossa visão também poderá mudar.

A Harley-Davidson de hoje (verão de 1988) não está à altura dessa visão. Essa visão é nosso roteiro para as mudanças. Os componentes dessa visão estão todos inter-relacionados. À medida que trabalharmos para mudar a empresa, por vezes nos concentraremos em determinadas partes da visão. Entretanto, reconhecemos que a visão total deve ser alcançada.

Essa descrição do Processo de Visão Conjunta omite necessariamente os muitos pequenos dramas que envolveram esse processo de busca de um consenso. Os participantes cometeram erros, e esses erros foram discutidos, corrigidos e perdoados. Durante a sessão de encerramento, por exemplo, um representante sindical perguntou ao vice-presidente executivo de produção, Tom Gelb, o que aconteceria se os gerentes que se encontravam sob a supervisão de Tom não se comportassem conforme os termos do acordo que, na ocasião, estava nos estágios finais de elaboração. "Fácil", disse Tom, pura e simplesmente. "Nós os mandaremos em frente!"

Embora Tom tenha feito seu brusco comentário, em parte como uma forma de demonstrar seu real compromisso com esse arriscado novo processo, foi uma piada ao clássico estilo comando e controle; em outras palavras, o tipo de resposta gerencial que o Processo de Visão Conjunta visava eliminar. O líder sindical poderia ter se perguntado se a próxima vítima seria um líder voluntarioso do sindicato, talvez ele próprio. Mas, de acordo com o espírito das reuniões de maio de 1988, os passos em falso eram perdoados, e o grupo manteve o seu passo avante.

Derrubando as Barreiras

A fase seguinte do Processo de Visão Conjunta envolvia uma população muito mais ampla. Reportando-se ao modelo de "quadros" de Lee, os líderes da empresa agora poderiam compartilhar a visão do futuro desejado (o primeiro quadro) com essa população mais ampla, e convidar suas reações e alterações. Enquanto isso, o grupo de liderança poderia trabalhar para conciliar a visão conjunta de Wisconsin com as visões locais, a fim de garantir que os detalhes das visões em nível local não conflitassem com a visão mais ampla.

Paralelamente, a população mais ampla teria que assumir a responsabilidade pelos desafios seguintes: definição de "nossa posição atual" (o segundo quadro) e o "impulso estratégico para a mudança" (a seta de conexão do hoje e do amanhã). A forma do modelo em "degraus" — passos ascendentes gradativos na escada metafórica em direção ao futuro imaginado — agora se tornaria realidade.

Mais uma vez, a equipe da ROI se espalhou pelas diferentes instalações da Harley. Dessa vez, sua meta era ajudar a construir competências internas entre o sindicato e os funcionários assalariados que haviam se apresentado como voluntários para elaborar e implementar um programa de orientação de visão e treinamento. Os membros da equipe da ROI treinaram esses voluntários para ministrar o conteúdo do programa — o Processo de Visão Conjunta, as técnicas para a solução de problemas, e assim por diante. Concluída a sua elaboração, os programas de orientação e treinamento foram ministrados por equipes casadas do sindicato e representantes da administração.

De particular importância nessa fase era a tarefa de identificação das barreiras às mudanças, inicialmente descritas no Grande Dia de Maio. Agora estava na hora das Comissões Locais (LSCs) localizá-las. Essas barreiras poderiam estar relacionadas a um problema de *mix* de produto, um plano de remuneração distorcido ou uma política obsoleta — qualquer aspecto da empresa, na realidade, que incentivasse as pessoas a assumir *menos* responsabilidade, quando o objetivo era justamente o contrário. As LSCs identificaram centenas dessas barreiras, que variavam do trivial ao extremamente importante. As LSCs assumiram também as tarefas de coordenação de grupos locais de solução de problemas e a criação de módulos adequados de orientação e treinamento, destinados a ajudar os funcionários de todos os níveis da empresa a "viver" a Visão Conjunta.

LEE: As reações, como era de se prever, variaram. Você poderia plotá-las em uma curva de sino. Um pequeno número de pessoas achava tratar-se da descoberta da pólvora; muitas pensavam: "É, interessante, vamos ver o que acontece"; e um pequeno grupo dizia: "De jeito nenhum!"

Enquanto isso, é claro, ocorreram erros de projeto, e alguns exigiam pronta atenção. Por exemplo: durante a primeira sessão de orientação, da qual participaram basicamente funcionários assalariados não representados das áreas administrativa e técnica, um supervisor assalariado fez uma pergunta inesperada. "Rich", perguntou ele, "quem representa exatamente pessoas como *eu* nesse processo?"

Ninguém tinha uma boa resposta. Apesar de todo o esforço investido no projeto do Processo de Visão Conjunta, ninguém havia tratado das necessidades desse grupo específico de funcionários. Os líderes sindicais e administrativos responsáveis pela liderança conjunta do processo logo admitiram esse descuido e tomaram providências no sentido de reestruturar o processo, de modo a permitir maior envolvimento da parte dos funcionários assalariados não representados. Falando em termos específicos, eles criaram mais duas Comissões Locais (LSCs) para representar os funcionários assalariados baseados na Juneau Avenue.

RICH: Apresentamo-nos prontamente e dissemos: "Opa — cometemos um erro."

LEE: Tudo bem. "Erramos. Devíamos ter agido de outra forma, mas não agimos."

Ironicamente, no entanto, esse bem-intencionado esforço de remediar um descuido criou outros tipos de problema. O Grupo de Liderança Conjunta (JLG) decidiu que essas duas LSCs complementares mereciam participar das reuniões do JLG (juntamente com todos os demais representantes das LSCs). Mas esse acréscimo ao JLG criou um desequilíbrio quantitativo: havia agora mais representantes extra-sindicais do que representantes sindicais no JLG, uma circunstância que não agradou aos sindicatos. Depois de muita discussão, o JLG decidiu unificar as duas novas LSCs, transformando-as em uma só, além de acrescentar um membro que também fazia parte do sindicato, restabelecendo, assim, o equilíbrio ao JLG.

O diagrama que se segue descreve a estrutura "provisória" norteadora desse processo:

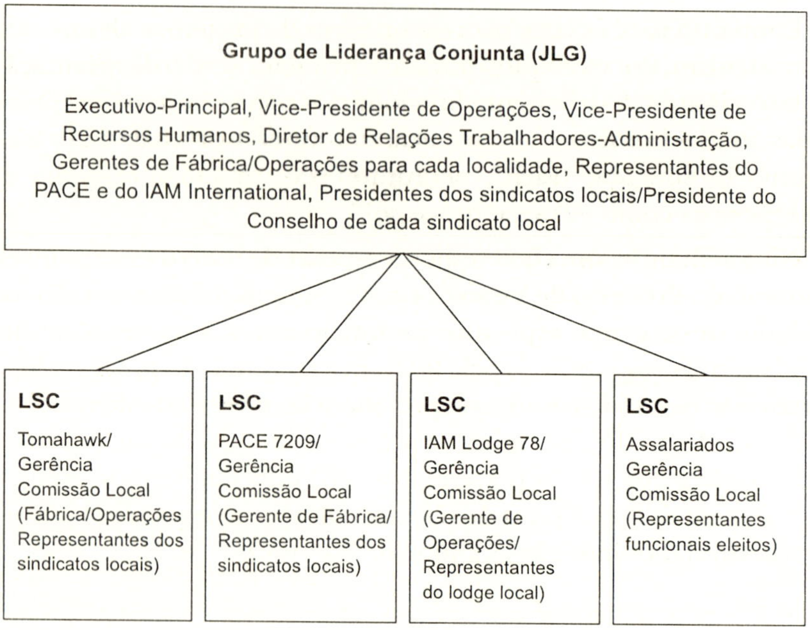

RICH: O que aconteceu nesse caso? Ambos os lados retornaram à visão tradicional dos fatos. A gerência dizia: "Eis a solução". Os sindicatos diziam: "Não gostamos da solução de vocês." Uma lição é que os velhos hábitos persistem. A outra é que você deve pensar muito em todas as implicações de tudo o que se propõe a fazer.

LEE: Nas fases iniciais de um processo de mudança, as aparências podem ser extremamente importantes, especialmente para aquelas pessoas ainda não diretamente envolvidas nesse processo. Daí a extrema importância desse tipo de equilíbrio, que representa a justiça.

Em função desses tipos de problema, o Processo de Visão Conjunta ganhou impulso em todas as três localidades de Wisconsin. Os participantes identificaram centenas de barreiras ao progresso e, em muitos casos, propuseram métodos destinados a vencer essas barreiras. Uma barreira específica foi identificada: *Não temos perfuradoras suficientes.* Uma possível solução foi proposta: *Comprem mais perfuradoras!* A solução apresentada levantou novas questões: *Podemos... devemos... comprar perfuradoras japonesas?* Às vezes, essas perguntas eram feitas e respondidas no ato; outras, elas ficavam no ar dentro da empresa e exigiam orientação em nível de política. Às vezes, as políticas mudavam por conseguinte.

Dando Exemplos de Comportamentos Adequados: A Comissão de Operações

Durante muitos anos antes do início do Processo de Visão Conjunta, a Harley foi organizada de forma muito tradicional e hierárquica. A Comissão Executiva (formada por Rich, Tom Gelb, o Vice-Presidente da Divisão de Peças e Acessórios, Jeff Bleustein, e o então Vice-Presidente de Marketing, Jim Paterson) tomava todas as decisões no que dizia respeito às políticas da empresa. As pessoas que se reportavam diretamente aos membros da Comissão Executiva formavam um outro grupo chamado de "Comissão de Operações", criado com a finalidade de incentivar a troca de informações e começar a envolvê-las no processo decisório.

Ao assumir a presidência da Motor Company na primavera de 1988, Jim Paterson se tornou um membro ativo da comissão de supervisão conjunta do Processo de Visão Conjunta. Além disso, juntamente com Rich, ele ressuscitou a prática de promover reuniões abertas à participação de todos os funcionários para discutir a situação da empresa, as condições de mercado, e assim por diante. Jim e Rich mantinham estreitas relações de trabalho com os líderes sindicais e administrativos, a fim de garantir que essas reuniões gerais abordassem questões de real interesse para os funcionários. Muitas vezes, a gerência não revelava informações úteis aos funcionários, e, ao mesmo tempo, revelava enormes quantidades de informações que os funcionários consideravam inúteis. As novas reuniões abertas representavam um primeiro passo para um plano global de comunicação (ver Capítulo 10) que evitaria essas duas armadilhas. Quanto à sua eficácia, porém, essas reuniões ainda eram limitadas. Elas eram realizadas apenas a cada dois ou três meses, dependendo da localidade. As informações trocadas nesse contexto tendiam a ser fornecidas pela gerência, de cima para baixo. E, embora essas reuniões sempre incluíssem uma sessão de perguntas e respostas, havia grandes chances de alguém da gerência responder a uma determinada pergunta da forma clássica: "Você terá essa resposta mais tarde."

Em sua nova função de presidente da Motor Company, Jim começou a presidir as reuniões da Comissão de Operações. (A maioria dos membros dessa comissão se reportava diretamente a Jim.) Rich e Tom participavam das reuniões dessa comissão quando os assuntos em discussão pareciam exigir a participação dos dois.

Desde a implantação da Comissão de Operações, seu papel e seu objetivo eram muito claros. Os participantes acordaram quanto às regras básicas que serviriam de diretrizes para a condução das reuniões. Eles estabeleceram também um conjunto de comportamentos esperados para os indivíduos presentes nessas reuniões.

Apesar desse trabalho antecipado, Jim logo reconheceu que a Comissão de Operações não estava funcionando como deveria. Seus membros trocavam informações razoavelmente bem, mas não solucionavam problemas em conjunto com tanta eficácia. Jim concluiu relutantemente que a Comissão de Operações — formada pelos principais líderes do lado administrativo do Processo de Visão Conjunta, que serviam supostamente como exemplos-chave para a empresa imaginada — estava deixando a desejar. Seus membros vinham apresentando o mesmo desempenho de quando atuaram no Processo de Visão Conjunta.

Em tudo e por tudo, essas falhas incomodavam Jim, além de ter implicações profundamente prejudiciais para o contexto mais amplo da empresa. Se os principais líderes participantes do setor administrativo da casa — líderes que se conheciam bem e mantinham uma comunicação mútua regular — não dessem exemplos eficazes, será que os membros da empresa mais ampla, geograficamente dispersa e mais díspar conseguiriam se sair melhor?

Jim, portanto, pediu a Lee Ozley e Bob Landies (um consultor externo na época encarregado das questões relacionadas à formação de equipe e ao processo de grupo em York e outras localidades da Harley) que assistissem a algumas reuniões da Comissão de Operações com a finalidade de oferecer ao grupo *feedback* e sugestões destinados a melhorar seu desempenho.

Após observar algumas reuniões da comissão, Bob e Lee sintetizaram suas observações da seguinte maneira:

- Essas reuniões funcionavam bem para fins de troca de informações, mas *não* tão bem, no entanto, como incentivo ao envolvimento das pessoas nos processos de solução de problemas e tomada de decisões.
- As discussões da Comissão de Operações tendiam a se limitar a uma função informativa: um membro do grupo apresentava um relatório da situação, em resposta ao qual seus colegas faziam perguntas simples para fins de esclarecimento. Pouco havia de debate propriamente dito.
- Os membros da Comissão de Operações tinham tendência a adotar uma postura muito passiva. No tocante à solução de problemas ou tomada de decisões, eles transferiam o caso para a Comissão Executiva, por acaso presente.
- As decisões tomadas pela Comissão de Operações não eram bem aceitas. Seus membros concordavam na mesa, mas durante o intervalo seguinte pequenos grupos se reuniam no corredor ou no refeitório para se queixar do processo ou dos resultados. "Não acredito que eles tenham tomado essa decisão estúpida", dizia um. "Cara, eu não concordo com o que acabou de acontecer", comentava outro. "Vocês viram como o Joe estava agindo? Terrível!"
- Os integrantes da Comissão de Operações apelavam individualmente para os membros da Comissão Executiva, numa tentativa de revogar as decisões tomadas por sua própria comissão.
- Os membros da Comissão de Operações falavam uns dos outros quando estes estavam ausentes, o que equivalia a uma direção por boatos. Os membros A e B falavam do membro C na sua ausência, atribuindo-lhe motivações. Esse procedimento levava a um grande número daquilo que Lee e Bob chamavam de "atribuições a terceiros". O problema das atribuições a terceiros se revelou particularmente prejudicial para a conduta da empresa.

Conforme combinado no início, Bob e Lee apresentaram suas observações à Comissão de Operações. Ao final dessa apresentação, os dois consultores fizeram também uma série de recomendações sobre como a comissão poderia abordar seus problemas.

Primeiro, disseram eles, a comissão deve empregar alguém especializado em facilitação para ajudar seus membros a cumprir as diretrizes e regras básicas definidas por ocasião da criação da Comissão de Operações.

Graças aos programas de treinamento associados ao Processo de Visão Conjunta, vários funcionários da Harley puderam se apresentar como candidatos ao desempenho dessa função.

Segundo, os membros da comissão tinham que expressar seus pontos de vista na mesa de reuniões. Em compensação, abstendo-se de tratar de um determinado assunto na mesa, eles teriam que se abster de tratar desse assunto também *fora* da mesa. "Se não se manifestarem na reunião — recomendavam Lee e Bob —, vocês não poderão fazê-lo depois."

E, terceiro, os membros da comissão deveriam se abster das atribuições a terceiros. "Se alguém começar a falar de uma outra pessoa para você na ausência dela — explicou Lee —, você deve perguntar: 'Bem, o que essa pessoa disse quando você falou com *ela* sobre esse assunto?' E, se a pessoa com a qual você estiver falando admitir não ter, na verdade, falado diretamente com a outra, você deve dizer: 'Bem, eu não sei lhe dizer nada sobre isso. Vá falar com *ela.*'"

A Comissão de Operações foi relativamente receptiva a esse *feedback.* Os membros brincavam dando a entender que as sugestões tinham seus méritos. "Não podemos concordar com isso", dizia um membro com a cara mais séria. "As nossas reuniões vão perder a graça!" Outro endossava o gracejo: "Espere aí — você quer dizer que vamos ter que começar a agir como adultos??!!"

A Comissão de Operações concordou em acatar as três sugestões apresentadas por Bob e Lee. (A Comissão Executiva, por sua vez, também aderiu à causa.) Teve início um processo de orientação informal, porém intensiva, onde Bob e Lee orientavam os membros da Comissão de Operações, enquanto estes orientavam uns aos outros. Os comportamentos inadequados que haviam contaminado a comissão diminuíram de forma rápida e radical. De vez em quando, as pessoas retornavam aos seus antigos (maus) hábitos, mas, na maioria desses casos, seus colegas os colocavam de volta nos eixos.

Em outras palavras, a gerência começou a *dar exemplos* de comportamentos adequados para a empresa como um todo, razão pela qual esse antigo interlúdio envolvendo a Comissão de Operações continua sendo de interesse hoje. Através de suas ações, esses indivíduos injetaram modelos de comportamento na empresa. Com o tempo, os membros de toda a empresa aderiram a eles e os copiaram. Novamente, não houve qualquer tipo de fórmula instantânea ou panacéias, mas os indivíduos e os grupos apresentaram um importante progresso.

Hoje, se alguém na Harley se envolve em palpites, fofocas ou comportamentos semelhantes, é provável que essa pessoa seja chamada à atenção. De um modo geral, as pessoas não toleram esses tipos de comportamento, considerados "estranhos à cultura" da empresa. Como enfatizaremos nos próximos capítulos, pequenos investimentos na correção dos comportamentos, com o tempo, podem render grandes recompensas.

Negociação em Meio às Mudanças

Enquanto isso, os grupos conjuntos em todas as localidades da Harley em Wisconsin continuaram a identificar e cuidar das barreiras à Visão Conjunta, obtendo grande sucesso — o que, aos poucos, foi se transformando em uma questão problemática.

"Havia centenas de barreiras", recorda Flip Weber, diretora de relações trabalhadores-administração. "Mas nunca chegamos ao ponto de dizer: 'Será que isso poderia ser desmembrado em dez grandes categorias?' Essa parte realmente parecia insuperável."

Pouco menos de um ano após a implementação do Processo de Visão Conjunta, a Harley e o seu sindicato tiveram que reabrir as negociações contratuais. (O contrato de um ano assinado na primavera de 1988 logo expiraria.) Vários dos representantes administrativos envolvidos nesse processo sugeriram que essa série de negociações fosse conduzida dentro de um modo de solução de problemas, e não como de oposicionismo, e que as habilidades até então adquiridas por todas as partes como resultado do Processo de Visão Conjunta fossem colocadas em prática.

Os líderes de ambos os "lados" — sindicato e administração — receberam essa sugestão com ceticismo. Ambas as partes concordaram, contudo, em fazer uma experiência em termos de dissídio consensual. Dentro desse espírito, os representantes sindicais estruturaram suas exigências em forma de "perguntas". Os representantes administrativos se sentaram à mesa de negociações levando "declarações de problemas".

As negociações que se seguiram transcorreram de forma substancialmente diferente das vezes anteriores. Embora longe de um autêntico esforço de solução de problemas, essas reuniões lembravam muito mais um dissídio consensual do que as séries de negociações anteriores. Os dois lados chegaram a um novo acordo de trabalho de dois anos sem muita contrariedade, especialmente se comparado às negociações passadas.

A Suspensão

Até aqui, documentamos um processo de progresso gradativo: pequenos investimentos e pequenas recompensas, mas progredindo de forma estável na direção certa. Em outras palavras, o Processo da Visão Conjunta estava funcionando como deveria. Um ano e meio após a inauguração do Processo de Visão Conjunta — aproximadamente de meados de 1988 a início de 1990 —, os grupos administrativos e sindicais da Harley ajudaram a identificar e a dar início à remoção das barreiras ao futuro imaginado.

Até que, no início de 1990, esse processo descarrilou. Um grupo-chave inesperadamente se desviou do caminho conjunto, temporariamente dando margem a dúvidas em relação ao potencial de todo o processo. No dia 26 de fevereiro de 1990, Flip Weber recebeu uma carta do conselho executivo e da comissão de dissídio do PACE Local Union 7209. A carta solicitava a "suspensão" do Processo de Visão Conjunta, sob a seguinte alegação:

> A liderança [da PACE Local 7209] considera que o Processo tal como se apresenta vem se desenvolvendo de modo totalmente descontrolado. A parte "7209" da LSC levantou repetidas vezes algumas questões nos últimos oito meses e não foi ouvida. Os líderes do Sindicato Local expõem problemas enfrentados na fábrica ou nas reuniões do processo, e ninguém lhes dá atenção, a menos que se trate de problema da empresa. Com essa e outras questões que a Liderança do Local 7209 vem presenciando, chegamos à conclusão de que não podemos mais continuar a participar do Processo da forma como ele se apresenta hoje.

Ela imediatamente entrou em contato com Jim Paterson, Rich Teerlink e outros representantes da administração para discutir as implicações dessa "bomba". Jim comunicou formalmente aos representantes do Local 7209 o seu interesse em discutir as preocupações do sindicato. Uma combinação de conflitos de cronogramas e outros fatores (Jim teve que se submeter a uma cirurgia de coluna anteriormente marcada, por exemplo, e depois cumprir um período de recuperação) atrasou por vários meses a tal reunião. Enquanto isso, Jim, Rich e outros líderes ouviram relatos de funcionários assalariados e membros da gerência. Muitas dessas pessoas também se sentiam frustradas com o que consideravam uma total falta de progresso. Alguns desses gerentes expressaram sua convicção de que a liderança sindical não parecia estar plenamente comprometida com a abordagem não tradicional do Processo de Visão Conjunta, e que esse pedido de "suspensão" era uma prova dessa total falta de compromisso.

Quando a reunião finalmente se realizou, em julho de 1990, os líderes sindicais aproveitaram a oportunidade para articular claramente suas preocupações e expor as questões que os levavam a suspender seu envolvimento no Processo de Visão Conjunta. Eles apresentaram seis questões específicas:

- Os gerentes não ouviam e não pareciam reconhecer que as "pequeninas coisas" também eram importantes.
- Alguns membros do sindicato suspeitavam de que a real intenção da administração era enfraquecer o sindicato e depois pleitear o cancelamento da certificação.
- O processo estava gerando conflitos dentro do sindicato, o que poderia também enfraquecer o sindicato (fosse essa ou não a intenção da administração).
- A formação de grupos locais de funcionários assalariados (inicialmente sancionada pelo sindicato) agora era vista como um "sindicato sem contribuição sindical", o que representava uma ameaça para as prerrogativas tradicionais do sindicato.
- Os membros do sindicato achavam que as estruturas relacionadas ao Processo de Visão Conjunta (o JLG, as LSCs etc.) eram principalmente uma perda de tempo, onde se falava muito em mudanças, mas ação que é bom, nada.
- A administração não estava "transmitindo" o compromisso assumido à empresa, tampouco demonstrando esse compromisso de forma adequada.

Os dois lados discutiram cada uma dessas questões em detalhes, apresentando suas respectivas posições em relação a cada uma. Nem Lee nem qualquer um de seus colegas da ROI estavam presentes nessa reunião. Como declarou um representante sindical na ocasião: "Trata-se de um problema de família, por isso precisamos mantê-lo em família." Nitidamente, Lee e seus colegas ainda eram "estranhos" aos olhos desse grupo sindical. Os líderes do Local 7209, então, voltaram a ouvir os membros de seu sindicato. Conforme explicado em uma carta de 15 de julho de 1990 enviada pelo presidente do sindicato, Gerald Knackert, a Jim Paterson, a questão era que o sindicato continuava querendo a suspensão do Processo de Visão Conjunta.

> Embora acreditemos poder trabalhar com todos os funcionários da Harley-Davidson, não estamos interessados na burocracia trazida à nossa empresa pelo JLG e pela LSC... O futuro de nossos esforços cooperativos de envolver nossos membros no sucesso da empresa se desenvolverá através de uma estrutura mais tradicional.

Esse fato reforçava a impressão que persistia entre muitos funcionários assalariados e membros da administração de que a liderança sindical local não estava à altura do desafio de operar em um ambiente anticonvencional.

LEE: Será que a suspensão poderia ter sido evitada? Provavelmente não, pelo menos sem o completo treinamento dos líderes. E as pressões da empresa dispensavam essa abrangente preparação dos líderes. As realidades práticas da empresa exigiam que todos "aprendessem no decorrer do processo".

Obviamente, aqueles que já haviam feito grandes investimentos no Processo de Visão Conjunta estavam profundamente decepcionados. Tirando o maior proveito possível daquilo que, de outra forma, teria sido uma situação negativa, decidimos (Rich e eu) procurar os aspectos positivos da experiência como um todo. Para a nossa surpresa e satisfação, descobrimos alguns:

- Os representantes sindicais e administrativos aprenderam muito mais sobre eles próprios e suas respectivas instituições, como os sistemas políticos radicalmente diferentes das duas organizações, as complexidades da economia empresarial, e assim por diante.
- As pessoas podiam trabalhar, e de fato trabalhavam, juntas em busca de uma meta comum de melhoria, até mesmo na falta da percepção de uma crise.

- Todos concordavam que nem a Harley, nem os sindicatos que representavam os seus funcionários poderiam ser bem-sucedidos agindo de acordo com as "antigas regras".
- De modo geral, todas as partes concordavam que a colaboração e cooperação eram melhores do que o oposicionismo.
- O pessoal da Harley, na verdade, almejava as mesmas coisas para o seu futuro.

É claro que nós (Lee e Rich) procuramos também identificar as falhas do Processo à medida que o conduzíamos. Novamente, achamos que poderíamos elaborar uma lista de bom tamanho:

- Não havíamos preparado adequadamente a liderança sindical ou as organizações gerenciais para liderar e apoiar uma mudança dessa ordem de magnitude.
- Ninguém compreendia ou encarava corretamente as diferenças existentes entre os respectivos processos políticos das organizações sindical e administrativa.
- As estruturas paralelas criavam problemas. "Tínhamos dois tipos de estruturas: o Processo de Visão Conjunta e a estrutura tradicional administração/sindicato", recorda Flip Weber. "E Lee nos disse que isso não era bom. Decidimos que tinha que ser assim, o que provavelmente foi um erro."
- O fato de permitirmos que o envolvimento no Processo de Visão Conjunta fosse voluntário e não obrigatório criava desequilíbrios. Alguns grupos de funcionários sindicalizados e não sindicalizados participavam do processo e outros não.
- A condução dos programas de orientação e treinamento do Processo de Visão Conjunta mediante o preenchimento das sessões de treinamento com voluntários de toda a empresa, de acordo com a disponibilidade que os seus horários de trabalho lhes permitiam, e não por grupos de trabalho (inclusive com a participação dos líderes sindicais e administrativos desses grupos), levava a uma compreensão e a um compromisso ainda mais irregulares em relação aos conceitos e princípios da cooperação conjunta.

Sem dúvida, isso contribuiu para a eclética ficha do Processo de Visão Conjunta. Todos nós cometemos erros táticos que prejudicaram a iniciativa. "É provável que o fato de termos atacado diretamente as barreiras — diz Margaret Crawford, diretora de treinamento e desenvolvimento e membro de um dos grupos locais de funcionários assalariados — tenha sido um erro. Talvez tivesse sido melhor idéia nos concentrarmos nas oportunidades. Talvez a ênfase nas 'barreiras' devesse aparecer mais adiante na lista."

Todos nós falhamos por não termos incluído todos no esquema. O nosso processo estava imperfeito e foi implementado de maneira imperfeita. Nós (os líderes sindicais e administrativos) não estabelecemos a congruência entre as realidades cotidianas enfrentadas pelos funcionários sindicalizados e não sindicalizados e a visão que havíamos desenvolvido conjuntamente.

Não obstante, achávamos que, no cômputo geral, havíamos feito um progresso substancial. Essa convicção cresceu com o tempo, depois que o choque provocado pelo pedido de suspensão havia passado. Apesar da questão da "suspensão", por exemplo, muitas das estruturas e práticas iniciadas durante o Processo continuaram a funcionar. Além disso, os outros dois sindicatos da Harley ficaram com o Processo de Visão. Os membros desses dois sindicatos que permaneceram utilizaram o Processo de Visão Conjunta de forma muito eficaz até a sua substituição por um novo e abrangente acordo de parceria. (Ver Capítulo 11.)

"A construção de relacionamentos é uma tarefa que leva tempo", conclui Flip Weber. "É um processo muito lento. Nem sempre dá certo na primeira vez. Existem muitos caminhos para se chegar a ele."

Devemos observar também que as preocupações do Local 7209 em relação à diminuição do poder ou do seu número de afiliados provaram não ter fundamento (ver Tabela 3.1 a seguir). Na realidade, o seu número de afiliados, bem como aqueles dos demais sindicatos da Harley, aumentou de forma radical. E, embora não tenha renunciado a nenhum de seus direitos e responsabilidades tradicionais, o sindicato adquiriu um controle muito maior sobre os principais aspectos do ambiente de trabalho.

Tabela 3.1. Níveis de Emprego Sindicalizados: 1988-1998

Local	1988	1998	Mudança (nº)	Mudança (%)
York	1.184	2.340	+1.156	+98
Milwaukee	646	1.372	+726	+112
Tomahawk	139	236	+97	+70
Kansas City	0	319	+319	ND

Uma Rápida Vista nas Lições

No verão de 1991, Rich Teerlink fez uma breve apresentação para a diretoria da Harley, sintetizando as lições provisórias que ele e outros dirigentes da empresa haviam aprendido com o Processo de Visão Conjunta. Rich via esse fato como um momento interessante para avaliar uma iniciativa de mudanças em larga escala: cedo demais para saber aonde tudo "iria dar", mas nem tanto para saber que haviam sido cometidos grandes erros e registrados grandes sucessos.

Precisamos estar cientes de nosso sucesso, começou Rich. Precisamos ter consciência de que o processo de mudança requer tempo. Temos que assumir compromisso, desenvolvendo um ambiente que incentive e recompense o aprendizado. Devemos nos lembrar de que, pelo menos no início, o processo é mais importante do que a estrutura.

E, continuou ele, não podemos apenas *esperar* que as pessoas acabem mudando. Temos que agir no sentido de *ajudá-las* a mudar.

O processo de mudança, concluiu refletindo sobre a trajetória que ele e seus colegas haviam começado a seguir anos antes, pode ser árduo, especialmente se o líder das mudanças não estiver disposto a recorrer à tática de comando e controle para empreendê-lo. Conforme Lee havia ressaltado na primeira reunião em 1987, para cada dois passos à frente, era provável que houvesse um passo para trás. Mas isso parecia ser da natureza da fera. A Harley conviveria e trabalharia com essa realidade, passando até a utilizá-la em seu benefício.

"O Processo de Visão Conjunta não foi um sucesso estrondoso", conclui o ex-presidente da Motor Company, Jim Paterson. "Na realidade, foi um processo penoso. Estávamos tentando e falhando na tentativa de atender às expectativas das pessoas. Pensávamos estar no ponto C quando estávamos apenas no ponto A. Passamos muito tempo buscando apoio e vencendo pequenos obstáculos."

"Mas será que isso nos levou na direção certa? Sim, sem dúvida. Muitas pessoas aderiram ao processo. Outras foram levadas a perceber que não poderiam participar e se convenceram a sair do caminho."

"Na minha opinião — diz Flip Weber —, o Processo de Visão Conjunta criou o alicerce. Poderíamos dizer que não foi um sucesso, porque não chegamos aonde pretendíamos. Mas vejo essas questões como uma jornada a ser cumprida. A cada passo dado estamos mais próximos de onde desejamos chegar."

4

Ampliação da Conscientização

O Teste do Compromisso

Vamos recuar cerca de seis meses antes da suspensão do Processo de Visão Conjunta, ou seja, para meados de 1989, para iniciar a história contada neste capítulo. Naquela ocasião, sentíamos que estávamos realmente progredindo. Nos chãos de fábrica, nas mesas de negociações e em outros tipos de reuniões informais, percebíamos que estavam ocorrendo mudanças sutis, mas importantes. As pessoas em muitos níveis da empresa estavam começando a assumir mais responsabilidades. As pessoas pareciam menos inclinadas a buscar respostas junto à gerência; cada vez mais, ao que parecia, elas estavam ajudando a formular as perguntas.

O estranho, no entanto, é que, apesar do bem-sucedido trabalho de Lee junto à Comissão de Operações, não tínhamos a mesma certeza se essas mudanças vinham ocorrendo também nos níveis gerenciais. Após uma considerável discussão, concluímos que tínhamos que tomar medidas complementares para atingir esse importante grupo.

Este capítulo conta a história da primeira dessas medidas, reportando o intenso e, às vezes, complexo episódio da evolução em direção a uma Harley diferente e a evolução do relacionamento entre o executivo principal e o consultor. No cômputo geral, os resultados dessa atividade a longo prazo foram positivos. Mas houve momentos difíceis em que, separada e conjuntamente, tivemos nossas dúvidas.

A Idéia

No verão de 1989, a Comissão Executiva da Harley deu início às discussões sobre as maneiras de engajar os principais executivos da empresa na iniciativa que estávamos tentando promover. Entre esses executivos estavam Wayne Dahl, presidente da Holiday-Rambler; Bernie Witzak, presidente da Utilimaster; John Campbell, vice-presidente de recursos humanos; Jim Paterson, presidente da Motor Company; Jeff Bleustein, vice-presidente executivo; Tom Gelb, vice-presidente de produção, e Rich. Lee assistia e, ocasionalmente, participava como facilitador dessas reuniões.

A missão do grupo era encontrar formas de estabelecer a "sintonia" entre os executivos-chave da Harley-Davidson e os da Holiday-Rambler (neste capítulo, HDMC e HRC respectivamente) em termos de aprendizado contínuo e do papel absolutamente fundamental desses dois grupos no processo de mudança. Parecia uma tarefa substancial.

RICH: O fato era que não se tratava de um grupo de pessoas intelectualmente curiosas.

LEE: Não eram exatamente pessoas do tipo "gordas, broncas e felizes". Não cheguemos a tanto. Mas também não estava muito longe disso.

Rich e Lee identificaram um desafio central por ocasião da primeira visita de Lee a Milwaukee. Como Rich poderia (com a ajuda de Lee e outros) criar oportunidades de aprendizado sem recorrer ao tipo de autoridade de comando e controle que ele considerava contraproducente? Depois de lutar com esse paradoxo durante um tempo, Rich decidiu que, pelo menos até certo ponto, liderança envolvia a *criação de oportunidades*. Com isso, ele tomou a liberdade de convocar a primeira sessão (com a orientação da Comissão Executiva, de Lee e de outros recursos externos) e decidir os assuntos a serem tratados. As sessões subseqüentes, se houvesse, poderiam ser convocadas e esquematizadas pelos próprios participantes.

Assim sendo, na noite de uma terça-feira, no início de outubro de 1989, 55 executivos se dirigiram ao hotel Marriott, em Lincolnshire, um subúrbio de Chicago localizado a meio caminho entre as bases das duas divisões, o que permitia que pessoas de ambas as localidades fossem de carro até o local. Além disso, o hotel oferecia espaço suficiente para as atividades que havíamos planejado, bem como o campo de golfe localizado nas proximidades nos proporcionaria a oportunidade de relaxar nos intervalos das sessões de trabalho.

Os executivos foram informados de que estariam participando de algo chamado sessão de "Ampliação da Conscientização". Esse evento se estenderia da noite de terça à manhã de sexta-feira, e exigiria traje esporte. Suspeitávamos que a expressão "ampliação da conscientização" pudesse provocar algumas discussões interessantes entre maridos e mulheres na noite anterior de segunda-feira, enquanto os executivos arrumavam suas malas para sabe-se lá o quê. Decidimos, no entanto, que seria uma boa idéia despertar a curiosidade das pessoas, o que poderia ajudar as sessões a serem mais produtivas.

A HDMC e a HRC eram empresas substancialmente distintas. (Ver organograma a seguir). Como suas atividades eram muito diferentes (a HDMC fabricava motocicletas, e a HRC veículos grandes de recreação) até então havia pouca razão para reunir todos os executivos de ambas as empresas para as sessões de trabalho. Na realidade, essa era a primeira vez em que a totalidade dos altos executivos da HDMC e da HRC se reuniriam em uma sessão de trabalho.

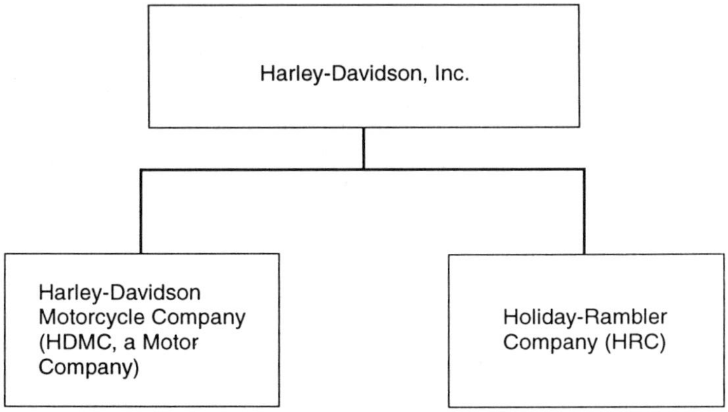

Só entre nós, confessávamos ter algumas reservas. Os representantes da HRC provinham da comunidade Amish estabelecida em Indiana, um cenário não sindicalizado em que as pessoas se viam como indivíduos muito diferentes de seus colegas da HDMC estabelecidos na urbana e sindicalizada Milwaukee. Ao mesmo tempo, os gerentes da HDMC apresentariam seus próprios problemas, em parte devido aos sucessos altamente visíveis da empresa no mercado de motocicletas. Como disse um preocupado membro de nossa equipe de planejamento certa vez: "Então, como iremos exatamente evitar que esses arrogantes sabichões da Harley 'detonem' o pessoal da Holiday-Rambler?"

A resposta, ao que parecia, estava no projeto da experiência. Trabalhando em conjunto com o consultor da Holiday-Rambler, Dick Axelrod, Lee e seus colegas baseados na Virgínia queriam criar uma série de atividades interativas e aprendizado experimental que colocassem os principais líderes da empresa diante de situações desafiadoras com colegas que não pertencessem às suas respectivas áreas funcionais. Planejávamos intercalar essas atividades com apresentações feitas por provocadores acadêmicos e profissionais de administração. O projeto desenvolveu-se através de repetidas discussões com a Comissão Executiva, que estava particularmente interessada nas apresentações que estimulariam o debate, o aprendizado compartilhado e a coesão organizacional.

Os apresentadores externos compunham um grupo ilustre. Ed Lawler, por exemplo, era uma autoridade respeitada em todos os Estados Unidos em matéria de mudança organizacional em grande escala. James Brian Quinn, autor de vários livros e artigos sobre gerenciamento de inovações (através do que ele denominou "caos controlado") nos estimularia a pensar nas funções básicas de uma organização. Jerre Stead, então executivo principal da fabricante de equipamentos elétricos Square D, Inc., concordou em nos desafiar falando sobre suas experiências em uma bem-sucedida e consagrada "organização do aprendizado".

Na sessão de abertura na manhã de quarta-feira, Rich explicou que a reunião tinha por finalidade "ampliar a conscientização da alta gerência da Harley-Davidson e da Holiday-Rambler". O grupo, por sua vez, prosseguiu ele, tinha os seguintes objetivos:

- oferecer informações e conceitos como forma de auxiliar a alta gerência a liderar suas empresas de forma mais eficaz;
- demonstrar o aprendizado contínuo como um estilo de vida;
- adquirir maior familiaridade;

- trocar idéias e informações;
- gerar idéias para o conteúdo e o processo de sessões futuras;
- divertir-se.

Logo ficamos sabendo que esses objetivos se somavam a uma missão assustadora. Sabíamos que esperávamos muito de nossos participantes, mas não imaginávamos quanto.

Brincando com Tinker Toys

Achávamos que deveríamos provar com relativa rapidez que o aspecto da diversão constituiria uma parte essencial da experiência. Imbuídos desse espírito, e também com o intuito de dar início ao objetivo maior do aprendizado contínuo, Lee e seus colegas decidiram que as atividades da manhã de quarta-feira incluiriam o criativo reaproveitamento de um velho brinquedo: a Tinker Toys.

Auxiliada por Lee, a Comissão Executiva dividiu os participantes em equipes de cinco componentes, formadas por proposital mistura de funcionários da HDMC e HRC. Entre seus membros, cada equipe deveria identificar dois "projetistas", dois "construtores" e um "vendedor". Trabalhando em conjunto, esses elementos deveriam recorrer a um estoque fixo de peças (eixos, bobinas etc.) para projetar, construir e "vender" uma ponte Tinker Toy com capacidade para suportar um tijolo de 1,814 kg de peso no seu vão central.

LEE: Estávamos preparados para ouvir que essa idéia não passava de uma burrice. Estávamos prontos até a admitir que podia, de fato, ser burrice — mas que valia o investimento de tempo da parte dos grupos. Porém, as pessoas acabaram aderindo ao esquema.

O exercício da Tinker Toy foi, na realidade, uma simulação reduzida das atividades diárias das empresas do setor de produção. E para que os nossos participantes tivessem sempre em mente o espírito do "trabalho em equipe", impusemo-lhes uma série de regras arbitrárias. Por exemplo, dissemos aos construtores que eles só poderiam usar uma das mãos para montar suas invenções. Isso significava que, para ser bem-sucedidos, os construtores teriam que transmitir essa mensagem aos projetistas, e estes, por sua vez, teriam que levar em consideração essa limitação.

Todos os "canteiros de obras" foram montados na mesma sala, de modo que cada equipe pudesse ver o que os seus concorrentes estavam fazendo, utilizando exatamente os mesmos materiais. Esse procedimento criou amplas oportunidades para a "espionagem industrial", mas também serviu para ilustrar a rapidez com que uma idéia poderosa poderia se espalhar por todo um "setor" de atividade. Um dos grupos, por exemplo, estava tendo dificuldade para encaixar um determinado eixo em uma bobina utilizando apenas uma das mãos. Até que um membro da equipe descobriu que mergulhando a ponta do eixo em um copo de água ficaria mais fácil fazê-lo passar pelo furo da bobina. Essa descoberta e outras semelhantes se espalharam pela sala com espantosa rapidez.

LEE: Um detalhe: Terminado o exercício, meus colegas e eu tivemos que desmontar essas pontes para que pudéssemos colocar as peças de volta nas caixas. Mas os eixos molhados haviam se dilatado tanto que não havia como removê-los das bobinas.

As equipes trabalharam em suas pontes até o final do prazo, quando tiveram início as "apresentações de vendas". Os "clientes" que assistiam a essas apresentações eram altos executivos da HDMC e da HRC, e os discursos de vendas variavam do mais sério profissionalismo à mais sórdida sátira. (Um dos vendedores anunciou que havia caixas de uísque escocês na mala de seu carro para aqueles clientes que fizessem a escolha "certa".)

O exercício da Tinker Toy acabou sendo um eficaz quebra-gelo. E, embora a simulação estivesse longe da representação fiel de uma experiência de trabalho real, os participantes pareciam ter gostado de discutir uns com os outros a importância da experiência. Qual o seu significado? Havia alguma lição a ser extraída dessa experiência?

Da Diversão ao Trabalho, e Vice-Versa

A próxima atividade tinha um apelo mais sério. Com a orientação da Comissão Executiva, Lee e seus colegas reagruparam os participantes em novas equipes de seis elementos. Todos os participantes se reuniram para uma sessão plenária, na qual o palestrante convidado, James Brian Quinn, apresentou uma versão enérgica, até mesmo extrema, de sua idéia de que, na maioria das empresas, a maior parte das funções poderia ser terceirizada com sucesso. Se isso fosse verdade, Quinn perguntou retoricamente, o que era uma "empresa" afinal de contas? Qual a sua finalidade?

Em seguida, Quinn circulou pela sala, respondendo às perguntas feitas por cada grupo. Enquanto aguardavam a chegada de Quinn, os grupos deveriam preparar perguntas e comentários destinados ao palestrante e aos próprios colegas.

Rich e Lee iam de grupo em grupo juntamente com os palestrantes. Nesse ponto, no entanto, as coisas começaram a dar um pouco errado. Rich começou a perceber que a Ampliação de Conscientização poderia não produzir o retorno que ele esperava. Ele esperava presenciar acirrados debates entre os participantes e entre estes e os especialistas. No mínimo, ele esperava ouvir algumas expressões de interesse nas idéias apresentadas. Mas, de um modo geral, não era o que estava acontecendo.

RICH: Eu não ouvia ninguém perguntar a Brian, por exemplo, como seria possível terceirizar algo tão fundamental quanto o projeto de produtos. Ele fez o que algumas pessoas certamente considerariam uma proposta indecorosa — e, no entanto, ninguém lhe respondeu com uma boa vaia.

LEE: Ouvíamos as pessoas dizerem: "Ah, interessante. Pode ser muito bom para algumas pessoas, mas não se aplica ao nosso caso".

Embora a essa altura pairassem no ar alguns sinais de alerta para possíveis problemas, partimos para a fase seguinte de nosso plano. Mais uma vez, dividimos os participantes em novos grupos, criados de forma a gerar diversidade tanto em termos de orientação funcional quanto de base de qualificação. Cada grupo deveria aceitar a responsabilidade de preparar uma paródia representando uma situação real na qual um gerente da HDMC ou da HRC pudesse se encontrar. Os temas, solenemente sorteados na hora do almoço, foram desenvolvidos pelos gerentes seniores de ambas as empresas. Os temas abrangiam, por exemplo:

- o trato com um cliente insatisfeito;
- reação à sugestão de melhoria de um funcionário;
- justificativa de um dispêndio excessivo de capital;
- condução de uma entrevista de avaliação de funcionários;
- resposta a uma queixa de assédio sexual.

Mais uma vez, todos os grupos recorreram ao mesmo estoque de materiais: nesse caso, acessórios como perucas, maquiagem e outros recursos teatrais. E mais uma vez impusemos algumas limitações aos participantes. Dessa vez, pedimo-lhes que desempenhassem suas tarefas da *pior maneira possível*. Em outras palavras, eles deveriam demonstrar a *pior maneira possível* de um gerente executar uma tarefa que lhe fosse atribuída.

Durante uma "pelada" de golfe no início da tarde, as equipes prepararam suas respectivas sátiras, apresentadas a todo o grupo naquela noite. Não foi muita surpresa que as sátiras tenham reproduzido, em proporções devidamente exageradas, um ou mais "traços organizacionais característicos" reconhecidos na HDMC e na HRC. Já havíamos comentado entre nós os perigos da arrogância dentro de uma empresa que (como a imprensa popular tendia a dizer) "derrotara a concorrência japonesa". Agora podíamos ver que, pelo menos até certo ponto, nossos colegas também compreendiam esse problema. Em uma das sátiras, um trio de Extraterrestres particularmente obtusos (os gerentes) rejeitava uma série de sensatas melhorias de processo de trabalho propostas por uma delegação de qualificados artesãos. Um atrapalhado e presunçoso gerente de recursos humanos fez uma estarrecedora avaliação de desempenho de um funcionário que vinha apresentando alguns problemas muito complicados.

Alugamos um obsoleto medidor de aplausos para medir a reação da platéia às diversas sátiras. Baseado nas leituras do medidor, Rich premiava os membros da melhor equipe com presuntos assados no mel, os da pior equipe, com ossos de presunto — embora devêssemos nos lembrar de que, nesse caso, os "melhores" eram, na verdade, os piores.

Novamente o aprendizado experimental provou ser divertido e promoveu um alto nível de coleguismo entre os gerentes participantes. Porém, mais uma vez também, as sessões sérias que se seguiram apresentaram resultados menos satisfatórios — particularmente para Rich, que estava se revelando o maior crítico da estratégia de Ampliação da Conscientização.

Pedimos aos participantes que refletissem sobre as possíveis lições que poderiam ser aprendidas com os palestrantes com os quais eles estavam tendo contato. O que eles haviam aprendido que os havia surpreendido? Que lições eles poderiam levar de volta para o trabalho e aplicá-las de forma produtiva?

Mais uma vez, esse tipo de pergunta ficou sem resposta. Pelo menos aos ouvidos de Rich, as discussões do pequeno grupo de quarta-feira foram insossas e sem graça. As pessoas reagiram de forma vibrante e positiva às sátiras, mas as discussões sobre as apresentações dos palestrantes foram insossas, sem inspiração e unidimensionais. Rich se mostrava cada vez mais impaciente com o que ouvia.

RICH: A pergunta que cansei de ouvir era: "Tudo bem, e o que você quer que nós façamos?" E eu dizia comigo mesmo: "Essa é a pergunta a que estou procurando não responder."

Da Insatisfação ao Compromisso

Por volta das 10 horas da noite daquela terça-feira, Ed Lawler procurou Lee para dar-lhe uma injeção de ânimo. Em termos formais, Ed era apenas um distinto convidado presente nas sessões de Ampliação da Conscientização. Mas, num primeiro momento, ele havia encaminhado inicialmente a Harley para Lee e participado da primeira fase desse evento, sentindo-se, por isso, responsável por seu sucesso. Ed sabia que, nas horas anteriores, Lee estivera intensamente envolvido na coordenação do trabalho de seus colegas e provavelmente não estava a par do quadro mais amplo. Na avaliação de Ed, esse quadro não era bom: Rich estava insatisfeito.

Lee convocou uma rápida reunião com Rich, que explicou a causa de sua insatisfação. Mais uma vez, disse Rich, ele não via muitos indícios de que as pessoas estivessem procurando mudar sua forma de pensar. Ao contrário, o que ele via eram os efeitos de uma dependência de muitos anos em relação ao estilo de administração impositivo onde prevalecia a tática de comando e controle. As pessoas estavam acostumadas a obter as respostas a partir da alta gerência, e esses hábitos pareciam muito difíceis de ser abandonados.

RICH: Eu estava frustrado porque esperava que as pessoas aprendessem coisas novas. Não que isso fosse mudar qualquer coisa da noite para o dia, mas que começássemos a despertar as pessoas para que elas pudessem começar a dizer: "Só pode haver algo com esse tipo de mudança!"

Será que as minhas expectativas não eram realistas? Em retrospecto, provavelmente sim — porque eu havia passado muito mais tempo amadurecendo essas idéias do que outras pessoas. Mas eu havia vislumbrado aqui e ali uma nova maneira de gerenciar uma empresa — até mesmo uma forma diferente de ver o mundo — e tinha grandes esperanças de que outras pessoas vissem o mesmo.

Após uma breve conversa, Lee e Rich concordaram que Rich deveria compartilhar suas frustrações com todo o grupo na manhã seguinte. Lembramo-nos de que "quando todas as alternativas falham, convém dizer a verdade". Rich e Lee começaram a usar esse clichê como resultado de sua frustração com as tendências empresariais de confundir e aplicar a tática do controle pelo pânico. Quando estiver em dificuldades, diga ao seu público a pura verdade.

Na manhã seguinte, Rich apresentou uma série de transparências aos participantes. Fugindo ao seu estilo característico, ele seguiu ao pé da letra a linguagem do material preparado. Aqueles entre os presentes que o conheciam bem entenderam que ele estava fazendo um grande esforço para controlar sua frustração. "A participação é um importante elemento do sucesso da Harley-Davidson em longo prazo — começou ele — e deve, como tal, ser reconhecida pelas unidades operacionais."

> Não estamos progredindo com a devida rapidez. Parecemos temer as reações dos funcionários se cometermos algum erro e tivermos que fazer ajustes ou alterações. Tenho certeza de que os funcionários compreenderão.
>
> Temos uma burocracia excessiva, o que impede o envolvimento.

> Não estamos comunicando de maneira eficaz que esse é o modo como iremos dirigir esta empresa. Todos devem compreender que é assim que vamos administrar a empresa. Não será igual em toda parte, mas os princípios básicos serão os mesmos.
>
> Estamos envolvendo pessoas e dinheiro em nossos problemas, em vez de lançarmos mão da inteligência daqueles que se encontram atualmente engajados na missão. Os gerentes continuam se considerando os únicos com inteligência suficiente para identificar os problemas. Essa atitude me preocupa, porque desgasta os nossos esforços no sentido de delegar poderes a todos os funcionários.

"Até agora — concluiu ele —, a nossa abordagem foi evolucionária. Chegou a hora de fazermos uma revolução, e uma revolução liderada pelos *gerentes* presentes nesta reunião. E que fique clara uma coisa: Eu *não* irei liderar a revolução!"

LEE: Eu estava no fundo da sala, observando o grupo e suas reações quando Rich terminou. E a reação mais comum era: "É, parece que falhamos. Deixamos Rich na mão." Ou pior: "Ih, o papai está aborrecido com a gente!" E isso só fez piorar o trajeto de carro de volta para o aeroporto.

A caminho do aeroporto de O'Hare, Lee e Rich concordaram em não se envolver em críticas ou recriminações, embora Lee tenha se arriscado a dizer que as observações de Rich poderiam ter sido feitas pelo General Patton — um comentário que não agradou muito a Rich. Um tempo para aplacar os ânimos parecia uma boa idéia. Eles marcaram uma hora para se encontrar no final da semana seguinte e cada um seguiu o seu rumo.

Depois de um fim de semana tenebroso, Lee chamou seus colegas baseados na Virgínia para uma reunião *post mortem.* Eles se limitaram a descobrir o que poderia ter sido feito melhor e, o mais importante, o que deveria ter sido feito em seguida. Entre as opções seriamente contempladas estava a renúncia da conta. Essa alternativa ganhou força no decorrer da reunião. Lee e seus colegas chegaram à conclusão de que haviam cumprido as suas partes como eles sabiam. Se as coisas não haviam saído a contento, como eles poderiam justificar sua permanência na função?

LEE: Não se esqueça de que eu fazia esse tipo de trabalho há mais de três décadas. E aprendi que essas crises acontecem. Elas são inerentes à natureza do negócio. Não podemos prevê-las, tampouco evitá-las necessariamente. Tudo o que podemos fazer é lidar com elas.

Mas o fato de você saber de tudo isso não lhe serve de consolo quando as coisas não dão certo!

Nesse ínterim, Rich chegou ao seu escritório na Juneau Avenue na segunda-feira pela manhã e logo percebeu um baixo nível de tensão no ar. Depois de várias horas, um colega finalmente entrou em sua sala e lhe deu um *feedback* honesto: "Sabe o que você fez, Rich? Você foi até lá e esvaziou a nossa bola. Pensávamos estar aprendendo algo e você nos disse que não estávamos". Afinal, esses executivos haviam se mostrado receptivos a uma experiência nova e achavam ter "seguido as regras à risca" — para, no fim, ficarem sabendo que o chefe estava muito decepcionado com as sessões.

Rich ficou consternado; essa não era a sua intenção ao tecer seus francos comentários. Ele decidiu expedir uma circular com uma cópia desses comentários a todos que haviam participado da sessão. Seu objetivo com a circulação dessas notas (conforme ele explicava em um memorando de rosto) era deixar absolutamente claro o que ele havia e *não* havia dito. Se ele tivesse dito algo inexato, ou exagerado, as pessoas deveriam se sentir à vontade para se manifestar. Na realidade, ele esperava sinceramente que o diálogo continuasse.

RICH: Não houve qualquer tipo de reação. Nada. O que também era desanimador.

Quando voltaram a se reunir em Milwaukee, uma semana após o encerramento da sessão de Ampliação da Conscientização, Rich e Lee ainda amargavam seus pensamentos e emoções. Eles se sentiam inclinados a assumir toda a culpa pelo que consideravam um fracasso. Rich se culpava por ter feito a sua palestra. Lee se culpava por não ter previsto e evitado os tipos de problema que tanto frustraram Rich. Os dois passaram um bom tempo procurando limpar a barra um do outro.

Nas horas seguintes, os dois, comiserados, se deixaram levar por devaneios macabros sobre algumas formas "eficientes" pelas quais eles poderiam solucionar seus problemas ("Existe algum tipo de bala que não dói?", perguntou Rich em dado momento) e conversaram sobre como a estratégia de Ampliação da Conscientização se encaixava no contexto mais amplo do processo de mudança. Será que eles deveriam cancelar tudo? Ou reassumir a missão com toda a disposição?

Gradativamente, chegaram a uma conclusão comum: Eles estavam engajados em uma importante missão — juntos. Nenhum dos dois era o tipo de pessoa de propalar os fatos, mas ambos tinham plena convicção de estar envolvidos em algo de grande importância para uma determinada organização humana (e talvez até para outras organizações). Sem dúvida, eles eram bastante capazes de cometer erros, sozinhos ou juntos. E, sem dúvida, às vezes eles traçavam um curso que exigia que fossem dados dois passos atrás para cada passo à frente.

Mas era a *combinação* de suas habilidades e a oportunidade para uma conversa franca e sem tabus que iriam possibilitar a missão. Até então, Lee e Rich ainda não haviam externado esse tipo de pensamento. Agora, essas idéias estavam sendo postas em discussão, de forma explícita, e ambos se sentiam reafirmados por essa sincera manifestação de compromisso mútuo e com o processo mais amplo. Não, Rich não jogaria a toalha, e Lee não desistiria. Eles seguiriam em frente juntos e se sairiam um pouco melhor na próxima vez. Ou, de preferência, *muito* melhor.

Num gesto simbólico de compromisso, os dois pegaram suas agendas e começaram a procurar uma boa ocasião para programar a sessão de Ampliação da Conscientização II.

LEE: Independente de Rich ou eu estarmos ou não satisfeitos, a Ampliação da Conscientização foi um evento marcante por ter quebrado um pouquinho o ovo. Serviu para quebrar a casca do ovo, melhor dizendo. E mudou o nosso relacionamento. Rich disse: "Se isso der certo, você terá que se envolver mais. Você vai precisar estar muito mais por dentro dos acontecimentos." A partir daquele momento, começamos a falar sobre coisas que, com toda a franqueza, às vezes eu preferiria não tomar conhecimento. Por isso, o evento foi um marco. Foi como se tivéssemos convivido durante 10 meses e estivéssemos finalmente decidindo que se tratava de algo sério.

RICH: A mudança organizacional não acontece como uma tempestade em que — depois de muitos raios e trovões e muita chuva — está tudo acabado. Na realidade, as mudanças bruscas normalmente trazem mais prejuízos do que benefícios. Com a mudança organizacional, os efeitos levam mais tempo para se manifestar. É mais como uma chuva leve que, depois de absorvida pelo solo, produz belas flores. Você tem que ter paciência.

No entanto, estou eu aqui — um cara falando sobre "revoluções". Quero que isso seja feito agora. Esse sempre foi um motivo de tensão para mim na vida organizacional, e, às vezes, me mete em encrenca.

Na Harley, tivemos alguns longos períodos de chuvas leves — A Visão Conjunta, o início do que acabaria por ser chamado de Processo Empresarial, e agora a Ampliação da Conscientização — mas as flores ainda não desabrocharam.

Vale um esclarecimento aqui. O episódio que acabamos de relatar inclui alguns momentos relativamente intensos e emocionais, pelo menos a julgar pelos padrões da vida organizacional. Os próximos capítulos deste livro focalizam menos o drama interpessoal e mais o *processo*. Essa redução do quociente emocional pode frustrar aqueles leitores que queiram mais exemplos de momentos de alta e baixa intensidades, mas representa exatamente a maneira como a jornada que empreendemos juntos tomou forma. No rastro da Ampliação da Conscientização I (como a estratégia mais tarde passou a ser chamada), concordamos em agir como parceiros — uns em relação aos outros e em relação aos nossos colegas. Fomos bem-sucedidos na maior parte dessa missão. Conseqüentemente, pudemos responder com muito mais eficácia aos desafios subseqüentes. E, o que é mais importante, contamos com a colaboração de um número muito maior de colegas que nos ajudaram a encontrar boas soluções.

5

O Processo Empresarial

A Ampliação da Conscientização ocorreu dentro de um contexto altamente dinâmico. O Processo de Visão Conjunta que teve início na primavera de 1988 acendeu um fogaréu de mudanças. O que acontece quando você convida as pessoas de toda uma empresa rica em tradição a procurar "barreiras que entravam as mudanças"? Provavelmente, elas começarão a encontrar essas barreiras — em grande quantidade.

Algumas barreiras são removidas com facilidade; outras parecem imóveis. Inevitavelmente, algumas pessoas envolvidas no Processo de Visão se sentiram frustradas. Houve quem achasse que as coisas não estavam caminhando com a devida rapidez. Isso valia particularmente para alguns gerentes, que suspeitavam que os sindicatos estavam se arrastando. Ao mesmo tempo, muitos funcionários sindicalizados achavam que o Processo de Visão Conjunta era excessivamente burocrático e que a gerência estava usando o processo para enfraquecer o legítimo papel do trabalho organizado. A caça às barreiras levantou dúvidas tanto quanto ao *ritmo* quanto ao *processo*, o que resultou no pedido de suspensão do Processo de Visão Conjunta por parte do Local 7209 em 1991.

A suspensão nos oferece a oportunidade de nos afastarmos de nossa narrativa cronológica e apresentar o primeiro de uma série de capítulos organizados por tema. O risco nessa abordagem é que o leitor pode perder o fio da meada da narrativa ou não ter a sensação de progresso na Harley que estamos tentando transmitir. Mas o nosso conteúdo agora exige uma nova abordagem. Na maioria dos capítulos restantes, rastrearemos um tema-chave do final da década de 80 até um passado recente.

No período de 1988 a 1991, as sessões de Ampliação da Conscientização, o Processo de Visão Conjunta, os primeiros passos do aprendizado organizacional e as iniciativas correlatas liberaram *energia*. Aqueles que incentivavam esse tipo de reestruturação organizacional (Rich, Lee e outros) perceberam que precisavam inventar estruturas que canalizassem essa energia em direções produtivas.

O mais importante desses dispositivos de canalização, em retrospecto, era o "Processo Empresarial". Trata-se de uma estrutura complexa que hoje ajuda a definir muito sobre a maneira como a Harley opera. A figura que se segue ilustra o processo completo.

Neste capítulo, falaremos sobre os três níveis mais altos desse esquema — o "Guarda-Chuva" empresarial, a unidade operacional e a unidade de trabalho ("Minha Área") — na ordem que foram inventados: questões relativas à unidade operacional, o Guarda-Chuva, e considerações sobre a unidade de trabalho. No Capítulo 6, concluiremos essa discussão examinando em detalhes o Processo de Eficácia de Desempenho (PEP — Performance Effectiveness Process), que vincula os esforços individuais à unidade de trabalho, à unidade operacional e à empresa como um todo.

RICH: O valor real do Processo Empresarial está em oferecer uma estrutura inteligível para o diálogo dentro da empresa, garantindo o acesso das pessoas ao nível adequado de informação, conforme por elas definido, de modo a permitir-lhes desempenhar suas tarefas com o intuito de servir à empresa. É isso.

Como você, com certeza, já imaginou, a terminologia era um problema, pelo menos no início. "Havia muita confusão em relação ao 'Processo de Visão Conjunta' e ao 'Processo Empresarial'", recorda o ex-presidente da Motor Company, Jim Paterson. "Em termos de programa visível e concreto, o Processo de Visão Conjunta veio primeiro, iniciando-se em março de 1988. E, embora as peças do Processo Empresarial tivessem sido implantadas antes disso, o 'Processo Empresarial' propriamente dito só foi publicado no final de 88 ou 89. Portanto, a terminologia, às vezes, atrapalhava."

As raízes do Processo Empresarial, na realidade, prepararam o Processo de Visão Conjunta. E, embora o Processo de Visão Conjunta tenha sido suspenso e mais tarde transformado em outras estruturas, o Processo

Empresarial surgiu como uma duradoura ferramenta na reorientação mais ampla da empresa — afastando-se da política de comando e controle em direção à responsabilidade compartilhada.

Uma das razões de o Processo Empresarial ter assumido grande importância para a Harley foi que, no final da década de 80 e início da década de 90, a empresa implementou preciosos recursos e processos administra-

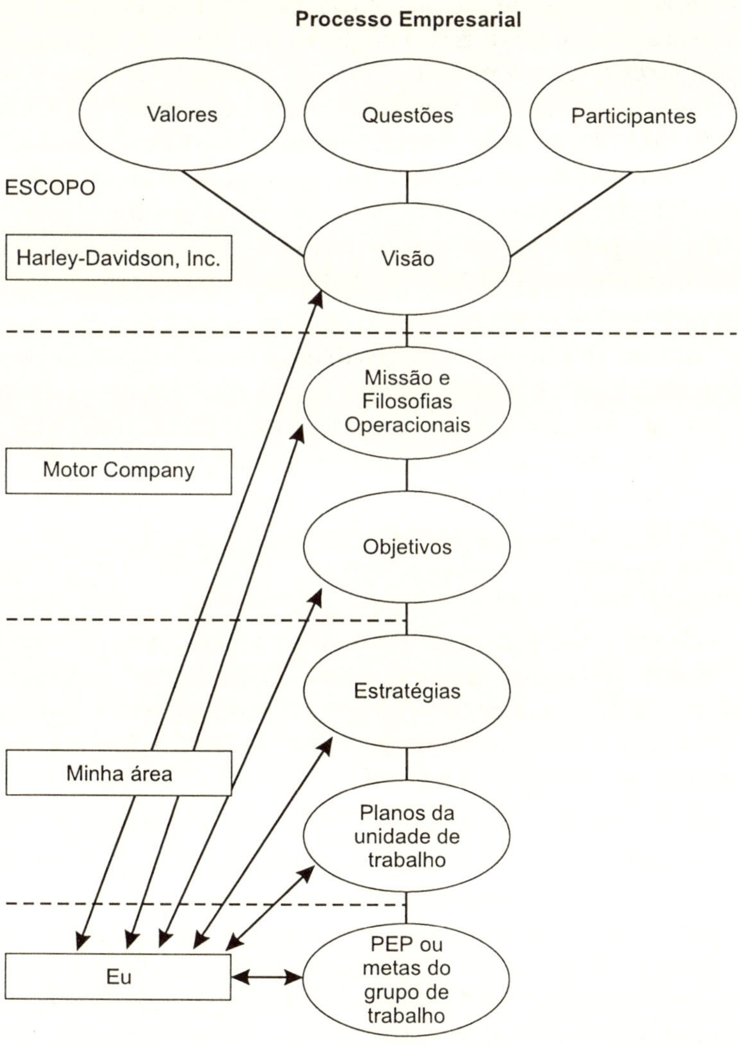

tivos. Tim Savino ingressou no departamento de recursos humanos (RH) da Harley em abril de 1990, depois de seis anos de serviço na Bell Labs, em Chicago. Foi, recorda Savino, um violento choque cultural.

> Lembre-se de que a Harley havia passado por um período difícil em que foram dispensados 40% de seus funcionários. De modo que não havia quase ninguém *aqui*. A equipe técnica era muito reduzida. A não ser por Margaret Crawford, não se podia falar em departamento de recursos humanos — na época, esse setor contava apenas com dois recrutadores contratados, alguns administradores e ninguém com a devida qualificação em relações com o funcionário. Na realidade, *tudo* era reduzido. Lembro-me de me colocar diante de um quadro de avisos tentando descobrir quem *fazia parte* dessa empresa. Não havia organogramas. Não havia documentação. Não havia qualquer tipo de orientação para os novos funcionários. O que quero dizer é que eu havia saído da AT&T, e lá nós tínhamos um período de seis semanas de orientação.
>
> Em um dos meus primeiros dias de trabalho, um cara se dirigiu a mim no corredor e disse: "Eu vi você falando com Jeff Bleustein", que, na época, era o vice-presidente da divisão de peças e acessórios. E eu disse com toda a franqueza: "Quem é Jeff Bleustein?" Simplesmente não havia quaisquer pistas nesse sentido. A lista telefônica era uma folha de 8,5 × 11, onde constavam apenas o sobrenome da pessoa e um ramal. Você tinha que saber quem fazia o quê.
>
> O que estou descrevendo é uma empresa centrada no relacionamento e que não valorizava a disciplina. O Processo Empresarial foi o primeiro esforço no sentido de instalar alguma disciplina e lógica na empresa. Antes disso, não *havia* qualquer tipo de disciplina na Harley.

Por acharmos que o Processo Empresarial provou ter real valor para a Harley, contaremos o seu desenvolvimento com alguns detalhes. A cronologia é um tanto confusa, porque diferentes partes do processo mais amplo se desenvolveram de forma independente, só vindo a se juntar em um todo coerente após vários anos de invenção e retrabalho. E, como era comum para muitas inovações dessa época — especialmente aquelas patrocinadas basicamente por Rich —, os componentes daquilo que passou a ser o Processo Empresarial foram apresentados, discutidos com as partes envolvidas e redefinidos, para depois poderem ser "filtrados" (expressão usada por Rich). Nada acontecia mais rápido do que "queria" acontecer.

Da Missão às Estratégias

As mudanças de liderança também afetaram esse processo. Em março de 1987, Rich assumiu a presidência da Motor Company, onde lançou o Processo de Visão Conjunta e outras iniciativas. Suas responsabilidades na Motor Company logo o convenceram de que a Harley precisava adotar uma abordagem mais sistemática ao planejamento empresarial.

Em uma nota de rosto preparada para a reunião de diretoria de dezembro de 1987, Rich escreveu: "Essa é, na verdade, a primeira abordagem formal ao planejamento estratégico a ocorrer na nova Harley-Davidson". Anexo a essa nota, havia um plano de três anos que continha uma declaração de missão, uma filosofia operacional e as estratégias selecionadas.

Embora na época ele não soubesse, essa abordagem foi criada para ser a base do Processo Empresarial. A parte do esquema que descrevia esse primeiro passo na evolução mais ampla se apresenta da seguinte maneira:

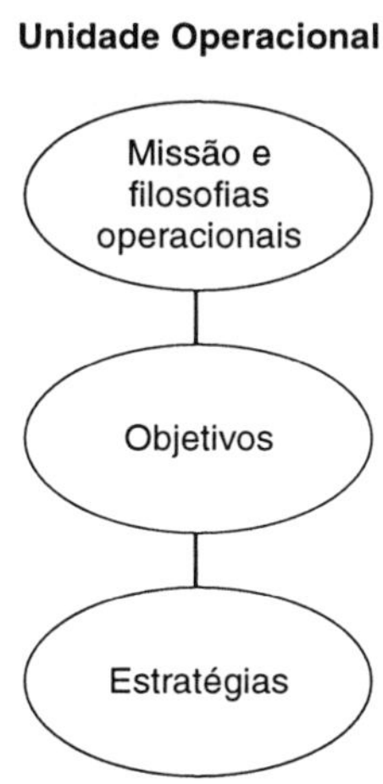

Cada elemento desse esquema pode servir também de resposta para as perguntas:

- Por que existimos? (*missão e filosofias operacionais*)
- Como medimos o sucesso? (*objetivos*)
- O que devemos fazer? (*estratégias*)

Analisaremos cada um delas na respectiva ordem.

Missão: Por Que Existimos?

Em sua apresentação na reunião de diretoria de dezembro de 1987, Rich descreveu o que a Comissão Executiva havia desenvolvido para a missão da Divisão de Motocicletas:

> Através da melhoria contínua do planejamento organizacional e empresarial, e das práticas de trabalho, nos empenharemos:
>
> - Para aumentar a satisfação de nosso cliente e, conseqüentemente, a nossa competitividade de mercado dentro das linhas de motocicletas de passeio de grande porte e produtos afins.
> - Para reforçar a nossa capacidade de diversificar nossas atividades através
>   - ✓ de extensões de nossos produtos e/ou mercados existentes;
>   - ✓ do desenvolvimento da produção contratada.
>
> Através dessa abordagem:
>
> - Melhoraremos a segurança no emprego para todos os nossos funcionários.
> - Ofereceremos taxas de retorno adequadas para manter a saúde e o crescimento da empresa, e
> - Desenvolveremos relacionamentos mutuamente benéficos com o nosso variado público.

Rich explicou que a Comissão Executiva havia produzido uma série de declarações sobre as filosofias operacionais (equiparadas à declaração de missão) que abrangiam questões como ênfase empresarial, serviço de atendimento ao cliente, relações com revendedores/distribuidores, relações com funcionários, relações com fornecedores e metas financeiras.

Na época em que elaboraram o plano estratégico de 1991 da empresa, Rich e seus colegas foram beneficiados por uma exploração sustentada de *valores, questões* e *participantes* (ver a sessão "Guarda-Chuva" subseqüente). Conseqüentemente, eles reformularam a missão nos seguintes termos:

- Preservar e perpetuar a instituição Harley-Davidson através da melhoria contínua da qualidade de nossos produtos e serviços, bem como da realização de nossas metas financeiras.
- Oferecer motocicletas, acessórios e assistência técnica para motocicletas em nichos selecionados.
- Oferecer produtos/serviços de marca ao público em geral, de modo a melhorar a imagem da Harley-Davidson e a atrair novos clientes.
- Engajar-se em empreendimentos de produção ou serviços que possam agregar valor (não apenas benefício) ao mercado de motocicletas.

Algumas das mudanças verificadas entre 1987 e 1991 refletem o fato de que vários conceitos-chave "migraram" da declaração de missão corporativa para outros documentos (também descritos em uma sessão subseqüente). Outras refletem um aprimoramento geral do modo de pensar nos três anos intervenientes. Mas as mudanças são menos significativas do que as continuidades. Salvo significativas mudanças no ambiente operacional, avanços tecnológicos, regulamentações do governo, deslocamentos econômicos ou uma legítima e substancial mudança na maneira como as atividades eram vistas pela empresa, a missão da Harley não mudaria.

Ao mesmo tempo, Rich e seus colegas valorizavam muito a flexibilidade. Quando a Harley começou a projetar um módulo de aprendizado com base na questão da missão de 1995, por exemplo, os gerentes seniores da empresa começaram a se sentir significativamente incomodados com a declaração de missão. A declaração existente, argumentavam eles, era demasiadamente castradora e ignorava um aspecto fundamental da atividade e da cultura da Harley: oferecer às pessoas oportunidades de entretenimento e lazer. Uma nova declaração de missão, apresentada em uma reunião da gerência em fevereiro de 1999, dizia o seguinte:

> Realizamos sonhos através das experiências do motociclismo — oferecendo aos motociclistas e ao público em geral uma linha cada vez mais ampla de motocicletas, produtos de marca e serviços em segmentos de mercado selecionados.

A nova declaração de missão reconhecia, na realidade, que "fabricar sorrisos" era o elemento mais importante do sucesso da Harley, e, como tal, uma importante peça da missão institucional.

É claro que a Harley não era a única empresa preocupada com a "missão" nas décadas de 80 e 90. Muitas empresas nessa época procuravam maneiras de oferecer clareza de objetivos a seus funcionários. Às vezes, de fato, discutíamos se a Harley deveria adotar uma terminologia diferente com a finalidade de enfatizar que a empresa não estava apenas aderindo a mais um modismo empresarial. Acabamos decidindo que deveríamos utilizar uma terminologia comum, continuando, ao mesmo tempo, a enfatizar que esse aspecto fazia parte de um esforço mais amplo para ajudar as pessoas a fazer e responder a duas perguntas:

1. Para onde estamos caminhando?
2. Como posso ajudar?

Objetivos: Como Medimos o Sucesso?

"Objetivos" era uma subdivisão do pacote que Rich apresentou à diretoria na sua apresentação de dezembro de 1987. Rich e seus colegas da Comissão Executiva desenvolveram esses objetivos através de uma série de discussões com a gerência, e o resultado foi semelhante ao que se poderia ter encontrado em uma série de empresas naquela época: relativamente genérico, com os fatores financeiros como tema central.

Em 1991, a Comissão Executiva já pensava diferente em termos de objetivos, depois de concluir que os objetivos da Harley deveriam cobrir um período de 5 a 10 anos e não se limitar apenas a fatores de ordem financeira. A comissão tinha a forte impressão de que o risco de se ter os objetivos financeiros como alvo exclusivo era que as necessidades de um grupo participante (os investidores) poderiam rapidamente passar a dominar. Além disso, achava a comissão, os resultados financeiros representavam o último estágio de um complexo cálculo: os esforços apresentados diariamente por todo o pessoal, em todos os níveis organizacionais, com o intuito de cumprir a missão da empresa.

A Comissão Executiva reivindicava também maior especificidade (tanto em termos de oportunidade quanto de metas) do que se verificara anteriormente. Um novo objetivo acrescentado em 1991 refletia essa nova ênfase: "Desenvolver o potencial do mercado global de 100.000 unidades até 31 de dezembro de 1996, e desenvolver a capacidade de atender a essa demanda, ao mesmo tempo melhorando continuamente a qualidade." Em dezembro de 1994, um novo plano de produção foi apresentado à diretoria: o objetivo da capacidade aumentaria para 200.000 unidades até 2003.

A Comissão Executiva sugeria também que nenhuma unidade operacional da Harley adotasse mais de cinco objetivos. A comissão incentivava todas essas unidades a estabelecer objetivos específicos para as suas operações e que, paralelamente, contribuíssem para a realização dos objetivos fixados para toda a empresa.

RICH: Se em conseqüência dos esforços do líder da unidade operacional esse grupo de trabalho acabar adotando 73 objetivos, teremos um fracasso de liderança. Não se pode seguir 73 direções ao mesmo tempo.

Estratégias: O Que Devemos Fazer?

As unidades operacionais são orientadas em termos gerais pelos objetivos, e, em termos específicos, pelos planos estratégicos. Na Harley (e em muitas outras empresas) os objetivos são baseados em um horizonte de 3 a 5 anos. Na maioria dos casos, as mudanças de objetivo exigem mudanças estratégicas correspondentes.

O objetivo de 1991 há pouco descrito — o desenvolvimento da capacidade de produzir 100.000 unidades até 31 de dezembro de 1996 — definitivamente exigia uma nova estratégia. Dessa vez, a liderança de todas as fábricas da Harley determinou como esse objetivo seria alcançado. Essa discussão levou a uma estratégia de produção integrada que a liderança apresentou à diretoria em 1992.

No ano seguinte, a Harley iniciou um processo de planejamento em um prazo mais longo, o qual resultou no "Plano 2003", o novo plano de produção apresentado à diretoria em dezembro de 1994. Desde essa data, esse plano serviu continuamente como base para todo o planejamento estratégico.

A Construção do Guarda-Chuva

Quando Rich assumiu o cargo de executivo principal em agosto de 1988, sua autoridade passou a se estender a todo o empreendimento empresarial, inclusive a Holiday-Rambler, a fabricante de veículos de recreio e outros produtos que entraram para o acervo da Harley em 1986, com sede em Indiana. Como resultado dessa aquisição, as duas empresas com receitas de aproximadamente US$350 milhões cada uma, se uniram. Pela primeira vez na história da Harley, empresas grandes e substancialmente diferentes passaram a coexistir sob o mesmo "teto" corporativo, e Rich decidiu que a Harley necessitava de novos mecanismos que ajudassem essas empresas a trabalhar juntas de forma eficaz.

Em outras palavras, ele percebia a necessidade de fundir a organização em nível de *valores, filosofias* e *visão.*

RICH: Agora estou vendo duas empresas diferentes, e a empresa mais nova contava com toda uma gama de atividades próprias: uma empresa que produzia *trailers*, uma fábrica de armários de cozinha, uma produtora de moldes por injeção, e assim por diante. Se quiséssemos integrar essas empresas em um único grupo — a Harley-Davidson, Inc. — teríamos que identificar os nossos valores, o nosso público, as medidas-chave e assim por diante. Não queríamos ver diferentes escalas de valores surgindo em diferentes setores da empresa.

Certamente houve muito progresso em função do Processo de Visão Conjunta. Mas essa foi uma iniciativa mais ampla dentro de apenas um setor da Motor Company. Agora havia um contexto mais amplo, com diferentes desafios.

Assim sendo, em 1988 Rich iniciou uma série de sessões de *brainstorming* na sede da empresa, localizada na Juneau Avenue. Os participantes da maioria dessas sessões eram membros da Comissão Executiva: Rich Teerlink, presidente do conselho; Jeff Bleustein; John Campbell; Wayne Dahl; Tom Gelb; Jim Paterson e Bernie Witzak. Esse grupo incluía gerentes graduados da Motor Company e da Holiday-Rambler.

Rich liderou essas discussões, cujo tema central poderia ser sintetizado da seguinte maneira:

- Como nos comportaremos em nossas interações com as pessoas?
- O que é realmente importante para a Harley-Davidson?
- A quem a Harley-Davidson serve?
- Qual a nossa descrição de sucesso no futuro?

Para fugir à armadilha da interminável criação de termos, o grupo chegou a um acordo em relação às seguintes "bandeiras" de uma só palavra:

- Como nos comportaremos em nossas interações com as pessoas?
  Valores
- O que é realmente importante para a Harley-Davidson?
  Questões
- A quem a Harley-Davidson serve?
  Participantes
- Como descreveremos o sucesso no futuro?
  Visão

Falaremos sobre cada uma dessas "bandeiras" na ordem em que os líderes da Harley as abordaram.

Valores: Determinando as Nossas Interações com as Pessoas

A Comissão Executiva encontrou dificuldade para chegar a um acordo em relação a uma declaração concisa de um conjunto de valores que sintetizasse os princípios que a Harley defende como empresa. A comissão se sentiu tentada a incluir mais palavras, em vez de reduzi-las ao mínimo; mas inteligentemente reconheceu que as longas listas de valores (muitas das quais parecem semelhantes) logo perdem seu impacto.

Em um determinado momento dessa discussão, Rich se recordou de uma apresentação que ele havia assistido de um professor de ética, o dr. Alex Horniman, membro do corpo docente da Darden School, da Universidade da Virgínia. Horniman apresentou uma pequena lista de valores, elaborada de forma sucinta, que parecia se enquadrar nos objetivos de muitos tipos de empresas:

- Dizer a verdade.
- Ser justo.
- Cumprir as promessas feitas.
- Respeitar o indivíduo.

A Comissão Executiva acabou adotando essa lista para uso provisório da Harley. Mas, refletindo sobre a meta do processo de mudança mais amplo defendido por Rich, a Comissão Executiva acrescentou um quinto valor:

- Incentivar a curiosidade intelectual.

Esse quinto ponto chamou a atenção do grupo como um referencial para o tipo de empresa que a Harley procurava se tornar.

RICH: A adoção desses cinco imperativos foi um passo à frente para nós, embora muitas das palavras parecessem palavras usadas em outras empresas. Em vez de começar com uma ambiciosa declaração de "visão", para depois partir para os valores, começamos pelos valores. O que valorizamos nesta empresa? Esse tipo de abordagem lhe obriga a pensar de forma muito diferente.

Questões: Determinando o que É Importante para a Harley

Com a eficaz orientação de Rich, a Comissão Executiva em seguida focalizou as cinco questões que a Harley abordaria regularmente e bem, se quisesse se tornar o tipo de empresa que imaginava:

- ***Qualidade.*** Na recente experiência quase fatal da empresa, a má qualidade havia gerado a vulnerabilidade da Harley e permitido que os concorrentes se firmassem no mercado americano. Ninguém duvidava da importância da qualidade.
- ***Participação.*** Boas idéias e exaustivos esforços ajudaram a Harley a superar as suas recentes dificuldades; esse tipo de esforço conjunto agora tinha que crescer em proporções exponenciais.
- ***Produtividade.*** As realidades do mercado competitivo falaram alto e enfatizaram a importância de que fossem eliminadas atividades sem valor agregado que aumentavam os custos da Harley e não melhoravam a satisfação do cliente.
- ***Flexibilidade.*** O dinâmico ambiente operacional internacional obrigou a empresa a desenvolver novos sistemas capazes de responder rápida e facilmente aos desafios e oportunidades.
- ***Fluxo de Caixa.*** A Harley havia acabado de escapar das pesadas mãos dos banqueiros e não queria retornar à sua antiga situação de dependência. A empresa tinha que gerar o fluxo de caixa necessário para sustentar suas atividades, sob pena de perder novamente o controle sobre o seu próprio destino.

Participantes: A Quem a Harley Serve

Com os valores e questões definidos, o grupo abordou, em seguida, a questão dos participantes. Rich, um tanto provocativo, definia um participante como "alguém capaz de desbancar o mercado". O grupo, por outro lado, defendia a definição segundo a qual um participante era "alguém de dentro ou de fora da empresa que mantém uma interação com os produtos, serviços ou representantes da Harley".

Rich concordava com essa definição mais positiva e, por isso, começou a relacionar aqueles grupos que ele considerava estar incluídos. Sua lista começava com o participante mais óbvio: o *cliente.* Para servir ao cliente, afirmava Rich, a empresa tinha que servir também a outros tipos de público. E, dependendo do seu grau de especificidade, a lista poderia ser quase interminável.

Ao final dessa discussão, a comissão chegou a um acordo em relação a seis participantes-chave:

1. Clientes
2. Funcionários
3. Fornecedores
4. Participantes
5. Governo
6. Sociedade

A Comissão Executiva reconhecia a dificuldade em prestar atenção simultaneamente a um diversificado conjunto de participantes, todos com seus próprios motivos em suas relações com a empresa. Mas o fato era que cada um desses participantes-chave poderia influenciar de forma considerável o futuro da empresa — para melhor ou para pior. Por definição, a Harley tinha que atender cuidadosamente às necessidades de *todos* os participantes, mesmo quando isso criasse conflitos de interesses dentro da empresa.

Em parte devido à experiência "quase fatal" da década de 80, a Harley sempre manteve sua atenção voltada para os participantes (embora, às vezes, fosse utilizada uma terminologia diferente). O relatório anual de 1989, por exemplo, citou a professora Rosabeth Moss Kanter, da Harvard Business School, em termos de que "servir a todos os tipos de público... é a principal razão de estar no mercado. As provas sugerem que essa orientação aumenta o valor econômico a longo prazo". A meta agora, no entanto, era colocar o conceito de participante em posição de destaque.

O conceito de participante estava e está aberto ao aprimoramento e à revisão. Em 1994, por exemplo, Rich começou a argumentar que *participante* era um termo demasiadamente restrito para abranger todos aqueles que subsidiavam a Harley com recursos financeiros e outros ativos. Com isso, o termo *participante* foi substituído por *investidor* na lista de participantes-chave da Harley.

Visão: Como a Harley Definirá o Sucesso no Futuro

As definições e decisões descritas nas três sessões anteriores (valores, questões e participantes) eram, de certa forma, o preâmbulo e o pré-requisito para o que viria em seguida: uma definição da visão da empresa. Rich sugeriu que seus colegas chegassem a um acordo em relação a uma "visão" da empresa, uma visão que representasse a visão coletiva da gerência sênior. Em resposta, eles chegaram a várias idéias-chave que teriam que ser incluídas em qualquer declaração de visão sobre a Harley. Dentre essas idéias, estavam:

- a importância dos relacionamentos;
- o imperativo para a ação;
- a natureza internacional dos futuros mercados da empresa.

Em seguida, eles combinaram essas idéias em uma sentença que abrangia a maioria das idéias que eles haviam apresentado até aquele ponto:

> A Harley-Davidson é uma empresa internacional orientada para a ação — uma líder em seu compromisso de melhorar continuamente a qualidade de relacionamentos proveitosos com os seus participantes (clientes, funcionários, fornecedores, governo e a sociedade).

Essa declaração era uma descrição adequada daquilo que a comissão pensava que a Harley deveria ser no futuro. Mas os membros da comissão estavam preocupados que a declaração não incorporasse totalmente os princípios gerais da mudança organizacional em grande escala que, na ocasião, ganhava impulso. Rich sugeriu, portanto, que fosse acrescentada uma segunda sentença:

> A Harley-Davidson acredita que a chave para o sucesso está em conciliar os interesses dos participantes através do *empowerment* de todos os funcionários para que estes focalizem as atividades de valor agregado.

Na realidade, essa declaração conclusiva foi um instrumento para que todo funcionário pudesse determinar, diariamente, se estava trabalhando de forma eficaz para alcançar a visão.

"O sistema de valores e as questões relevantes serviram de base para essa breve declaração", escreveu Rich à diretoria da Harley em julho de 1989. "Embora as palavras sejam poucas, a implicação para o processo pelo qual dirigimos a empresa é imensa. Essa visão passará a ser a força motriz destinada a garantir dedicação aos nossos valores e foco nas questões relevantes. Conseqüentemente, haverá um legado de liderança futura responsável."

A Comissão Executiva batizou esse pacote de idéias de "guarda-chuva corporativo" (mais tarde abreviado para "o Guarda-Chuva"). Como o nome indicava, o Guarda-Chuva tinha por finalidade acomodar uma série de idéias complementares sob um único texto, dando significado a qualquer empresa que já fizesse parte da Harley ou que viesse a integrar a família Harley. O Guarda-Chuva, representado em forma de gráfico, tinha o seguinte aspecto:

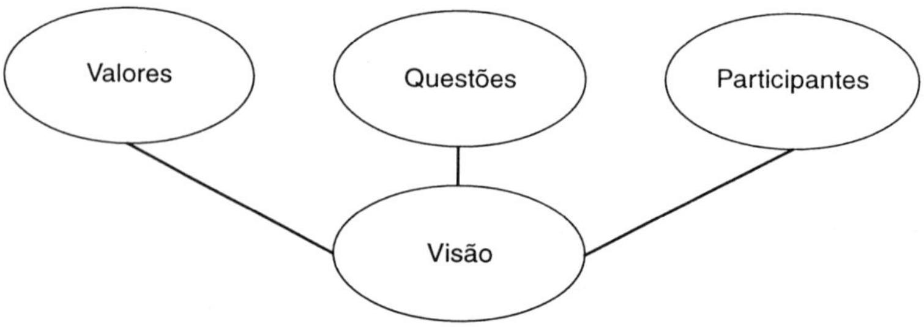

A menos que radicais mudanças fossem enfrentadas pela Harley em seu ambiente operacional, os elementos do Guarda-Chuva não sofreriam alterações. As palavras individuais poderiam ser modificadas por questões de clareza. Um exemplo disso está na visão original, que continha a expressão *relacionamentos proveitosos.* Com o tempo, esse termo passou a nos incomodar, porque dava a impressão de que o nosso principal objetivo eram os lucros. Esse fato nos levou a repensar essa sessão da visão. Percebemos que nossa intenção, na verdade, era desenvolver relacionamentos do tipo ganha-ganha com todos os participantes que ajudassem a fazer da Harley uma empresa bem-sucedida. Com esse pensamento em mente, a visão foi alterada em 1994 nos seguintes termos:

> Ser líder na melhoria contínua de relacionamentos mutuamente benéficos com todos os nossos participantes.

Em retrospecto, alcançamos, com isso, o que estávamos inicialmente tentando alcançar: uma integração dos conceitos apresentados em nossos valores, questões e participantes.

Uma segunda mudança menos radical ocorreu quando substituímos a palavra *participantes* pela palavra *investidores.* (Este parecia um termo mais abrangente e que refletia melhor a mutável estrutura financeira da Harley.) Mas essas alterações apenas enfatizavam que as mudanças podem conviver harmonicamente com uma continuidade fundamental. As palavras individuais mudaram, mas os conceitos *subjacentes* a essas palavras não. Em tese, pelo menos, a existência do Guarda-Chuva era eterna.

Nas semanas subseqüentes, Rich, Jim Paterson e outros gerentes seniores apresentaram o Guarda-Chuva a 2.000 funcionários da empresa, reunidos em grupos de cerca de 40 pessoas. (Essa tarefa engajou Rich e seus colegas em cerca de 50 reuniões, presididas, na sua maioria, por duplas de gerentes seniores.) Em resposta às sugestões apresentadas nessas reuniões, a Comissão Executiva modificou as descrições de algumas partes integrantes do Guarda-Chuva.

A dinâmica dessas reuniões variava de forma considerável, com base em quem estava participando. Em quase todos os casos, no entanto, os grupos participavam de animados diálogos, com muitos debates sobre aspectos específicos, mas muito poucas divergências no que dizia respeito a princípios. Esse fato reforçava uma lição-chave decorrente do Processo de Visão: Nos níveis mais fundamentais, os funcionários da Harley tendiam a pensar de maneira muito semelhante em relação a como eles queriam que a sua empresa fosse.

Em muitas dessas reuniões, o diálogo se concentrou na tentativa de compreender o significado das palavras-chave, tanto dentro de um contexto mais amplo quanto para os participantes individuais. As divergências que surgiram estavam relacionadas a questões de processo — *O que precisamos fazer em relação ao fato de ainda não termos alcançado a nossa meta?* — e não na validade de elementos específicos abrigados pelo Guarda-Chuva.

LEE: Tenha em mente que o Processo Conjunto estava se desenvolvendo paralelamente a essas questões e, a essa altura, o pessoal da empresa já dispunha de recursos aos quais recorrer. E quando a Comissão Executiva se manifestou não foi em termos de "Ei-los: os valores e questões da empresa", mas de "Este é um ponto de partida — uma forma de garantir que vocês recebam as informações necessárias ao desempenho eficaz de suas funções. E nós precisamos de ajuda para descobrir como isso tudo irá funcionar".

RICH: As pessoas, na verdade, não moldaram o nosso pensamento nessas reuniões. Alguém, de fato, se levantou e disse: "Acho que a definição de qualidade que vocês estão apresentando é uma definição de produção. Vocês não levaram em consideração a perspectiva do cliente." Por isso, pensamos no caso e acrescentamos a frase: "esforçando-se, ao mesmo tempo, para atender ou superar as expectativas dos clientes". Nesse ponto, o processo deveria se desenvolver nos dois sentidos, ou seja, de cima para baixo e de baixo para cima.

O Guarda-Chuva, bem como o aprendizado a ele relacionado, se revelou extraordinariamente durável. No decorrer da última década, uma apresentação ao Guarda-Chuva fez parte do programa de orientação de novos funcionários. Até se aposentar, Rich normalmente liderava esse debate, enfatizando a importância que a empresa atribuía a esse processo.

Em 1996, Rich e Jeff Bleustein sugeriram que o Grupo de Liderança Funcional da empresa (ver Capítulo 7) criasse módulos de treinamento de quatro horas cobrindo cada um dos quatro temas do Guarda-Chuva (valores, questões, participantes e visão). Esses módulos são apresentados a todos os grupos de trabalho por seu supervisor ou líder direto.

O Passo Seguinte

Mesmo antes da chegada de Lee à Harley, Rich estava convencido de que os funcionários tinham que se comprometer com uma concepção específica da empresa — uma concepção que focalizasse os *processos*, as *ações* e os *comportamentos*, não as estruturas, bem como uma concepção que tivesse por objetivo a *renovação*, não a sobrevivência. A empresa permitiria que todos os seus funcionários assumissem responsabilidade pessoal sem esperar por instruções vindas de cima. Seria uma empresa que faria "a coisa certa" não porque fosse *obrigada* em função de alguma crise externa, mas porque fazer a coisa certa seria uma atitude natural e orgânica da parte das pessoas mais bem informadas e mais qualificadas de toda a empresa.

Para alcançar esse fim, as pessoas em toda a empresa teriam que compreender de que maneira aquilo que elas estavam fazendo se enquadrava em um contexto mais amplo. Elas necessitavam de ferramentas que lhes permitissem contrabalançar a responsabilidade "local" com as necessidades mais amplas das funções, divisões e departamentos.

RICH: Vejamos um exemplo da vida real, só que ligeiramente disfarçado. O pessoal do departamento de engenharia apresenta um plano que exige a participação de 30 novos engenheiros. É um bom plano, em si e por si, bolado em nível local com a finalidade de executar um importante item da pauta da empresa. Mas no departamento de recursos humanos ninguém prevê um orçamento para o recrutamento dessas 30 pessoas. A empresa necessita de algum tipo de processo que vincule a autonomia aos objetivos compartilhados.

O Guarda-Chuva foi um útil ponto de partida para o esboço do quadro mais amplo, especialmente quando combinado ao trabalho anterior que teve como alvo a missão, os objetivos e a estratégia. No início da década de 90, a Comissão Executiva começou a pensar em um processo que servisse como um dispositivo integrado e uma ferramenta reiterativa para a criação de uma agenda e do estabelecimento da autonomia em toda a empresa. Os indivíduos e grupos que conhecessem e empregassem esse processo — qualquer que fosse — contariam com as ferramentas necessárias para operar de forma independente, dispensando uma orientação constante da parte da empresa. Com esse intuito, a Comissão Executiva começou a procurar uma estrutura que estendesse a responsabilidade além dos níveis executivos da empresa.

RICH: Começamos a dizer para nós mesmos: "A partir do momento que implementarmos um guarda-chuva eficaz, estaremos em uma posição bastante favorável para proporcionar real autonomia às unidades operacionais, porque elas nunca se desviarão demais dos fundamentos corporativos". Por isso, alavancamos o Guarda-Chuva para desenvolver o restante do processo.

Em outras palavras, as duas fileiras superiores daquilo que mais tarde veio a se chamar Processo Empresarial começaram a se fundir de forma conscienciosa. O gráfico assumiu a seguinte forma:

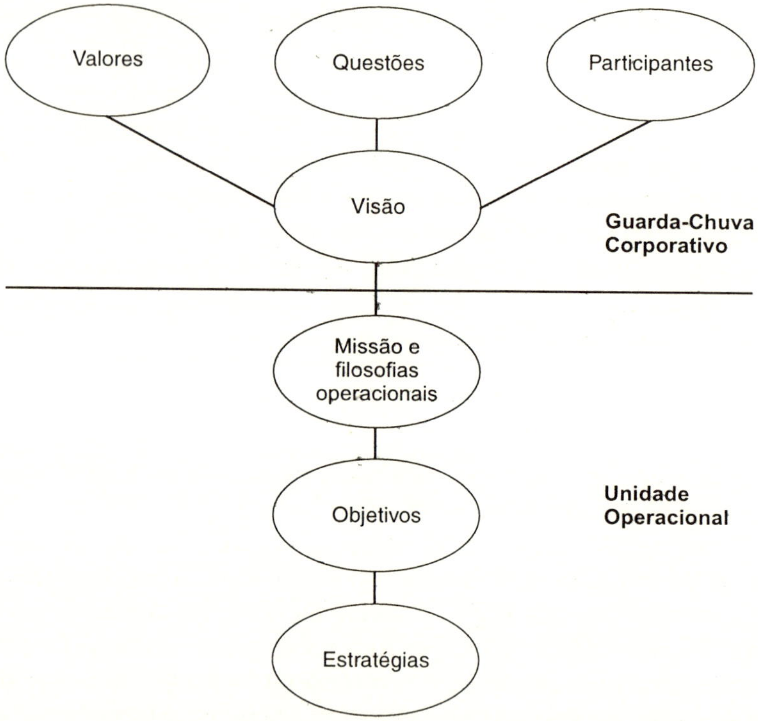

Assim sendo, a Comissão Executiva enfrentou o desafio de levar esse processo para as unidades operacionais da empresa e para os elementos integrantes dessas unidades. Os membros da comissão procuraram formas de permitir que os grupos (ou indivíduos) respondessem a três perguntas. Eis as perguntas, e as respectivas respostas, às quais a Harley acabou por chegar:

Pergunta: *O que o nosso grupo precisa fazer para cumprir as estratégias?*

Resposta: *Elaborar planos individuais para as unidades de trabalho.* Inicialmente, uma "unidade de trabalho" era definida como o menor grupo sobre o qual havia uma supervisão direta. Hoje, é definida como uma unidade organizacional que opera como um "grupo natural de trabalho" (em outras palavras, um grupo para o qual havia um supervisor direto ou um assessor de grupo de trabalho). A unidade de trabalho elaboraria planos anuais no decorrer do desenvolvimento dos planos de operações anuais.

Pergunta: *Como podemos garantir pessoalmente que cada um dos funcionários compreende tanto o plano estratégico quanto o plano operacional, de modo que ele possa desenvolver seu próprio plano?*

Resposta: *Através do Processo de Eficácia do Desempenho.* Cada funcionário assalariado desenvolveria um Plano de Eficácia de Desempenho (PEP) orientado para o funcionário.

Pergunta: *Qual a base fundamental desse processo?*

Resposta: *A comunicação bilateral.* A Comissão Executiva optou por uma comunicação bilateral com claro objetivo em mente. Muitos líderes organizacionais utilizavam textos impressos, apresentações de vídeo ou grandes reuniões para transmitir sua mensagem a todos os funcionários. Todas essas abordagens reforçam a idéia de que esses líderes seniores representam a fonte de toda a sabedoria, "pintando" os gerentes como os *sabichões*, a quem as pessoas recorrem em busca de soluções. Esse tipo de comunicação não beneficia nenhuma das partes.

Certamente a comunicação já se fazia sentir na Harley, em parte graças aos programas de envolvimento do funcionário (EI) descritos no Capítulo 1. E mais melhorias no âmbito da comunicação — o que era distribuído a quem, e como — estavam por vir. (Essas melhorias serão descritas nos próximos capítulos deste livro.) Mas, dentro desse contexto, a Comissão Executiva tinha por objetivo uma comunicação bilateral *simples e criativa* entre todos os níveis e funções da empresa. Todos eram expostos aos planos da empresa e tinham a oportunidade de direcionar seus esforços para a implementação eficaz desses planos, desenvolvendo, paralelamente, suas competências para o crescimento futuro.

Obviamente, os líderes da Harley ainda teriam um enorme trabalho pela frente para reunir esses componentes totalmente díspares em um conjunto coerente. (Parte desse trabalho se encontra descrito no próximo capítulo, onde descrevemos o PEP em maiores detalhes.) No início da década de 90, Rich e seus colegas falavam com confiança em algo chamado "Processo Empresarial", que compreendia todos os processos e estruturas distintos apresentados neste capítulo. Em termos esquemáticos, dessa vez incluindo prazos, o Processo Empresarial se apresentava da seguinte forma:

Processo Empresarial

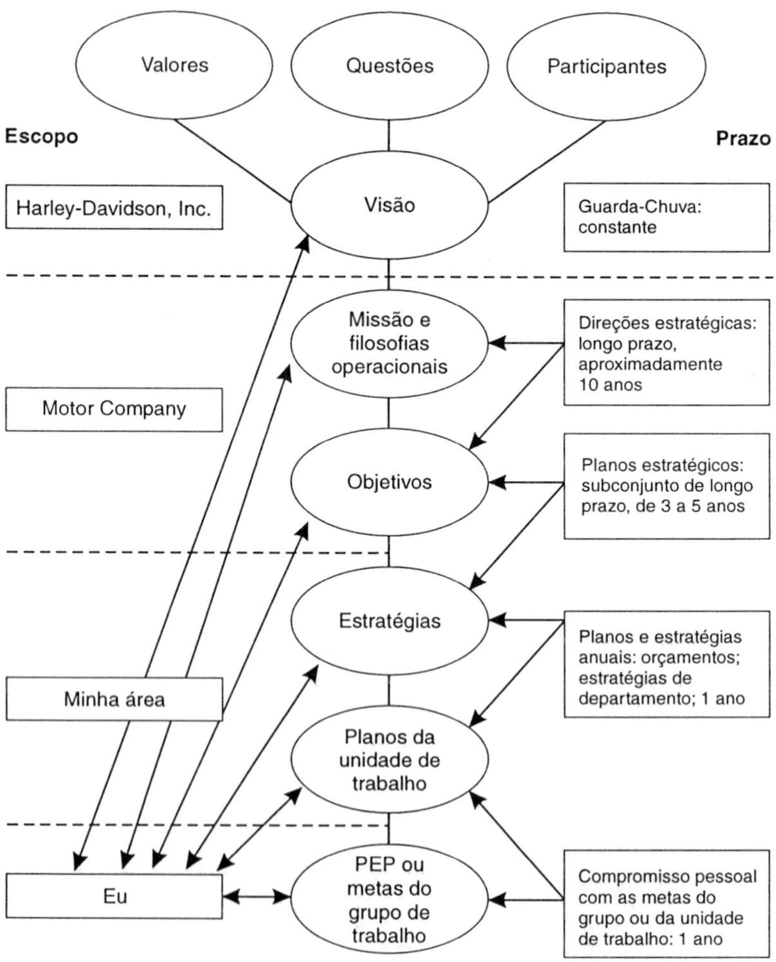

Avaliação do Processo Empresarial

As páginas anteriores expuseram, de forma mais ou menos linear, o desenvolvimento do que a Harley veio a chamar de Processo Empresarial. O que elas *não* trazem é uma amostra dos desafios humanos inerentes à tarefa de conseguir a adesão das pessoas ao Processo Empresarial em todos os níveis e áreas da empresa. Conquistar as pessoas não foi algo rápido nem fácil, e esse aspecto da história merece uma atenção especial.

Já descrevemos os esforços de Rich e Jim Paterson para explicar e conseguir que as pessoas aderissem ao Guarda-Chuva. O Processo Empresarial mais amplo contou com o benefício do mesmo esforço missionário. Rich e Jim Paterson assumiram responsabilidade pessoal por conseguir a adesão do maior número de funcionários possível. Rich sempre afirmou que o "*tour* de fábrica tradicional do executivo principal" não passava de um exercício artificial (embora, dependendo da sua programação, ele nunca recusasse um convite para participar de uma reunião com um grupo de funcionários da Harley). Mas ele levava essas reuniões a sério em sinal de apoio ao Processo Empresarial. No decorrer de vários meses, Rich e Jim conversaram com mais de 100 líderes sindicais sobre os meios e fins do Processo Empresarial. Rich conduziu pessoalmente 8 reuniões de 2 horas com os funcionários da Harley baseados em York. E, uma vez por mês durante esse mesmo período, Rich e Jim passavam uma hora e meia, cada um, com os novos funcionários, catequizando-os a aderir ao Processo Empresarial.

"A palavra-chave, nesse caso, é *processo*", diz Jim.

> Tudo se resumia a isso. Lembro-me de uma sessão realizada no Marriott, na Moorland Road. Rich e eu presidimos uma reunião, alternando-nos. Havia um funcionário no fundo da sala que estava realmente tendo dificuldade com essa questão. Esse camarada disse: "Sabe, eu não posso apoiar essa história. Tudo não passa de mais um programa — o programa do mês. Não posso levar essa droga a sério. No ano que vem tudo terá se perdido." E, nisso, ele começou a citar uma lista inteira de programas que não tinham dado em nada.
>
> Eu disse: "Tudo bem, primeiro estamos lidando aqui com um *processo*. Não se trata de um programa. Por isso, não tem fim.

É algo formado por muitos programas. Sem dúvida, vocês terão um programa aqui que será encerrado, ou modificado. Mas vocês continuarão a construir indefinidamente." Perguntei então se ele considerava o programa 88_3 Ride Free um sucesso. Eu estava me referindo a um programa de marketing no qual garantimos valor total de negociação para uma Sportster 88_3 se o proprietário a trocasse em dois anos por uma Big Twin. A iniciativa foi um sucesso estrondoso, e o tal camarada concordava plenamente com o fato.

Perguntei-lhe então: "E por que não estamos fazendo isso agora?" Silêncio. Eu respondia às minhas próprias perguntas. "Porque não *precisamos*. O mesmo acontece com todos esses programas. Temos que mudar toda uma cultura, toda uma mentalidade. É um trabalho difícil, mas vale o esforço, que *irá* promover uma mudança e produzir um impacto, deixando a empresa em muito melhor situação. Esse processo não se perderá. Um programa pode morrer, mas atrás logo virá algo para substituí-lo. Não perca o seu tempo esperando que o Processo Empresarial desapareça, porque isso não irá acontecer."

O interpelador de Paterson — o camarada "da última fileira" — tinha razão em um ponto. Como muitas empresas, a Harley havia implementado uma série de programas de melhoria, na sua maioria com algum valor em si e por si. Mas esses programas não foram bem *integrados*. Essa falta de integração gerava duplicidade e confusão. Alguns programas duraram além do tempo previsto; outros, terminaram prematuramente. O Processo Empresarial oferecia uma maneira de eliminar os programas improdutivos, expandindo e ampliando os programas produtivos.

Na década de 90, os líderes seniores da Harley levaram a palavra à rede de concessionárias e aos principais fornecedores da empresa — a qualquer grupo participante, aliás, que os recebesse. O que os motivava a assumir esse importante compromisso em nível de gerência sênior? Eles estavam convencidos de que somente um processo completo — ensinado a todos, visível a todos e aderido por todos — permitiria que a Harley vencesse as imensas mudanças que a empresa ainda tinha pela frente.

O tamanho da mudança representada pelo Processo Empresarial só pode ser visto em retrospecto. "Lembro-me muito bem da primeira vez em que isso me ocorreu", diz Jeff Bleustein.

Estávamos em uma reunião na Flórida, da qual participavam alguns elementos-chave da Holiday-Rambler e da Harley. Em dado momento dessa reunião, Rich nos entregou um parágrafo e disse: "Quero que todos nós pensemos em uma visão para esta empresa."

Acho que a reação geral foi: "Bem, é..., claro; se é isso que o executivo principal quer, tudo bem." Considerando-se que éramos executivos, não poderíamos simplesmente deixar para lá, naturalmente. Por isso, concordamos em elaborar um pequeno texto. Acho que, se compreendêssemos naquela época a importância que isso tudo passaria a ter em nossas vidas, certamente teríamos dado mais atenção ao assunto.

Mas Rich não parou por aí, é claro. Em seguida, tivemos que criar uma "missão". A coisa começava a parecer séria. Tínhamos que nos perguntar: "O que estamos tentando *fazer* nesta empresa?" E começamos a compreender que se tratava de uma maneira de nos comunicarmos com muitas pessoas e contarmos com a ajuda delas para levar a empresa em frente.

À medida que nos aprofundávamos, começamos a entender que era aí que estava o X da questão: delegar poderes às pessoas, produzindo valores comuns que elas pudessem utilizar. Acho que nenhum de nós sabia até que ponto isso tudo nos levaria. Mas, refletindo, vejo que a experiência nos serviu como um importante roteiro.

Ron Hutchinson, atual vice-presidente de peças, acessórios e serviço de atendimento ao cliente, acrescenta mais um ponto de vista:

Foi uma visão da maneira como as pessoas precisavam se engajar em uma empresa, e que desenvolveu uma estrutura — o Processo Empresarial — que permite o alinhamento teórico da função de um indivíduo com a direção seguida pela empresa a longo prazo. Nenhuma outra empresa que conheço construiu todo um processo e uma estrutura em torno dessa premissa.

Em última análise, eu diria que o departamento de serviço de atendimento ao cliente, onde se passava 8 horas por dia atendendo a ligações telefônicas de clientes insatisfeitos, é uma autêntica prova que nos mostra se o Processo Empresarial fun-

> ciona ou não. Estou convencido de que não teríamos a reputação que desfrutamos hoje no mercado se não contássemos na linha de frente com pessoas movidas por uma liderança visionária e carismática que possa ver exatamente como a sua parte da organização se encaixa na estratégia e na direção da empresa a longo prazo.

Esse é o Processo Empresarial que, por servir de base para grande parte daquilo que a Harley se tornou, é um assunto sobre o qual voltaremos a falar nos próximos capítulos.

6

Avaliação e Desempenho

O Processo Empresarial, descrito no capítulo anterior, ofereceu uma estrutura que a Harley poderia utilizar como meio para comunicar a cada funcionário exatamente o que a empresa estava procurando realizar. Embora tenha começado com alguns atributos da administração hierarquizada de comando e controle, o Processo Empresarial se desenvolveu, transformando-se em um processo interativo e participativo.

No Capítulo 5, apresentamos as duas partes do Processo Empresarial inventadas por último: os componentes relativos às unidades de trabalho e aos indivíduos. O Processo de Eficácia do Desempenho (PEP) uniu esses componentes, oferecendo a todos os indivíduos a oportunidade de participar ativamente da determinação do funcionamento das unidades de trabalho e de como eles próprios poderiam fazer uma diferença nos destinos da empresa. Neste capítulo, examinaremos o PEP em maiores detalhes, enfatizando tanto a avaliação de seu desempenho quanto os seus aspectos relativos ao desenvolvimento da carreira profissional.

A Invenção do PEP

Mostrado como o componente "básico" em um fluxograma aparentemente lógico, o Processo de Eficácia do Desempenho (PEP) pode parecer produto de um processo lógico e linear. Mas não é o caso. O PEP não nasceu plenamente desenvolvido. Ao contrário, como quase todas as invenções descritas neste livro, o PEP foi surgindo ao longo de vários anos, à medida que indivíduos e grupos ajustavam as táticas da maneira necessária para corrigir problemas inesperados ou para lidar com novas realidades.

"A iniciativa do que veio a ser conhecido como PEP partiu basicamente de Rich", recorda Margaret Crawford.

> Eu adoraria dizer: "Ah, sim, foi um processo planejado de forma absolutamente clara." Mas não foi bem assim. Tudo começou em 1991, pouco depois de Bill Gray ter ingressado na empresa como diretor de RH.* Bill veio a Tim Savino e a mim e disse: "Precisamos começar isso."
>
> Foi um processo muito orgânico. A idéia do Guarda-Chuva corporativo estava clara na mente de Rich. Mas a Comissão Executiva ainda não havia feito a sua parte no tocante aos valores e comportamentos correlatos. Por isso, Rich simplesmente nos disse: "Verifiquem se o plano de desempenho conecta o indivíduo às metas mais amplas da empresa, e se está dentro da estrutura do Guarda-Chuva corporativo." Ouvimos isso dele muitas e muitas vezes!

"Na época, parecia algo muito repetitivo", acrescenta Savino.

> Rich e Jim já haviam trabalhado um pouco nas bases do Processo Empresarial. Margaret e eu começamos a trabalhar no sistema de desempenho. Nesse decorrer, concordamos que, para que o processo funcionasse, precisávamos ter um plano pelo qual esses esforços pudessem ser alinhados.
>
> Depois de chegar a um acordo em relação a esse sistema de desempenho, o grupo de liderança concordou também em montar os planos. Não estou sugerindo que o sistema de desempenho tenha norteado o processo de planejamento, porque, naturalmente, Rich os estava pressionando nesse sentido também. Tudo fazia parte de um contexto mais amplo, esquematizado por muitas mãos.

Em sua primeira repetição, o PEP combinou novos e antigos elementos, e o resultado incomodou. "Já havíamos implementado um sistema de

* Gray sucedeu John Campbell, que foi transferido para a Holiday-Rambler.

gestão de desempenho", recorda Crawford. "Foi chamado de 'sistema 360 graus', mas levava em consideração principalmente o seu chefe, os seus colegas e os seus subordinados, não os demais participantes. E em termos de engajamento em diálogos úteis sobre desempenho, não havia um componente que cobrisse todo o sistema, permitindo que esse processo fosse bem executado."

Havia outros problemas com o sistema existente. "Não havia um alinhamento entre o que o indivíduo estava fazendo e o que o restante da empresa estava fazendo", explica Tim Savino. "Por isso, começamos a reprojetar o sistema de desempenho a fim de obter uma uniformidade entre o indivíduo e um conjunto básico de valores organizacionais que começava a surgir."

Parte do sistema de avaliação de desempenho anterior que a equipe de RH transportou para o PEP era um formulário de classificação de desempenho. Embora as classificações de desempenho, em princípio, parecessem mais uma questão administrativa do que uma preocupação em nível de política, Rich e seus colegas (tanto da gerência sênior quanto do departamento de RH) logo perceberam que esse formulário específico (e a lógica que lhe era subjacente) representava um grande entrave à mudança do sistema de avaliação e remuneração.

O problema estava na *fonte* e no *conteúdo* das medidas de desempenho estabelecidas. Historicamente, alguns executivos-chave da Harley haviam estabelecido essas medidas com a contribuição de apenas um pequeno número de colegas executivos e especialistas externos em assuntos de remuneração. As medidas se apresentavam sob a forma de traços e características genéricos: *comunicador eficaz, pensador global, solucionador eficaz de problemas, produz resultados, serve de exemplo eficaz,* e assim por diante.

A falta de especificidade dessas medidas apresentava dois outros problemas. Primeiro, nenhuma das partes do diálogo avaliado sabia exatamente como aplicar essas medidas. Que comportamentos *específicos* demonstravam, de forma objetiva e conclusiva, que um indivíduo era um comunicador eficaz ou um pensador global? Ninguém sabia. Se um funcionário quisesse melhorar em uma determinada dimensão, como na parte de solução de problemas, por exemplo, o que ele teria que fazer exatamente? Ninguém sabia também.

LEE: Desenvolvemos um pequeno jargão em torno desse problema. Foi HWIKIWISI — pronunciado "hee-wee-kuh-WEE-see" — que significa: "Como saberei identificar a questão ao presenciá-la? Como coloco esse traço ou essa característica em nível de comportamentos observáveis?

Se alguém me disser "Lee, você é um péssimo ouvinte", me sentirei ofendido, e essa observação não irá me ajudar a mudar o meu comportamento. Mas se alguém me disser "Lee, você está constantemente me interrompendo quando estou falando com você, você está sempre remexendo os papéis na sua mesa, você está sempre desviando a atenção para olhar quem passa no corredor, você não faz quaisquer perguntas para se certificar do que está sendo dito", bem, essas são observações específicas. Poderei até me sentir ofendido, mas, pelo menos, posso tomar as providências cabíveis.

E, segundo, ninguém perguntava — ou talvez jamais tivesse perguntado — se esses traços e características eram recomendáveis para a Harley como fatores de reconhecimento e recompensa. Certamente ninguém havia perguntado se eles estavam alinhados com os valores da recém-imaginada Harley, ou os respaldavam.

Saindo na Frente

Reconhecendo que a falta de um grupo de comportamentos claramente definido era uma grande barreira às mudanças, em janeiro de 1993, os líderes da Harley reuniram um grupo de 10 executivos, entre eles, Jeff Bleustein, que havia sido nomeado presidente da Divisão de Motocicletas, para trabalhar com Lee com a finalidade de desenvolver listas específicas de comportamentos esperados. Recorrendo a uma lista de mais de 250 fatores de descrição comportamental fornecida por Lee a partir de seu trabalho com muitas empresas em missões anteriores, o grupo *ad hoc* selecionou uma lista de mais de 90 itens. Eis alguns exemplos:

- Valoriza a diversidade de valores entre os membros da força de trabalho.

- Expressa abertamente sua opinião diante de uma divergência de opiniões com alguém de nível hierárquico mais alto.
- Apóia ativamente as decisões consensuais.
- Age com autenticidade com as pessoas.
- Preserva a confiança que os outros lhe depositam.
- Comunica-se de modo a permitir pleno entendimento.
- Faz o que diz que irá fazer.
- Delega atribuições ao nível organizacional adequado.
- Responde de forma positiva às críticas.
- Respeita as opiniões dos outros.
- Demonstra o devido interesse pelos problemas de seus funcionários.
- Ouve com atenção quando alguém está falando.*

Os membros do grupo concordavam que, adotando ativamente esse conjunto de comportamentos, a empresa facilitaria muito a tarefa de realização da "empresa imaginada". Além disso, os indivíduos que praticavam esses comportamentos serviam de exemplos para seus colegas na empresa.

O grupo de liderança formado por 10 pessoas deu, em seguida, um passo inesperado. Na tentativa de testar a validade e utilidade dessa lista de 90 descritivos, o grupo decidiu converter os descritivos em um instrumento de coleta de dados, que cada membro posteriormente utilizaria para avaliar de forma anônima cada um de seus 9 colegas da gerência. Juntamente com esse comportamento, havia uma escala de 1 a 5, sendo que 1 significava "nunca", e 5, "sempre". (Havia uma sexta opção indicada como "desconhecido".) Para garantir resultados mais confiáveis, alguns comportamentos eram reformulados como atributos negativos. "Age com autenticidade com as pessoas", por exemplo, passou a ser "Age com artificialidade com as pessoas". "Ouve com atenção quando alguém está falando", passou a ser "Interrompe quando alguém está falando".

Ao final do processo de coleta de dados, portanto, cada um dos 10 executivos acabaria com uma pilha de 9 pesquisas de opinião involuntárias, cada uma avaliando o seu comportamento de acordo com mais de 90 parâmetros distintos baseados em uma escala de "nunca" a "sem-

* Esses doze comportamentos estão compreendidos entre os itens 17 e 28 de uma lista com 90 tipos de comportamento, da qual são uma representação.

pre".* Uma agência externa de análise de dados foi contratada para processar os dados (e, com isso, manter o anonimato). Essa agência elaborou uma versão resumida que compilava os resultados das 9 respostas separadas em uma única pesquisa de opinião agregada. Lee, então, discutiu esses resultados com cada um dos indivíduos "analisados".

Essas discussões diferiam de todos os métodos de *feedback* anteriores que os participantes conheciam, como, por exemplo, as avaliações dos supervisores, as discussões sobre desenvolvimento na carreira profissional, e as discussões anuais sobre mérito de análise. Entre os principais fatores de diferenciação estavam:

- Os próprios participantes selecionavam os itens sobre os quais eles receberiam dados.
- Os itens da pesquisa de opinião articulavam comportamentos específicos, não "características" ou "traços característicos".
- Os entrevistados representavam uma população muito mais ampla na mesma faixa de público do que normalmente acontecia nesses casos.
- O líder das análises de *feedback* individuais — isto é, Lee — não pertencia à cadeia de comando e, portanto, podia atuar dignamente como um *orientador*, ajudando a promover o aprendizado individual, e não como um avaliador.

Cada executivo tinha a opção de compartilhar qualquer parte de seus resultados agregados que quisesse, se fosse o caso. Jeff Bleustein se apresentou voluntariamente para ser o primeiro, tendo decidido compartilhar com seus colegas cada item de sua "análise de comportamento".

LEE: Devemos perceber que todo mundo, de uma forma ou de outra, sofre "arranhões" nesse tipo de coisa. Ninguém sai impune. Por isso, foi louvável a atitude de Jeff de se submeter, passo a passo, ao processo, inclusive às suas partes mais difíceis. Foi maravilhoso.

---

* Trata-se de uma variação na escala Likert, de 5 pontos, utilizada pela primeira vez pelo Instituto de Pesquisas Sociais da Universidade de Michigan e amplamente considerada um método eficaz para a coleta e análise estatística de dados relevantes.

De acordo com os participantes desse inusitado processo, os resultados tiveram um impacto significativo. A maioria revelou que, pela primeira vez durante o tempo em que trabalhavam na Harley (ou haviam trabalhado em qualquer outra empresa), eles participavam de uma experiência que lhes permitira: (1) definir as medidas de seu próprio desempenho; (2) compreender claramente como seus colegas os viam; e (3) saber exatamente como melhorar seu desempenho aos olhos de seus colegas. Nem todos gostavam de tudo o que aprendiam, mas todos concordavam que o aprendizado era algo de valor inestimável.

"Foi um enorme *achado!*", recorda Jeff Bleustein. "Foi uma revelação para todos nós. Finalmente começávamos a compreender o que estava fazendo o restante da equipe despertar. Até aquele momento, havíamos apenas recorrido uns aos outros em busca de desempenho funcional. Quando formamos um grupo, não havia um entendimento mútuo muito bom entre nós. Mas no decorrer desse processo, uma luz se acendeu para todos nós, e começamos a nos tornar uma equipe mais coesa."

A maioria dos entrevistados nas pesquisas de opinião achava a *especificidade* dos comportamentos descritos extremamente útil para a avaliação do desempenho de um colega. E os indivíduos avaliados valorizavam o fato de a pesquisa ser voltada para *comportamentos observáveis específicos.* A antiga ênfase da empresa nos traços e características não se prestava à ação de forma clara. (O que, exatamente, deveríamos fazer se o meu analista dissesse que não penso de forma adequadamente global?) O novo foco nos comportamentos marcava uma mudança significativa e muito útil, tanto para o analista quanto para o analisado.

A agência prestadora de serviço apresentou também uma versão resumida da pesquisa de opinião que compilou os 10 perfis gerenciais em um único perfil global do grupo. Essa composição permitiu que o grupo se concentrasse nas áreas em que ele, como um todo, havia brilhado ou se mostrado fraco. Esse resumo definia uma agenda de aprendizado geral para o grupo.

LEE: Novamente, esse resumo da situação se revelou muito útil. Nunca vi um grupo que tivesse obtido uma boa pontuação em matéria de fornecer ou receber *feedback* negativo. Uma segunda área que apresentava problemas, na maioria dos casos, era aquela que dizia respeito ao incentivo de um envolvimento mais amplo no processo decisório. Isso é sempre difícil quando você está em meio a um processo de mudança de cultura organizacional. É aí que entra em cena a pesquisa de opinião, e aí está uma prova cabal. O que iremos fazer em relação ao caso? Invariavelmente, alguém sugere que seja realizado um *workshop* sobre esse tema específico.

O sucesso dessa "análise mútua de desempenho" entre o grupo de 10 gerentes acabou levando à adoção de uma técnica semelhante como parte do sistema PEP. Os gerentes de RH modificaram o sistema formal de avaliação de desempenho para que um título genérico — como "Comunica-se de forma eficaz" — abrangesse de 3 a 5 fatores específicos de descrição de comportamento, como "Comunica-se de forma a permitir total compreensão" e "Ouve com atenção quando alguém está falando". E as áreas funcionais específicas foram incentivadas a acrescentar aspectos específicos que refletissem as prioridades de suas próprias áreas.

De modo geral, a experiência da empresa como um todo lembrava aquela de um grupo-piloto: tanto os analistas quanto os analisados achavam que o novo foco em comportamentos observáveis específicos contribuía de forma significativa para ampliar a base de responsabilidade em toda a Harley.

O PEP em Ação

O PEP foi reiterado muitas vezes, e ainda continua sendo aprimorado hoje. Crawford, Savino e outros envolvidos na invenção do PEP começaram a trabalhar imaginando algumas abordagens verdadeiramente radicais com o intuito de obter um alinhamento entre as metas empresariais e individuais. "Uma das versões com a qual sonhávamos", recorda Savino, "era completamente orientada para o cliente. O supervisor seria totalmente excluído do grupo, e a avaliação seria inteiramente conduzida pelos clientes do indivíduo, dentro e fora da empresa".

A gerência sênior ouviu as discussões dessas abordagens mais ou menos radicais e as rejeitou. ("Tivemos o retorno", recorda Savino com um sorriso. "*Errado!*") Hoje, em alguns de seus aspectos, o PEP lembra um sistema de desempenho tradicional, do tipo "gestão por objetivos", embora funcione dentro do contexto muito anticonvencional do Processo

Empresarial, cujo objetivo é oferecer a cada funcionário a oportunidade — e a responsabilidade — de influenciar os acontecimentos dentro da empresa. Os funcionários conquistam essa influência de quatro maneiras:

1. Compreendendo total e precisamente como as informações fluem dentro e entre as unidades organizacionais.
2. Participando do diálogo durante o desenvolvimento dos planos da unidade de trabalho.
3. Participando das reuniões e apresentações formais de finalização (e revisão) desses planos.
4. Ajudando a definir um desempenho desejado em nível individual.

Talvez a melhor maneira de demonstrar o funcionamento do PEP seja através de um exemplo ilustrativo com alguns detalhes. Vamos imaginar que eu seja o líder de uma unidade de trabalho — digamos, um supervisor de contas a pagar — e esteja começando a elaborar o plano da minha unidade de trabalho.

Bem, já tive reuniões com os meus líderes e discutimos as estratégias com base nas reuniões que eles tiveram com os seus líderes. Assim sendo, baseado nesse diálogo, converso com os membros da minha unidade. Certifico-me de que eles compreendem e apóiam o Processo Empresarial, de generalidades como o Guarda-Chuva até os aspectos específicos dessa estratégia. (Caso isso não ocorra, obviamente precisamos discutir abertamente as reservas desses indivíduos.) Partindo do pressuposto de que eles apóiem as estratégias, pergunto-lhes: "Muito bem, como iremos desempenhar as atividades de apoio a essas questões?"

Baseados em nossa conversa, elaboramos um plano para a unidade de trabalho que identifique as nossas áreas de resultados-chave. Esse procedimento talvez envolva o processamento de 5.000 faturas por dia. Pergunto, então, aos membros da unidade: "Tudo bem, como irão cumprir a parte de vocês nesse processo? Quais os *compromissos* de vocês? (Ver gráfico.) Como vocês querem ser avaliados? O que é necessário para o desenvolvimento pessoal futuro de vocês?"

E, examinando esse mesmo processo do ponto de vista dos membros da unidade de trabalho: "Está claro para mim o que a unidade de trabalho irá fazer e de que maneira irei contribuir para essa ação. Posso me reunir pelo menos uma vez a cada três meses com o supervisor de minha unidade, se necessário. Sei como o meu trabalho corresponde às estratégias acordadas, como as estratégias atendem aos objetivos, como os objetivos ajudam no cumprimento da missão, e como a missão serve à visão."

Modelo de Estabelecimento de Compromisso

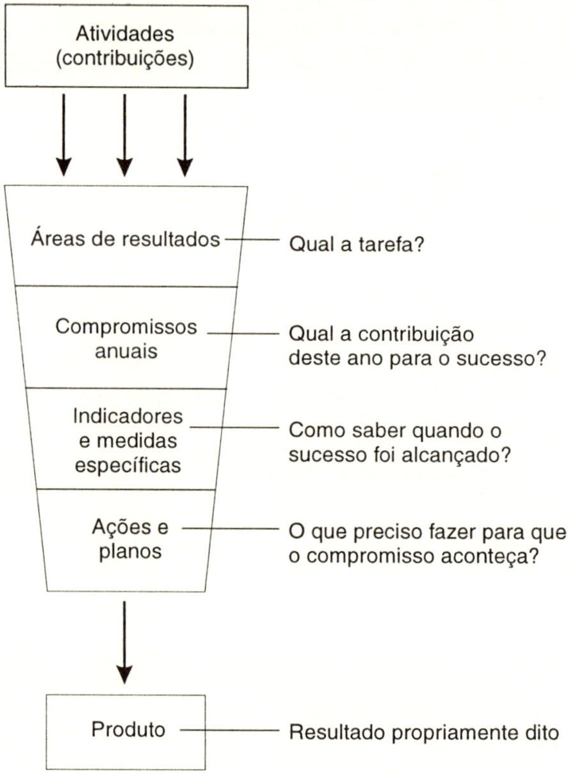

RICH: Todo esse processo parece muito complicado, mas, na verdade, foi criado com a finalidade de ser o mais simples e eficaz possível.

LEE: Enquanto você não chega ao plano da unidade de trabalho, tudo parece muito no ar — e, em muitas empresas, não passa desse estágio. Como funcionário, sei o que estou fazendo, mas não sei muito bem por que. Através da unidade de trabalho, passo a conhecer as relações diretas. Passo a saber a razão pela qual o que faço é importante. Na realidade, tenho condições de ajudar a definir algo de importante que eu possa fazer.

Avaliação de Desempenho e Desenvolvimento Profissional

O departamento de RH criou o PEP também para servir como principal veículo para o desenvolvimento profissional na Harley. Mais tarde, um manual do funcionário sintetizou seus objetivos da seguinte maneira:

> O desenvolvimento do funcionário aumenta a satisfação e o sentido de dignidade do funcionário, oferecendo desafios, variedade e oportunidades de crescimento.
>
> Espera-se que todo funcionário demonstre disposição para estar sempre aprendendo. A melhoria do desempenho funcional, das competências e da capacidade de contribuição é uma condição de emprego de longo prazo.
>
> A Harley-Davidson tem o compromisso de criar um ambiente de trabalho destinado a maximizar a capacidade de contribuição de cada indivíduo, bem como de oferecer acesso a recursos e oportunidades para que todos os funcionários adquiram e desenvolvam suas habilidades, conhecimentos e capacidades.

Em janeiro de 1992, os líderes da Harley se reuniram com todos os líderes sindicais e administrativos para discutir o conceito dos reajustes salariais com base nas capacidades demonstradas. Os participantes dessa reunião levantaram muitas questões, que podem ser sintetizadas em duas categorias mais amplas:

1. Que tipos de competência serão necessários?
2. Como os diferentes níveis de competência serão diferenciados?

Como resultado dessas reuniões de janeiro, a equipe de RH começou a trabalhar com o Novations, um grupo de consultoria baseado em Utah, a fim de desenvolver uma matriz de competências. Esse trabalho, iniciado no verão de 1992, se estendeu até 1995. Ao concluir seus trabalhos, os participantes concordaram com a seguinte estrutura de competências:

Interação. Estabelecer um forte compromisso através:

- de exemplos pessoais;
- da comunicação;
- da resolução de conflitos;
- do trabalho em equipe.

Execução. Obter resultados através:

- do foco no participante;
- da solução de problemas/tomada de decisões;
- do planejamento;
- da gestão de desempenho.

Competência demonstrada. Alcançar a competência através:

- da qualificação técnica;
- da melhoria contínua.

Dentro desse contexto, o desenvolvimento do funcionário tem dois objetivos: (1) permitir o crescimento na função atual da pessoa e (2) preparar para o futuro. O plano de desenvolvimento profissional elaborado como parte do PEP oferece ao indivíduo oportunidade de trabalhar esses dois objetivos simultaneamente.

E, por fim, como uma importante parte da avaliação de desempenho e do desenvolvimento profissional, o grupo adotou também o modelo dos "4 estágios da liderança", do Novations. Em ordem crescente de alcance e complexidade, esses estágios são:

1. Trabalho conjunto.
2. Contribuição independente.
3. Contribuição através dos outros.
4. Liderança através da influência.

A conclusão da equipe foi de que, à medida que a pessoa escala essa "escada da liderança", ela recorre menos às habilidades de natureza puramente técnica e mais às habilidades de caráter interpessoal e estratégico. Em forma de gráfico, a situação é representada da seguinte maneira:

Requisitos de Qualificação: Liderança

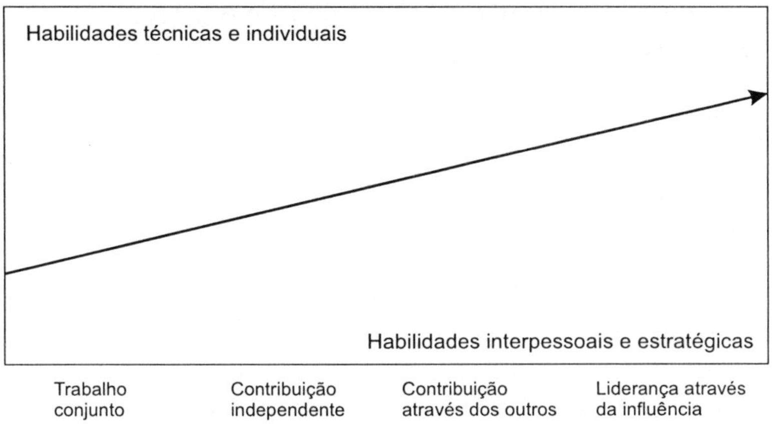

A partir da primavera de 1996, a Harley apresentou essas competências a todos os funcionários assalariados durante o Módulo de Liderança do Processo Empresarial (ver Capítulo 9). Esse módulo continha um componente de "*feedback* ascendente"), baseado na matriz de competências. Esse instrumento de *feedback* ascendente foi empregado no decorrer de 1997. Embora nunca tenha se tornado uma parte explícita do sistema de remuneração assalariada, esse programa continua a ser utilizado em muitas áreas da empresa como parte da avaliação de desempenho.

Obstáculos pelo Caminho

O PEP encontrou muitos obstáculos pelo caminho. "No início", recorda Margaret Crawford,

> as pessoas adotaram uma postura de hostilidade em relação ao PEP porque o consideravam um plano burocrático. Existia, e ainda existe, um espírito de rebeldia aqui na Harley. Para mui-

tas pessoas, o PEP era como ir para a escola. "Não confiamos uns nos outros? Não sabemos se estamos trabalhando certo? Não conversamos uns com os outros todos os dias?" De modo que encontrei uma enorme resistência.

Por outro lado, a empresa estava passando por uma grande mudança cultural, e muitas pessoas se ressentiam dessa mudança. "Antigamente", prossegue Crawford,

> era mãos à obra, e façam o que for necessário. Depois que o PEP foi implementado, todos tinham que descobrir exatamente o que o seu grupo teria que realizar. Trabalho nesta unidade de trabalho; qual a minha *atribuição*? Para responder a essa pergunta, o meu chefe tem que falar conosco sobre o tipo de trabalho que estamos realizando, e o que ele quer que seja feito. Preciso saber que resultados apresentar no que diz respeito às áreas de resultados-chave. Tenho que identificar o que é importante eu fazer este ano, em forma de compromissos. Tenho que colocar esses compromissos no papel. Tenho que anotar as pessoas que possam me fornecer boas informações e me dizer o que eu poderia fazer para melhorar o meu trabalho. Tenho que assumir *responsabilidade pessoal* pelo meu desenvolvimento.
>
> Bem, é muito trabalho. Você tem que conversar com muitas pessoas e participar de muitas reuniões. As reuniões também geravam resistência. Mas, no frigir dos ovos, aqueles que resistiam ao plano hoje o lideram. Os funcionários que arranjaram tempo para cumprir esses procedimentos acham que agora existem menos confusão, mais clareza e menos conflito. Eles sabem o que devem fazer, e quando.

RICH: Nada é o tempo todo perfeito. Mas o PEP funciona bem na maioria das vezes. E, quando isso acontece, o indivíduo sabe claramente como ele pode fazer uma diferença. Isso é bom tanto para ele quanto para a empresa.

7

Inversão da Pirâmide

De vez em quando, ao longo de nossa trajetória, conversávamos (Rich e Lee) seriamente sobre a necessidade de fazer mudanças na estrutura organizacional da Harley.

Nenhum de nós tinha ilusões de que uma mudança estrutural representaria a cura para todos os males da empresa. Por experiência própria, os organogramas normalmente são mais uma representação do que uma causa dos problemas. Na realidade, nós dois já havíamos há muito nos convencido de que as relações de subordinação codificadas nos organogramas — relações às quais muitas pessoas atribuem muita importância — são basicamente irrelevantes. A essa altura de nossa jornada juntos, ainda achávamos isso (aliás, mais do que nunca). Acreditávamos que, se fosse implementada a combinação certa de liderança compartilhada e responsabilidade individual, *qualquer* forma de organização poderia dar certo, fosse em forma de matriz, divisão, função ou qualquer outra.

E, igualmente importante, não queríamos enviar um sinal confuso. Se Rich simplesmente anunciasse uma mudança significativa nas relações de subordinação, as pessoas na empresa provavelmente interpretariam essa mudança como mais um caso de decisão imposta de cima para baixo, do tipo comando e controle. O fato de darmos essa impressão só reforçaria os tipos de mentalidade e padrões que estávamos tentando eliminar.

Ao mesmo tempo, entretanto, percebíamos que a estrutura organizacional existente estava começando a atrapalhar os tipos de mudança que estavam se processando. A mudança estrutural tinha que ocorrer, mais cedo ou mais tarde, e nós tínhamos que fazer o trabalho de base para essa mudança.

LEE: A diretriz que estabelecemos era do tipo "Não vamos mexer na estrutura organizacional enquanto este processo não estiver suficientemente adiantado, e as pessoas começarão a compreender o significado desse processo de mudança, e também a nos dizer que a estrutura atual já está começando a atrapalhar".

A partir do final de 1990, começamos a ver indícios de problemas de natureza organizacional.

Além desses sinais, Rich se sentiu mais estimulado a agir quando Jim Paterson, presidente da empresa de motocicletas, pediu mudança de cargo. Jim explicou que, por motivos pessoais, queria retornar ao seu posto anterior, como vice-presidente de marketing. Rich concordou e, em vez de descartar as opções nomeando rapidamente um sucessor, assumiu provisoriamente a presidência da empresa. Ele permaneceria nesse cargo durante 18 meses, período no qual muitas das mudanças descritas neste capítulo ocorreram.

Outro incentivo para que fosse estudada uma mudança organizacional veio quando a fábrica de York enfrentou uma greve de duas semanas em 1991. A causa imediata da greve foi a sugestão de uma mudança imposta pela administração no sistema de pintura utilizado na fábrica. (A qualidade do acabamento da pintura da Harley é um dos seus fatores de diferenciação mais importantes no mercado, por isso os riscos eram altos.) Por trás desse conflito superficial, porém, havia um clima de tensão mais significativo. A gerência de York havia anunciado seus planos de implementar nessa fábrica um sistema de trabalho baseado em equipes. A força de trabalho organizada de York não perdeu tempo em registrar sua insatisfação com o plano.

Neste capítulo, contamos as mudanças que levaram à criação de uma nova estrutura organizacional na Harley.

Exploração de Alternativas

Essas mudanças tiveram início com uma série de discussões entre Lee e Rich e, periodicamente, entre outros participantes. Enquanto debatíamos a questão da estrutura organizacional, estabelecemos dois princípios norteadores. Primeiro, éramos de opinião que a grande sabedoria estava em uma máxima do reino da arquitetura: *A forma segue a função.* Em outras palavras, *a organização Harley deveria ser complexa apenas à medida que fosse necessário.* A organização deveria derivar "organicamente" das funções que precisassem ser desempenhadas. Não queríamos desenhar quadros e linhas em organogramas até que estivesse perfeitamente claro o que a empresa precisava fazer.

E, segundo, chegamos à conclusão de que, chegada a hora, *os próprios funcionários deveriam decidir sobre os aspectos específicos relativos a esses quadros e linhas.* Os gerentes e os membros do sindicato nas instalações da Harley em Wisconsin, na época, trabalhavam no sentido de identificar as barreiras à melhoria organizacional. No decorrer desse trabalho, eles estavam identificando barreiras estruturais à realização do futuro que todos nós imaginávamos para a empresa.

Mesmo tendo esses dois princípios (estrutura minimizada e estrutura orientada para o funcionário) como ponto de partida — princípios que determinavam que "pegássemos leve" —, sentíamos que ainda havia muitos preparativos pela frente. Rich e seus colegas da liderança da Harley logicamente teriam que prestar sua contribuição à fase de "invenção organizacional" quando chegasse a hora. (Na realidade, poderíamos alegar que os líderes formais da empresa deveriam encabeçar qualquer esforço do gênero.) Durante os vários meses que se seguiram, focalizamos o universo das estruturas organizacionais. Em termos específicos, procuramos alternativas viáveis para a forma organizacional que a Harley utilizava na época.

Paralelamente, a Harley-Davidson, Inc. (HDI) foi organizada de forma tradicional, composta por várias divisões e com duas subsidiárias (a Motor Company e a Holiday-Rambler) que se reportavam à empresa controladora. Dentro das divisões, as relações de subordinação também eram muito tradicionais. A Motor Company, foco central de nossa revisão organizacional, parecia estar esbarrando nos limites de sua estrutura organizacional. Especificamente, a organização então existente

- incentivava a independência funcional e a competição, e não a interdependência e a colaboração;
- impedia que fosse dado início aos projetos;
- alimentava os problemas de "processo";
- não refletia nem atendia às necessidades do cliente;

- investia de responsabilidade e autoridade a *hierarquia*, não o indivíduo.

RICH: Você não precisa ir muito longe para encontrar provas que respaldam essas conclusões. Nossos projetos se iniciavam de maneira cronicamente lenta. As nossas "fórmulas instantâneas" tecnológicas normalmente envolviam extrapolação de custos, e, mesmo assim, geralmente não surtiam o efeito que deveriam. Os lançamentos de nossos novos produtos ocorriam com atraso e extrapolavam o orçamento. As provas existiam, bastava procurá-las.

Com esses problemas em mente, analisamos as formas organizacionais de uso geral entre as empresas similares à Harley e catalogamos o que considerávamos prós e contras de cada uma. Ao final de nossa análise conjunta, decidimos que estávamos fazendo um trabalho em vão. Nenhuma das estruturas organizacionais existentes convinha à Harley que os gerentes, o pessoal assalariado e os membros do sindicato imaginavam.

Por Que Não Equipes?

Um exemplo ajuda a ilustrar os processos que imaginávamos naquela época. No final da década de 80 e início da década de 90, muitas empresas aderiram às *equipes* como a solução para todos os seus problemas, inclusive problemas relacionados aos quadros e linhas. Será que uma organização baseada em equipes seria adequada à Harley?

Logo decidimos que não. Para a maioria dos funcionários da Harley representados por sindicatos trabalhistas, *equipe* já era um termo muito tendencioso. (O exemplo mais nítido e recente foi a reação dos funcionários de York à adoção de uma "organização baseada em equipes" por parte da gerência!) Ambos os sindicatos internacionais que representavam os trabalhadores da Harley haviam tido a experiência do conceito de equipes em outros lugares e tinham opiniões altamente negativas em relação ao sistema. Eles achavam que a gerência geralmente utilizava as equipes para enfraquecer as funções e até mesmo a legitimidade do trabalho organizado. Os líderes sindicais nos diziam que, em sua opinião, as estruturas baseadas em equipe faziam parte de um contexto mais amplo de programas imposto de cima para baixo pela gerência, como o Movimento pela Qualidade Total (TQM — Total Quality Movement), quase sempre desenvolvido e implementado sem qualquer envolvimento da parte das lideranças e associações sindicais.

Portanto, estávamos avisados de que as relações de trabalho da Harley poderiam ser prejudicadas se a empresa adotasse uma estrutura baseada em equipes. Mas havia outros desestímulos no fato de seguirmos esse caminho. Nossas observações envolvendo todos os "líderes" informados nas organizações baseadas em equipes (desde a Cummins Engine Company até a NUMMI e a Kellogg), bem como uma abrangente análise de toda a literatura existente sobre equipes, sugeriam que esses tipos de empresa não eram *mais ou menos eficazes* do que qualquer outro no tocante ao atendimento das necessidades de seus clientes. Aliás, parecia-nos que as equipes — consideradas por alguns a base para a empresa flexível do futuro — poderiam, às vezes, ser bastante rígidas.

Com o passar do tempo, observamos que os membros de equipe tendiam a desenvolver habilidades complementares para lidar com a tarefa específica em questão, especialmente se a tarefa permanecesse constante. (Na realidade, essa é a razão pela qual os membros de equipe apresentam tão bom desempenho atuando juntos.) Eles se transformam em grupos coesos, até mesmo insulares, com alto grau de fidelidade mútua. Mas o que acontece quando as circunstâncias externas mudam? Muitas equipes tendem a se unir e defender o *status quo*, arrasando, com isso, as empresas.

LEE: O problema surge quando permitimos que a "equipe" se torne um meio em si, e não um meio para a finalidade real: o atendimento ao cliente, que pode ser interno ou externo à empresa. Por isso, percebemos que a nossa intenção era direcionar as pessoas para o princípio subjacente ao rótulo "equipe", e não para o rótulo propriamente dito. Queríamos que as pessoas aderissem a algo de positivo que elas compreendessem e endossassem.

E, por fim, observamos com interesse que era muito difícil encontrar equipes formadas por gerentes seniores. Parecia que os gerentes tendiam a impor uma fórmula à grande maioria dos funcionários em uma organização baseada em equipes, mas não a eles próprios. Para nós, essa era uma desvantagem e não representava o tipo de empresa que queríamos que a Harley fosse.

Começando do Início

Retornamos ao nosso ponto de partida. Refletindo a seqüência dos passos do Processo de Visão Conjunta, decidimos que teríamos primeiro que descrever exatamente o que a empresa precisava fazer. Em seguida, teríamos que descobrir o que estava e o que não estava funcionando bem. Se algo não estivesse funcionando bem, o que havia de errado? E de que maneira essa análise correspondia à empresa imaginada que, na época, estava surgindo através do Processo de Visão Conjunta?

Discutindo essas questões e observando outros processos em desenvolvimento, chegamos às seguintes respostas (conforme apresentadas originariamente em um memorando redigido por Rich).

A expectativa deveria

- refletir e atender às necessidades de clientes internos e externos;
- apoiar o crescimento e a excelência individuais;
- desenvolver a interdependência e a colaboração interfuncional;
- posicionar a empresa para ser bem-sucedida em um ambiente altamente dinâmico;
- criar grupos flexíveis de líderes funcionais capazes de oferecer uma direção comum de liderança;
- apoiar a responsabilidade pessoal.

Observe a ênfase nos *clientes.* O pessoal da Harley aprendeu nos últimos anos que as necessidades do cliente podem mudar *rápida* e *radicalmente.* Ser bom apenas na solução dos problemas passados não era mais algo aceitável. (No difícil período do início da década de 80, a Harley perdeu uma enorme participação de mercado enquanto solucionava problemas passados, em detrimento de providências mais proativas.) A Harley precisava reunir as pessoas *certas,* no momento *certo,* para executar *corretamente* as tarefas *certas.* Começamos determinados dessa forma, tanto com o intuito de enfatizar a simplicidade do conceito quanto para ressaltar que a sua realização não seria fácil.

Devemos voltar a enfatizar que acreditávamos que a empresa existente havia realizado muitas coisas boas. A Harley havia enfrentado os sérios desafios do início e de meados da década de 80, criando estruturas que permitissem um determinado grau de envolvimento dos funcionários. Mas, ao mesmo tempo, sabíamos que faltaram algumas coisas.

RICH: Havia muitos exemplos na empresa de pessoas que faziam as coisas certas. Jim Lucas, gerente da fábrica de York, era um. Ele acreditava convictamente na sabedoria do camarada do chão de fábrica. E estava sempre dizendo às pessoas na Assembléia: "Olhem, quando vocês tiverem algum problema com uma peça, liguem para o fornecedor e avisem-no!" Em outras palavras, ele criava uma situação em que os funcionários poderiam resolver os problemas sem se preocupar com as questões hierárquicas. Mas nós queríamos que as pessoas procedessem dessa maneira por iniciativa própria, sem esperar que Jim Lucas lhes desse autorização para tal.

Tínhamos conhecimento de uma interessante inovação que já se encontrava implementada na Harley. Era a criação do presidente da Motor Company, Jim Paterson, que estava deixando o cargo para retornar ao seu antigo na área de marketing e vendas com uma nova idéia em mente. "Quando retornei para a área de marketing — recorda Paterson —, conversei com Rich sobre a formação de uma espécie rudimentar de organização circular. Lembro-me de ter elaborado um pequeno modelo que funcionaria como um átomo, com pequenas esferas funcionais como se fossem elétrons instalados em torno de um centro, que denominei 'satisfação do cliente'. Trabalhamos nessa idéia durante dois meses, até que um dia Rich disse: 'Ótimo! Essa concepção se encaixa perfeitamente naquilo que queremos.'"

O relatório anual de 1991 continha um desenho esquemático dessa nova abordagem. O relatório dizia em determinada parte:

> Nossas operações distintas "nacionais", "internacionais" e de Peças e Acessórios foram eliminadas de modo a permitir que nos tornássemos uma empresa unificada e investida de poderes que visse o mundo como um mercado único... Tendo a "melhoria

> da satisfação do cliente" como meta organizacional básica, uma equipe de liderança identificou sete áreas funcionais-chave destinadas a garantir o sucesso de nossa globalização a longo prazo. As sete áreas funcionais... serão mutuamente "responsáveis", melhorando, assim, as linhas de comunicação dentro da empresa e agilizando nossos tempos de resposta.

O foco — a internacionalização — era diferente, mas a receita era promissora.

Grupos Naturais de Trabalho

As pessoas *certas*, reunidas no momento *certo*, para executar corretamente as tarefas *certas*. O que esse lema significava, na verdade? Significava que nós queríamos unir o útil ao agradável. Para a Harley, queríamos algo realmente inusitado: *um trabalho em equipe sem equipes.*

Começamos descrevendo o que chamamos de organização orientada para o "fluxo de clientes". Cada pessoa de uma empresa "recebe" algo — um subcomponente, um formulário, informações — de alguém (o "fornecedor"); essa pessoa toma alguma providência em relação ao que recebeu — produz uma nova peça, toma uma decisão, pesquisa dados, responde a uma pergunta — e depois transmite os resultados dessa providência a alguém — o "cliente".

Com isso em mente, vimos que esse trabalho deveria ser organizado em torno do fluxo natural de clientes para uma determinada função e deveria ter flexibilidade suficiente para responder em termos de porte, composição, conjunto de habilidades etc. às inevitáveis mudanças de demanda por parte do cliente.

Essas pessoas envolvidas no processo de parceria (descrito no Capítulo 11) chegaram à seguinte definição de "grupo de trabalho":

> Grupo de funcionários assalariados e horistas que produz bens e serviços. O grupo de trabalho tem autoridade, dentro de determinados limites, para tomar decisões que respaldem suas atividades e é responsável pelos respectivos resultados. Os grupos de trabalho devem se transformar com rapidez e facilidade em resposta às mutáveis necessidades de seus clientes.

Para progredir com esse novo conceito de grupos naturais de trabalho, precisávamos primeiro de uma clara definição dos processos essenciais da empresa, em torno da qual poderíamos organizar grupos de pessoas de uma nova maneira. Em seguida, precisávamos organizar as coisas de modo a *facilitar* a reunião dos funcionários com a finalidade de realizar esses processos essenciais. E, por extensão lógica, quando essas atividades estivessem concluídas, a empresa teria que facilitar o reagrupamento dos funcionários para o passo *seguinte* das "atividades orientadas para o cliente".

Partimos, então, para a identificação de quatro desses processos essenciais:

1. Criação de demanda para os produtos e serviços da empresa.
2. Produção desses produtos e serviços.
3. Apoio aos processos de criação de demanda e produção.
4. Coordenação dessas atividades, tanto em nível interno quanto nos relacionamentos com participantes externos.

É tentador traduzir cada um desses termos em um rótulo funcional tradicional. "Criação de demanda", por exemplo, poderia soar como um termo de marketing; "produção" poderia soar como fabricação. Mas, na verdade, nós pensávamos em algo mais flexível, mais orientado para o cliente, menos orientado para a hierarquia, e menos dogmático. Em outras palavras, queríamos termos que se encaixassem na definição de agrupamento natural de pessoas adequada à tarefa em questão — novamente, um meio de conseguir reunir as pessoas certas com a finalidade de executar corretamente as tarefas certas.

Os desafios exigem respostas. O ideal é que essas respostas provenham do grupo mais qualificado para projetá-las e implementá-las. A expressão "grupo natural de trabalho" acabou surgindo como a melhor forma de descrever o que tínhamos em mente e como uma maneira de distinguir nossas idéias de um conceito de equipe.

Existem grupos de trabalho de todos os tamanhos. As pessoas que geravam demanda, por exemplo, formariam um "grupo natural de trabalho" em grande escala. Esse grande grupo conteria muitos grupos naturais de trabalho menores.

E, o que é mais interessante, os grupos naturais de trabalho formariam também linhas interfuncionais e interdivisionais à medida que continuassem a existir, e, ao concluírem suas tarefas, seriam "desfeitos".

RICH: Na década de 70, trabalhei com uma empresa que precisou passar por um processo de *downsizing*. Era, no mínimo, um processo problemático. Porém, mais problemático ainda era o fato de ninguém saber como conduzi-lo corretamente — se é que isso era possível.

Dentro desse contexto, desenvolvemos algo que chamamos de "análise do centro de responsabilidade". Identificamos a menor unidade de trabalho sobre a qual havia uma supervisão direta e definimos uma série de questões: Por que o seu centro de responsabilidade existe? De que maneira ele agrega valor? De que maneira esse valor é transmitido pelos integrantes desse centro de responsabilidade? Como os indivíduos mensuram o que fazem?

Esse tipo de análise não tornou o *downsizing* menos penoso, é claro, mas o tornou um processo *racional*— baseado em algo real e significativo para a empresa. Essa experiência vivida há muito tempo deixou uma dúvida importante na minha cabeça, onde permanece até hoje. Qual a tarefa dessa unidade? Conhecendo a tarefa da unidade A, da unidade B, da unidade C, e assim por diante, é provável que possamos descobrir como deve ser a estrutura.

Nós todos concordávamos que a *criação de demanda* era um "grupo natural de trabalho" de todas as pessoas e atividades que criavam, aumentavam e sustentavam a demanda pelos produtos e serviços da Harley. Convenhamos, isso incluía atividades promocionais tradicionais como marketing, vendas e relações públicas. Mas, logicamente, poderia incluir atividades complementares tomadas por empréstimo de outras áreas funcionais, como estilização e serviço de atendimento ao cliente.

A *produção* de produtos e serviços era um agrupamento natural de trabalho que incluía não apenas produção, engenharia e desenvolvimento de novos produtos, mas também compras, qualidade/confiabilidade, logística, e assim por diante.

O *suporte* abrangeria todas as funções "administrativas" tradicionais, como finanças e contabilidade, recursos humanos, planejamento estratégico, relações com o governo, serviços de informação, assessoria jurídica, e assim por diante. Qualquer indivíduo ou grupo que ajudasse os dois primeiros grupo naturais de trabalho (criação de demanda e produção de produtos e serviços) passaria a ser parte integrante desse grupo.

A *coordenação* seria da responsabilidade não apenas do presidente, mas também dos representantes dos três outros grupos naturais de trabalho.

RICH: Quando existe um vice-presidente sênior, é quase inevitável que ele passe a ser o deus local. As pessoas que se reportam a ele podem se reunir e estabelecer uma comunicação entre as linhas funcionais, mas, na maioria das vezes, elas sabem que estão representando para o deus local.

Estávamos falando sobre a criação de políticas nos níveis seniores da empresa. Estávamos falando sobre o envolvimento de um número muito maior de pessoas nesse processo — muito mais do que normalmente haveria em uma empresa formada por divisões e chefiada por um vice-presidente. No ambiente que imaginávamos, essas pessoas estariam representando uma para as outras. Elas estariam descobrindo de que maneira aquilo que elas faziam no departamento de marketing, por exemplo, refletia o que aquela pessoa do departamento de vendas dizia sobre as impressões dos revendedores.

A Organização Circular

À medida que discutíamos essas idéias, sentíamos estar diante do germe de uma idéia que geraria grandes mudanças na Harley. E, após maiores debates, passamos a perceber que a maneira como descrevêssemos essa estrutura seria de fundamental importância. Teria que ser uma estrutura *orgânica* — isto é, um produto natural das realidades do mercado de trabalho — e *dinâmica.*

Nossa primeira ação nessa descrição não foi bem-sucedida em qualquer instância. Era simplesmente uma fileira de círculos desconexos:

Essa descrição não captava a liderança compartilhada e a interfuncionalidade que deveria constituir o coração da empresa que estávamos estudando. Além disso, não transmitia a permeabilidade de fronteiras inerente aos grupos naturais de trabalho. Assim sendo, tomamos mais uma ação ao descrever o que acabamos por chamar de "organização circular":

Novamente, fazemos um contraste com uma estrutura divisional organizada de forma funcional. Nesse tipo de estrutura tradicional, os indivíduos e grupos encarregados das atividades de marketing (por exemplo) desempenham suas funções praticamente sem nenhum contato direto com seus colegas dos departamentos de produção. As informações circulam pela empresa, alcançam a figura da autoridade dentro da divisão, transpõem a fronteira funcional e chegam a outra autoridade de divisão — pressupondo-se, é claro, que as comunicações sejam boas —, retornando, depois, através dos funcionários. A circulação das informações é lenta. As informações são distorcidas à medida que vão sendo transmitidas por pessoas cada vez mais distantes do problema. Em geral, o processo de comunicação incentiva a extensão da verdade e a evasão da responsabilidade. Essas características negativas são reforçadas pelas estruturas organizacionais que denotam relações de subordinação que guardam pouca relação com a maneira como o trabalho, de fato, é realizado dentro da empresa.

Na organização circular, como vimos, as coisas seriam diferentes. A liderança se dispersaria. Haveria um fluxo interfuncional constante de informações em todas as direções úteis. As pessoas que compreendessem o problema seriam aquelas que tentassem resolvê-lo. A responsabilidade seria clara.

LEE: Uma metáfora que eu às vezes utilizava para descrever o que tinha em mente era a sala dos alunos. Na nossa época de segundo grau, começávamos o dia na sala dos alunos para depois nos dirigirmos para seis ou sete salas de aula diferentes. Por analogia, o círculo é a nossa sala dos alunos. Você sai e se dirige para onde os seus clientes necessitam que você vá para desempenhar as suas atividades.

Jeff Bleustein recorda a primeira vez em que viu o diagrama circular:

> Lembro-me quando um dia Rich se levantou e disse: "Acho que deveríamos contemplar algo assim", desenhando três desses círculos — criação de demanda, produção de produtos e prestação de assistência técnica. Essa era a forma que ele imaginava para a empresa. E, novamente, foi uma idéia inicialmente confusa. As empresas tradicionais eram organizadas em divisões, dentro das quais os chefes de funções se reportavam aos VPEs, que, por sua vez, se reportavam ao presidente, e assim por diante. Rich achava que deveríamos ser capazes de passar sem nada disso, melhorando, assim, a comunicação. A questão era livrar-se de alguns níveis e filtros hierárquicos.

O diagrama circular insistia na questão da liderança: *Quem é o responsável aqui?* (Aliás, quando mais tarde apresentamos o conceito à empresa, essa era a pergunta feita com mais freqüência.) Observe que no centro dos círculos sobrepostos existe uma zona de interseção. É nesse ponto que ocorre a função de coordenação, um dos quatro processos essenciais da empresa definidos anteriormente. Conforme descrito mais adiante neste capítulo, essa zona sobreposta acabou sendo denominada "Conselho de Liderança e Estratégia", ou LSC (Leadership and Strategy Council), cuja função básica é certificar-se da ocorrência da integração interfuncional através de informações fidedignas fornecidas pelos integrantes de cada círculo.

Mas isso veio a ocorrer mais tarde. Nesses estágios conceituais iniciais, concentramo-nos nos círculos, nas formas como eles se organizariam e nas maneiras como eles se sobreporiam. Esperávamos que cada círculo operasse como um grupo de trabalho investido de poderes. Não esperávamos que surgisse um único indivíduo como líder de um círculo. Ao contrário, prevíamos que a liderança fosse uma responsabilidade compartilhada. Ao mesmo tempo, os gerentes dentro de cada círculo deveriam operar de forma independente. "Liderança compartilhada, gestão individual" foi um lema surgido nessa época.

RICH: Como outras pessoas já observaram antes de nós, a liderança é uma função compartilhada; a gestão é uma função individual. Liderar é pensar nas coisas certas; gerenciar é fazer as coisas certas. Esse princípio se revelou para nós um poderoso conjunto de idéias. Sabíamos que essas idéias não conquistariam necessariamente a simpatia dos gerentes, que estavam basicamente interessados em defender suas prerrogativas tradicionais.

Ao mesmo tempo, não esperávamos que esses círculos assumissem uma forma eficaz sem qualquer assistência. Os círculos em seu estágio embrionário necessitariam de uma assessoria inteligente e competente. Tom Gelb, vice-presidente de produção, concordou em orientar o círculo de "produção de produtos", enquanto o vice-presidente de marketing, Jim Paterson, aceitou a função de orientador do círculo de "criação de demanda". (Na realidade, eles estavam eliminando os cargos de vice-presidente executivo, atuando como orientadores e mentores.) Rich, que na época dirigia a empresa de motocicletas, assumiu a responsabilidade pelo círculo de "prestação de assistência técnica", até que um novo presidente fosse nomeado para dirigir essa empresa.

Aprimoramento dos Círculos

Entre agosto de 1991 e o final de 1992, Rich e seus colegas seniores tradicionalmente hierárquicos conduziram uma série de pequenos grupos de debates informais com os funcionários da Harley. Esses pequenos grupos eram reuniões de funcionários dentro de diversas funções tradicionais, ou departamentos quando a situação permitia, e as discussões tendiam a se desenvolver no decorrer de outras reuniões de rotina da empresa. Rich e seus colegas descreviam as metas da nova estrutura organizacional, explicavam por que essa nova estrutura parecia adequada para a Harley, e pediam aos funcionários que contribuíssem com suas idéias tanto em nível conceitual quanto de implementação. Eles começavam pelas pessoas que ocupavam altos cargos gerenciais e estendiam essas conversas de modo a abranger pessoas de todas as localidades que atuassem na maioria das áreas funcionais.

A mensagem dos dois para todos os tipos de público consistia em duas partes. Primeiro, diziam eles, a organização circular era a estrutura do futuro. Segundo, estava na hora de apresentar objeções, sugerir modificações e, por outro lado, lidar com o conceito circular.

LEE: Rich era muito hábil na colocação desses dois pontos. Ele dizia, com muita sinceridade, que queria idéias e conselhos. E dizia também: "A propósito, quando chegar a hora, o concreto irá se consolidar com muita rapidez."

RICH: Na realidade, expúnhamos as idéias da melhor forma possível, e depois era como se elas ficassem ali por um tempo. E algumas pessoas simplesmente ignoravam toda a iniciativa, pensando tratar-se de mais uma idéia inconsistente. Por mim, tudo bem, até certo ponto. Acho muito apropriado dar às pessoas tempo para pensar sobre uma nova idéia e, passado esse tempo, tratar essa idéia com muita seriedade.

Alguns membros tanto da administração quanto da força de trabalho pressupunham que esse balão de ensaio também passaria e que eles só precisariam se abaixar e esperar que o último capricho temporário da administração passasse. Mas ninguém deveria perder de vista o fato central: de que Rich e seus colegas da alta gerência estavam dedicando tempo à estimulação do raciocínio das pessoas e à transmissão desse novo "conceito circular" à empresa. Certamente algum tipo de mudança estava iminente. De uma forma ou de outra, a Harley estava se preparando para adotar uma estrutura organizacional radicalmente diferente — uma estrutura baseada no processo decisório compartilhado, em grupos naturais de trabalho e na liderança flexível.

RICH: Eu disse: "Aqui está uma forma de organização. Vamos tentar e ver o que acontece." Não, não teríamos um conceito de grupo natural de trabalho plenamente desenvolvido em questão de semanas ou meses, ou, talvez, nem mesmo anos. Mas esse era o nosso objetivo.

A Adoção Organizacional

No dia 1 de janeiro de 1993, Jeff Bleustein foi nomeado o novo presidente e diretor de operações da empresa de motocicletas. Bleustein imediatamente enfatizou que, sob sua liderança, a Motor Company se comprometeria em tornar a organização circular real e eficaz.

"Em outubro ou novembro", recorda Bleustein,

> Rich e eu tivemos uma série de conversas. Naquela época, ele disse algo no sentido de que tinha a intenção de me nomear presidente em janeiro, mas que não queria que a Motor Company retornasse ao antigo ambiente de comando e controle. "Quero que a empresa assuma essa forma circular", disse ele. "Da sua parte, está tudo bem nesse ponto?"
>
> Eu disse: "Claro. O conceito parece ter seus méritos. Mas as pessoas não sabem o que significa uma 'organização circular'. Temos que desenvolvê-lo."
>
> E Rich disse: "Ótimo. *Faça* isso, então!"

Uma das primeiras ações de Bleustein, então, foi nomear uma comissão *ad hoc* para pegar o esquema geral do conceito da empresa circular e traduzi-lo em um plano viável de organização e administração de uma grande empresa. A comissão *ad hoc* ofereceria orientação e prestaria esclarecimentos sobre a administração de conflitos, a definição dos diferentes tipos de decisões que precisariam ser tomadas, e a identificação de quem deveria tomar essas decisões. A comissão identificaria as barreiras potenciais à implementação bem-sucedida do conceito do círculo, identificando também (por outro lado) os principais fatores de sucesso. O que os indivíduos e grupos poderiam fazer para tornar esse plano factível?

"A primeira coisa que ouvi a esse respeito", recorda Ron Hutchinson, que participou da comissão *ad hoc*,

> foi quando Rich reuniu um grupo de pessoas e disse: "Muito bem, temos que descobrir uma maneira de conseguir equipes investidas de poderes no nível sênior da empresa. Vocês têm que descobrir como fazer isso." A reação, de modo geral, foi "Puxa... *caramba!*"
>
> Mas nos reunimos para resolver a questão. O que são essas figuras sobrepostas no centro? Talvez devam ser chamadas de "Conselho de Liderança e Estratégia". Bem, OK, ótimo, mas qual a sua relação com o presidente? E com o executivo principal?

A comissão dedicou um grande tempo ao longo dos seis meses seguintes ao desenvolvimento detalhado da organização circular. Depois de apresentar seu relatório àqueles que seriam afetados, a comissão prestou assistência a diversos círculos durante a fase de implementação dessa nova abordagem em julho e agosto de 1993.

RICH: Essa comissão *ad hoc* desempenhou um papel absolutamente crucial na definição e consolidação da organização circular na Harley. Nem Lee nem eu nos envolvemos muito. Jeff e seus colegas assumiram essa tarefa.

LEE: Como aqueles que teriam que conviver com o plano foram os responsáveis pela sua elaboração, esse plano tinha imensas chances de sucesso.

Bleustein e os membros da comissão enfatizaram que não se tratavam de "círculos pelo simples prazer de adotar uma forma circular". Cada unidade começaria pelas necessidades de seus clientes, internos ou externos, e se reorganizaria de forma a atender naturalmente a essas necessidades. Em outras palavras, não havia qualquer razão lógica para pressupor que o círculo da "criação de demanda" assumiria o aspecto ou funcionaria como o grupo de "produção de produtos".

Pela mesma razão, Bleustein e seus colegas esperavam que esses gerentes se vissem como escoteiros avançados do conceito de grupo natural de trabalho. Eles serviriam de modelo para a empresa. O pessoal de toda a empresa observaria como eles tratavam uns aos outros — e, se gostasse do que visse, os imitaria. "Lembre-se de que havíamos desenvolvido muitas atividades baseadas em equipes no chão de fábrica e nos escritórios", recorda Ron Hutchinson. "Na realidade, havia equipes fazendo tudo. Mas a organização circular nos obrigou a criar uma situação em que os líderes copiariam os comportamentos certos. 'Os líderes são conhecidos por suas ações' — essa foi uma das muitas vezes em que Rich usou essa frase conosco!"

LEE: Se não conseguíssemos fazer esse trabalho de construção na cúpula da empresa, como poderíamos esperar que o conceito funcionasse em algum outro setor dela? Se não fosse adequado para os gerentes, por que seria adequado para o trabalhador do chão de fábrica?

A Organização Circular em Resumo

A organização circular passou a existir formalmente no dia 1 de julho de 1993. A empresa elaborou um documento de 12 páginas intitulado "A Organização", que circulou por todas as localidades. O título, de duas palavras, abrangia três círculos entrelaçados, enfatizando o ponto principal do significado dessa nova estrutura organizacional. A essa altura, a iniciativa estava dirigida para os três antigos níveis gerenciais mais elevados. Entretanto, a publicação subentendia claramente que essa estrutura acabaria por influenciar todos os níveis e atividades da empresa.

A seção introdutória reafirmava os pontos que Rich e seus colegas — e posteriormente Jeff Bleustein e a comissão *ad hoc* — ressaltavam há muitos meses:

> Examinando bem o nosso sucesso atual, existe muito desperdício: independência funcional e concorrência *versus* interdependência e colaboração; dificuldades no início da maioria dos projetos relevantes, quer eles estejam relacionados a oficinas de pintura, novos modelos, sistemas/software, aquisições capitais ou processos de mérito; incapacidade para atender às necessidades do cliente de maneira oportuna e previsível; e uma lista de outros itens que cada um de vocês poderia facilmente acres-

> centar. Perguntamos uns aos outros e a nós mesmos: "Se as coisas estão indo tão bem, por que a sensação não é melhor?"
>
> Essas são ocasiões críticas. Sob pressão, os indivíduos e as empresas tendem a retomar comportamentos cômodos anteriores, e, no nosso caso, esse procedimento implicaria um retorno à liderança centralizada. Não podemos voltar a ser o que éramos antes. Devemos dar prosseguimento à nossa transação organizacional, reconhecendo que mesmo quando compreendemos a necessidade de mudança, quando estamos em meio a essa transição podemos nos sentir em uma situação desconfortável.
>
> Estamos implementando um processo e uma estrutura organizacionais que, a nosso ver, sustentarão melhor o crescimento individual e a excelência, desenvolverão a interdependência e a colaboração interfuncional como norma, e posicionarão esta empresa para continuar enfrentando, de cabeça erguida, quaisquer desafios que se lhe apresentem nesta fase de mudanças. Esse processo já resultou em uma organização mais enxuta, substituindo um nível de hierarquia por grupos de líderes funcionais coletivamente encarregados de oferecer liderança e direção em nível sênior.

O panfleto sintetizava o papel do Grupo de Liderança Funcional (FLG — Functional Leadership Group), definido como "a gerência sênior da Motor Company, com responsabilidade geral por oferecer uma direção comum de liderança". Nesse ponto as pedras se encontrariam, e a liderança interfuncional encontraria um lar — se é que isso, de fato, viria a ocorrer.

A publicação definia também o Conselho de Liderança e Estratégia (LSC — Leadership and Strategy Council) — as "figuras sobrepostas no centro", como disse Ron Hutchinson. Graficamente, a organização tem a seguinte forma:

O conselho seria formado por seis membros do FLG, indicados pelos membros de seus respectivos círculos, e pelo presidente da Motor Company. O LSC decidiria sobre determinadas questões empresariais que dissessem respeito à Motor Company como um todo, como orçamentos, aprovação de políticas de recursos humanos e desenvolvimento de outras políticas, conforme delegado pelo presidente, além de oferecer aconselhamento ao presidente sobre todas as questões relacionadas à empresa. Por fim, o LSC estava encarregado de coordenar e facilitar atividades interfuncionais interdependentes.

O documento definia também três tipos de processo decisório:

1. Tipo 1, no qual um indivíduo decide sozinho, utilizando as informações disponíveis e sem explicar necessariamente a superiores ou subordinados os fundamentos da decisão.
2. Tipo 2, no qual o indivíduo compartilha o problema com subordinados ou colegas e procura ouvi-los antes de decidir.
3. Tipo 3, no qual o indivíduo procura ouvir seus subordinados e colegas, e pessoas, trabalhando em grupo, auxiliam na criação e avaliação de alternativas antes de chegarem a uma decisão consensual.

A organização circular abrange muito mais do que tentamos incluir neste breve resumo. Uma das inovações mais interessantes do esquema era o "orientador circular", mencionado anteriormente. O plano definia um orientador como um indivíduo "dotado de apuradas habilidades de comunicador, ouvinte e influenciador que desfruta um alto conceito junto aos Membros do Círculo e ao presidente da Motor Company".

"Em uma organização comum", explica Jeff Bleustein,

> você se dirige ao chefe, convence-o de uma idéia e depois passa a contar com a colaboração dele para obter a submissão de seus colegas. Em última análise, você precisa da cooperação deles, mas é mais fácil consegui-la através do chefe do que conversando diretamente com eles.
>
> O conceito da organização circular *exclui* do círculo as figuras dos chefes, que passam a ser chamados de "orientadores". Eles continuam a existir, só que no papel de mentores e assistentes, e não de agentes do processo decisório. A função de orien-

tador poderia ser provisória ou continuar indefinidamente. No nosso caso, ela deixou de existir, embora, de vez em quando, pensemos em reimplantá-la.

Os aspectos específicos da organização circular (em particular, as funções e responsabilidades do LSC) também mudavam com freqüência — duas vezes em 1996, e depois em 1997 — de modo que o círculo continua a ser um alvo móvel. Mas quando passou a existir no verão de 1993, essa nova estrutura organizacional representava uma maneira real, articulada e substancialmente nova de fazer negócios.

O que havia de diferente? As pessoas que tradicionalmente levavam suas idéias, os produtos de seu trabalho, seus problemas e suas reclamações "à cúpula da empresa" agora eram incentivadas a trabalhar com as pessoas certas para que as tarefas fossem executadas. As decisões começaram a ser tomadas o mais próximo possível da causa do problema ou da questão. As pessoas que ocupavam cargos formalmente hierárquicos de comando e controle estavam abandonando seus papéis de "comandantes" para atuar como facilitadores e orientadores.

Veja a seguir o quadro completo da organização circular. Observe que o foco externo no participante está representado por setas que apontam para a área intitulada "Participantes". As setas que atravessam os círculos indicam maior reconhecimento da interdependência.

Jeff Bleustein, por exemplo, reconhece a singularidade da organização circular.

> Sem dúvida, trata-se de um conceito *realmente* diferente. Nunca vi nada igual em lugar nenhum. Claro que existem muitas empresas que adotam o sistema de equipes de trabalho autogerenciadas no chão de fábrica. Aliás, é justamente nesse setor que são lançadas muitas inovações em algumas empresas — o mais longe possível dos escritórios executivos, na verdade, porque, se a bomba explodir, os executivos querem estar isolados da explosão!
>
> Mas nós dizíamos. "Ora, se é uma boa idéia para o chão de fábrica, por que não é uma boa idéia também para a gerência sênior?" Assim sendo, aproveitamos o conceito de grupos autogerenciados e desenvolvemos esse trabalho no nível executivo. Nunca vi qualquer empresa que tenha feito isso. Talvez o con-

ceito esteja sendo utilizado com outra denominação, mas não houve uma vez que eu o tivesse mencionado que as pessoas não reagissem com surpresa. Agora, essa reação pode ser de surpresa positiva ou negativa. Mas, sem dúvida, é sempre uma surpresa.

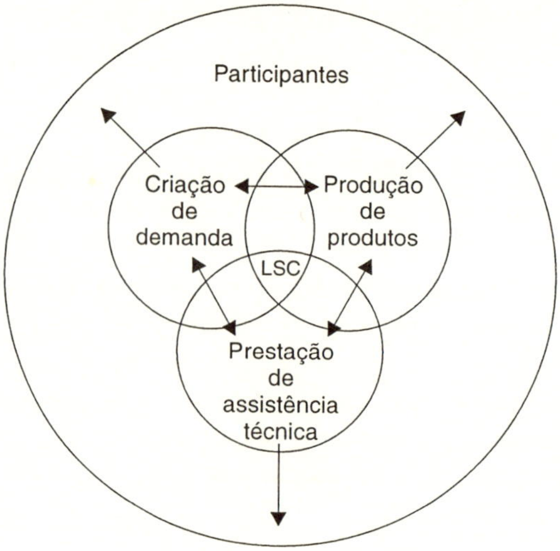

À Espera do Teste

A organização circular, conforme observado, passou a existir em 1 de julho de 1993, o que se constituiu, principalmente, em um evento simbólico, uma vez que a transição formal ratificava o árduo trabalho que os líderes da Harley já haviam concluído.

Até aquele ponto, a implementação da organização circular significava a reformulação das estruturas gerenciais existentes, o que representava uma grande tarefa, e as pessoas que a desempenharam têm grandes merecimentos. Mas a organização circular continuava a enfrentar desafios, a começar pela cúpula da empresa. A diretoria da Harley, por exemplo, não gostou do impacto da organização circular sobre a sucessão executiva. Em vez de 3 prováveis candidatos à alta gerência, por exemplo, agora não havia nenhum — ou então, dependendo de como os círculos fossem interpretados, havia 25.

"Às vezes, isso os levava à loucura", confirma Jeff Bleustein.

> Mas a vantagem desse conceito é que cada um desses líderes funcionais vê, pelo menos durante uma parte do tempo, coisas que somente o vice-presidente executivo via. Eles conseguem ver regularmente as outras áreas correlatas, bem como os seus problemas e questões. Eles conseguem trabalhar com regularidade na distribuição de recursos entre demandas concorrentes. Assim sendo, quando a nossa diretoria encontra dificuldade nesse sentido, digo-lhe: "Temos 25 pessoas adquirindo a experiência que apenas 3 pessoas tinham".

Alguns gerentes seniores também duvidavam da sabedoria dessa nova estrutura organizacional. "A organização circular acabou por gerar um impacto radical sobre a empresa", diz Tim Savino. "Mas, no início, alguns membros do grupo de liderança sênior se mostraram céticos. Eles viam o conceito como uma espécie de experiência social."

Um observador, Don Kieffer, era engenheiro de produção na fábrica da Capitol Drive quando a organização circular foi instalada. O processo de orçamento de capital dessa fábrica parecia algo estranho para Kieffer, praticamente desde os seus primeiros dias na Harley:

> Ao ver todas essas agendas de orçamento de capital ao mesmo tempo, o PPG (Produce Product Group) disse: "Puxa, *cara*! Poderíamos ter produzido um V-8!" — o que significava que se eles tivessem alinhado suas metas, a mesma quantia poderia ter sido gasta de modo a produzir um efeito muito melhor sobre a operação.
>
> A conseqüente providência tomada foi a criação de um círculo espelho de seus subordinados diretos. Eles disseram a esse grupo que pensasse no orçamento de capital por todas as três perspectivas. Tratava-se de algo muito diferente: um grupo de VPs dizendo a um grupo de diretores, gerentes e engenheiros-chefes de diferentes áreas funcionais que eles tinham que trabalhar juntos e apresentar um orçamento alinhado. Era uma tarefa surpreendente, difícil e produtiva.

Para uma empresa que não estava acostumada a gerar consenso, a organização circular apresentava algumas frustrações. Quando surgiram as divergências no início do FLG, alguns indivíduos simplesmente "fincaram pé", sob a alegação de que a primeira pessoa a ceder perderia. Outras pessoas enfrentaram pessoas ao dissociar as *idéias* dos *indivíduos*. Novamente, a Harley não era uma empresa acostumada a trabalhar as idéias. Jim Paterson, orientador do círculo da "criação de demanda" (posteriormente abreviado para CDC) recorda um episódio inicial que ilustra essa questão:

> Eu estava trabalhando com o CDC, e, em determinado momento, reunimos algumas pessoas que não se encontravam no mesmo nível — sob diversos aspectos. Havia um camarada, em particular, de uma das fábricas, que não poderia ser mais grosso. Vamos chamá-lo de "Tom". Em uma de nossas reuniões, o VP de vendas — vamos chamá-lo de "Dave" — expunha algum assunto. Tom ouve esse discurso, olha para Dave e diz: "Essa é a maior burrice que já ouvi em toda a minha vida." Ele realmente destratou Dave. Dave parecia ter levado um tiro. Agora, lembre-se — estamos falando de um vice-presidente, ao redor de 1992.
>
> Mais adiante na reunião, quando Dave emite sua opinião sobre um outro assunto, Tom se anima e diz: "Ora veja só, *grande* pensamento, Dave!" Bem, Dave agora parecia visivelmente confuso. Por isso eu lhe disse: "O que você acha?" Dave disse, exatamente nos seguintes termos: "Puxa, ainda há pouco, eu pensava que ele me *odiava*. Agora acho que ele talvez não tenha nada contra mim."
>
> Eu disse: "Qual é, Tom?" Tom abriu um grande sorriso e disse: "Ora, Dave, quando estamos em uma reunião discutindo *idéias*, não tem nada a ver seu eu gosto de você ou não. A minha função é conviver com as suas idéias."

Esses desafios obrigaram os líderes da Harley a articular os fundamentos lógicos de sua nova estrutura organizacional. Os verdadeiros testes da organização circular, no entanto, ainda eram coisa do futuro. O que aconteceria se e quando os mercados externos mudassem de forma radical? Os círculos e os grupos de trabalho neles contidos se revelariam suficientemente flexíveis para responder à mudança de circunstâncias?

Quando a organização circular foi implementada, a demanda pelos produtos da Harley disparou. Todos podiam ver que a empresa logo precisaria de capacidade de produção complementar. O que aconteceria se e quando a Harley partisse para a construção de uma nova instalação a partir do zero? Os grupos naturais de trabalho seriam capazes de administrar esse desafio? A Harley ansiaria por um retorno à era do comando e controle, quando os líderes tomavam decisões de forma centralizada e (para melhor ou pior) definitiva?

Apresentamos uma resposta para essas perguntas no Capítulo 11, que descreve o esforço da Harley no sentido de construir e operar uma nova instalação de produção em Kansas City, e de mudar os padrões de trabalho em todas as fábricas existentes — significativas mudanças organizacionais, todas baseadas nos princípios da organização circular e dos grupos naturais de trabalho. Essa discussão prossegue no Capítulo 12, com a apresentação de vários outros casos.

RICH: Estamos falando de um trabalho em curso. E sempre estaremos. E se estiver dando certo 40% das vezes, fico muito entusiasmado. Porque, no antigo sistema, talvez funcionasse 5% das vezes. Quarenta por cento significam perfeição? Não, mas é oito vezes melhor do que 5%.

8

O Pacote Completo

Continuando a analisar todas as políticas, procedimentos e processos que precisavam ser alinhados para tornar o tipo de organização imaginado pela força de trabalho da Harley uma realidade, logo voltamos nossa atenção para a questão da *remuneração*.

Os funcionários assalariados de toda a empresa afirmavam que o sistema de remuneração dela impedia determinados tipos de mudanças positivas. Os funcionários alegavam que, ao final do dia, o "verdadeiro" trabalho da Harley-Davidson era aquele que a empresa reconhecia em um contracheque. As pessoas nos diziam que não parecia haver nada de errado nessa "delicada" questão, mas a organização resistiria aos tipos de comportamento propostos até que a empresa reconhecesse e recompensasse esses comportamentos.

É claro que essa posição não veio como nenhuma surpresa. Mas Rich e seus colegas da Harley queriam declarar o desafio da remuneração de forma específica: Como motivamos as pessoas a fazer o que é necessário, de forma condizente com os valores e princípios que defendemos, e as recompensamos por isso?

Neste capítulo, contamos como o pessoal da Harley abordou a desafiadora questão da remuneração, e tentamos estabelecer a ligação entre remuneração e o processo mais amplo da mudança organizacional. Os líderes administrativos da empresa criaram uma estratégia consciente para alcançar duas metas. Primeiro, a empresa procurou transformar uma parcela maior da remuneração dos funcionários em remuneração de risco ou variável. A menos que os funcionários horistas trabalhassem por empreitada, a única parcela variável de sua remuneração seria o número de horas extras. Os líderes da Harley achavam que isso tinha que mudar.

A segunda meta era remunerar todos os funcionários mais ou menos da mesma maneira. Os líderes da Harley não viam qualquer razão premente para que fosse feito qualquer tipo de distinção entre uma "classe" de funcionários e outra através de sistemas de remuneração. Aliás, Rich e seus colegas viam fortes razões para que esse sistema fosse *abandonado.* A meta não era remunerar todos os funcionários da mesma forma, mas criar um conjunto de "componentes de remuneração" que se aplicasse a toda a empresa.

LEE: Insistimos nesse aspecto para deixar claro que todo o pessoal da Harley estava no mesmo barco, e que um grupo não era "melhor" do que outro. Essa iniciativa, portanto, parecia muito congruente com todos os demais princípios descritos. E a Harley progrediu mais nesse sentido do que qualquer outra empresa de que tenho conhecimento.

Para simplificar, continuaremos a contar a história de nossa (de Lee e Rich) perspectiva compartilhada. Mas — assim como na história da estrutura organizacional, contada no capítulo anterior — à medida que ganharam impulso, as mudanças na Harley passaram a contar com uma base de apoio cada vez maior. Em outras palavras, a empresa assumiu mais responsabilidade, e nós passamos a desempenhar papéis menos centrais no dia-a-dia.

O Que Proporciona Felicidade?

No início dessas discussões sobre a questão da remuneração, Lee envolveu todos os executivos da Harley em uma análise das principais teorias sobre organização e motivação. Por exemplo, o grupo discutiu as teorias de Abraham Maslow (como quando Lee foi entrevistado pela Harley no outono de 1987). Eles discutiram desde as "antigas" teorias de Maslow até o atual trabalho de Ed Lawler — reconhecido mundialmente como um dos maiores teoristas em conceitos e práticas de remuneração, e como a pessoa que indicou originariamente a Lee o caminho para a Harley — e seus colegas do Center for Effective Organizations, que estavam (e continuam) estudando e aplicando a filosofia da remuneração de vanguarda.

Concluímos que, em grande parte, mesmo os conceitos de remuneração mais contemporâneos tinham raízes não apenas nas teorias de Maslow, mas também no trabalho de Frederick Herzberg, professor da Case Western Reserve University e autor de *The Motivation to Work.* Herzberg associava o desafio à motivação, argumentando que o indivíduo cuja função permitisse oportunidades de crescimento e desenvolvimento estaria mais satisfeito do que aquele cuja função "dissociasse" esforço de realização.

LEE: Herzberg é psicólogo, e, como tal, não está particularmente interessado nos mecanismos organizacionais específicos que possam tornar suas idéias implementáveis. Mas suas idéias tendem a motivar as pessoas nesses tipos de discussão.

Herzberg levou suas teorias a um extremo lógico. Ele afirmava que, para muitas pessoas, a remuneração não era fator de motivação. Em determinadas circunstâncias, aliás, a remuneração era, na verdade, um fator de "insatisfação", e não de "satisfação". Os estudos de campo que testaram o trabalho de Herzberg, inclusive um estudo de seis anos realizado na Texas Instruments na década de 60, confirmaram muitas das controversas afirmações de Herzberg.

Rich, Lee e outros participantes dessas discussões foram mais fundo na questão da motivação e acabaram chegando a algumas conclusões. Por exemplo, se "motivação" fosse definida como *o impulso natural de que as pessoas são dotadas que as leva a se comportarem da maneira como elas se comportam,* então o grande desafio da Harley não é "motivar" as pessoas. Analisando as pesquisas e a literatura relevante (bem como a nossa experiência prática) constatamos que todo comportamento humano é "motivado" — apenas pode não ser motivado nas direções necessárias para a eficácia organizacional.

RICH: Estávamos dizendo que, por definição, o pessoal da Harley já estava motivado. Se isso fosse verdade — como acreditávamos —, o verdadeiro desafio era alinhar a motivação intrínseca das pessoas às necessidades e prioridades da empresa.

Os líderes da Harley trouxeram mais um dado para essas discussões. Através do Processo de Visão Conjunta, a Harley aprendeu que, no fundo, a maioria das pessoas tinha os mesmos desejos em relação à sua empresa. Decidimos — novamente com base em uma análise das pesquisas e da literatura atuais, bem como em nossas próprias experiências — que esse fenômeno não era privilégio da Harley, pois ocorria em outras empresas também, embora dificilmente se manifestasse de forma eficaz nas organizações hierarquizadas que adotavam o sistema de comando e controle. Essa realidade de *consenso subjacente* subentendia que, se o sistema de remuneração focalizasse as metas certas — e, é claro, se os funcionários vissem o sistema de remuneração como algo compreensível e justo —, o alinhamento das motivações não seria tão difícil.

Por outro lado, se Herzberg e outros teoristas e profissionais liberais estivessem certos (como sugeriam as nossas experiências), então o dinheiro por si só não persuadiria as pessoas a empenhar seus melhores esforços em favor da empresa. Como Lee comentou em uma dessas discussões: "Se você conta com o dinheiro para chegar lá, é melhor que você tenha muito dinheiro!"

Antiga Teoria e Nova Teoria

Em dado momento, no decorrer dessas discussões, Rich, Lee e os demais participantes decidiram sintetizar a verdadeira lógica que havia por trás do sistema de remuneração existente. Eles queriam entender o que estava, *de fato*, acontecendo — em contrapartida ao que as políticas relacionadas ao sistema de remuneração pudessem afirmar que estava ocorrendo.

Esse grupo chegou ao seguinte conjunto de afirmações, onde todas pareciam respaldar a então atual abordagem da Harley à questão da remuneração:

- Extrinsecamente motivadas, as pessoas só "produzem" por dinheiro.
- A motivação é sempre um "bem". Um funcionário motivado sempre desenvolve os interesses da empresa.

- A empresa deve oferecer salários e benefícios suficientemente elevados para atrair e reter funcionários de alto gabarito.
- As revisões salariais anuais e os reajustes por mérito baseados no desempenho devem refletir as medidas estabelecidas por alguns líderes-chave; que têm o benefício de conhecer o "quadro geral".

Mas esse resumo enfatizava as óbvias falhas na lógica que envolvia essa questão da remuneração. Tomando por base o Processo de Visão Conjunta, os líderes da Harley sabiam que os funcionários não estavam preocupados apenas com o dinheiro. Eles se preocupavam, por exemplo, com os produtos da empresa, com a sua reputação e com a sua herança. E, embora os funcionários tivessem identificado muitas barreiras frustrantes ao futuro imaginado, a maioria gostava de seu trabalho. Em suma, eles "não estavam nem aí", e remuneração não era um fator grave de insatisfação.

Bastava percorrer as fábricas e os escritórios da Harley para confirmar essa convicção. As pessoas estavam diligentemente voltadas para o seu trabalho, com o compromisso de fazer "a coisa certa" sempre que possível, e um número cada vez maior de funcionários estava assumindo o papel de participantes da empresa. De certa forma, era comum alguém do setor de produção examinar a peça ou o subcomponente que havia acabado de concluir e dizer: "Talvez isto esteja condizente com o padrão de qualidade, mas acho que ainda não está à altura da qualidade *Harley.*" Ou, alternativamente: "Conheço esse cliente, e esta peça precisa estar melhor do que está, por isso vou verificar se foi feita *corretamente.*" Aliás, era comum os funcionários se predisporem voluntariamente a trabalhar jornadas mais longas, sujeitos a todo tipo de condições climáticas, para atender aos participantes de diversos *rallies* de motocicletas.

Em outras palavras, havia lacunas entre a *teoria* existente por trás das práticas de remuneração adotadas e a *realidade* da empresa e de seus funcionários. A tarefa seguinte da Harley, decidiu o grupo de liderança, era encontrar uma nova teoria de remuneração que estivesse mais de acordo com a realidade. Depois de muitos debates e discussões, o grupo chegou a quatro conclusões:

1. As pessoas (inclusive os funcionários da Harley) procuravam oportunidade de agir de acordo com a sua motivação intrínseca, que existe em todos nós e se manifesta nas circunstâncias certas.

2. Os salários e benefícios representam apenas uma parte de uma *totalidade de recompensas e reconhecimento.* Essa totalidade — o *mix* geral — faz com que um indivíduo queira contribuir de forma produtiva para a organização mais ampla.
3. As pessoas esperam que essa totalidade de recompensas e reconhecimento recebida de seu empregador seja justa em dois aspectos. Primeiro, elas esperam que o empregador reconheça e recompense seus esforços de forma justa, em comparação ao que acontece com funcionários de outras empresas nas quais eles pudessem ter a razoável expectativa de trabalhar, e, segundo, elas esperam um tratamento justo em comparação aos seus colegas de trabalho.
4. As recompensas e o reconhecimento devem *focalizar as coisas certas.* As recompensas e o reconhecimento que focalizam comportamentos contraproducentes contrariam os interesses da empresa.

O grupo de liderança decidiu então rever todas as formas de remuneração, benefícios e outros sistemas de reconhecimento e recompensa existentes na empresa para determinar aqueles que não fossem compatíveis com a filosofia de remuneração baseada nesses quatro princípios.

Foram encontrados muitos exemplos de práticas negativas. Um dos mais óbvios era um programa chamado "STIP" ou Plano de Incentivos a Curto Prazo (Short-Term Incentive Plan), aplicado a aproximadamente 75 indivíduos de nível relativamente elevado. O sucesso resultante do emprego da fórmula STIP gerava grandes bonificações para esses indivíduos. Infelizmente, porém, no final da década de 80 a empresa estava calculando os bônus STIP *puramente com base no desempenho financeiro,* embora a má qualidade dos produtos da empresa, na época, estivesse afetando de forma negativa os motoqueiros Harley — na opinião de muitos, alguns dos clientes mais pacientes do mundo!

A ironia não deixou de se fazer sentir. Rich e outros se esforçavam para conseguir que a empresa focalizasse a qualidade, o serviço de atendimento ao cliente, a comunicação, o envolvimento do funcionário e um diálogo franco e aberto. Enquanto isso, durante todo o ano de 1989, o programa STIP, portador da aprovação oficial da empresa e transacionado em uma moeda muito real (bônus!), focalizou os números.

RICH: Orientado exclusivamente para os números, o STIP confirmava a sabedoria convencional. Era uma herança da época pré-LBO da AMF, quando teria sido necessário uma bola de cristal para ver a direção que a Harley estava seguindo. Mas o STIP era uma droga de exemplo empresarial que contrariava seus próprios objetivos!

O STIP era apenas um exemplo das questões de remuneração que surgiram nesse período. Entre janeiro de 1990 e o final de 1993, os líderes da Harley se preocuparam em trazer esses exemplos à tona e em mudar as práticas não condizentes com a nova filosofia de remuneração articulada pelo grupo de liderança. Bill Gray, vice-presidente de recursos humanos, e Margaret Crawford, encarregada do planejamento geral da remuneração, lideraram esses esforços, com a assistência de Corty Cammann, um dos colegas de Lee na ROI.

Gray, Crawford e Cammann consideravam essa tarefa um desafio, em parte pelo fato de a norma que a empresa estava abandonando — puro desempenho financeiro — ser tão simples e concreta, enquanto as novas normas de recompensa eram muito mais complexas. Mas eles tinham que resolver também a difícil questão do *reconhecimento.* Em sentido restrito, os sistemas de reconhecimento geralmente apresentam um desafio maior do que os sistemas de remuneração.

Por exemplo, um funcionário podia se sentir satisfeito com o reajuste salarial recebido por mérito, mas é possível que o que ele valorizasse, *na verdade,* fossem os "auspícios" da empresa existentes por trás desse reajuste. Já um outro funcionário podia valorizar e receber o reconhecimento conquistado a partir de discussões face a face com um determinado membro da hierarquia da empresa. Um supervisor podia distribuir uma tarefa opcional para fins de desenvolvimento como forma de reconhecimento e recompensa, embora ninguém jamais tivesse descrito a tarefa dessa maneira em um pedaço de papel. Todos os dias, em inúmeros exemplos dentro da empresa, indivíduos e grupos concediam pontos para os grupos do "Bolinha" e da "Luluzinha".

A equipe de recompensa e reconhecimento tinha que trazer à luz esse "obscuro sistema" de recompensas e reconhecimento, e contar com ele — é claro que, paralelamente, seus membros estavam cuidando das estruturas de remuneração mais visíveis e tradicionais. A iniciativa geral da Harley, que consistia literalmente em centenas de intervenções de pequenas e grandes proporções, consumiu quase dois anos.

PEP e Remuneração

Nos Capítulos 5 e 6, apresentamos de forma detalhada o Processo de Visão Conjunta, uma parte fundamental daquilo que foi o Processo de Eficácia de Desempenho (PEP). Embora tivessem concebido o PEP como uma forma de alinhamento dos esforços individuais com os valores e estratégias da organização mais ampla, os líderes da Harley viam também o plano como a base para a análise de desempenho individual, a revisão dos níveis de remuneração e os processos de desenvolvimento na carreira profissional.

Na Harley, o PEP atenderia a três finalidades. Primeiro, é claro, ligaria os objetivos dos indivíduos diretamente aos planos da unidade de trabalho, que, por sua vez, estava ligada aos planos da unidade operacional, que, por sua vez, estava abrigada sob o Guarda-Chuva corporativo. Assim sendo, o PEP desempenhava um papel-chave no Processo Empresarial mais amplo.

Segundo, a revisão ajudaria o funcionário a compreender de que maneira o seu desempenho correspondia às expectativas da empresa em relação a ele e aos seus próprios "compromissos" (objetivos estabelecidos conjuntamente pelo indivíduo e seu supervisor). Essa era uma questão, em grande parte, *histórica.* "Isto era o que você e nós esperávamos de você", dizia o líder da unidade de trabalho exatamente nesses termos, "e isto foi o que você, de fato, realizou".

Terceiro, a análise de desempenho ajudaria o indivíduo a moldar seu próprio desenvolvimento. "Com base no que foi decidido em relação aos meus objetivos de trabalho", o indivíduo poderia dizer, "estas são as habilidades e competências de que eu necessito para ser mais bem-sucedido nesta empresa no futuro".

O ideal era que os gerentes programassem avaliações de desempenho e análises de desenvolvimento na carreira profissional para ocasiões distintas, de preferência em intervalos de semanas ou meses uma das outras. Entretanto, a experiência de Lee lhe mostrava que a maioria das empresas abrevia o processo e cobre essas duas funções em uma única reunião. As pessoas ficavam sabendo dos reajustes salariais que lhes eram concedidos por mérito na mesma ocasião em que tomavam conhecimento das questões relativas ao desenvolvimento. Esse procedimento, ressaltava Lee, quase sempre se revelava contraproducente. Se o supervisor começar a analisar a sessão revelando o valor do aumento, o funcionário pode se sentir satisfeito ou insatisfeito. Em qualquer dos dois casos, ele se distrai com *esse valor.* Talvez ele fique imaginando como irá gastar esse dinheiro, ou passe o restante da sessão resolvendo como demonstrar sua insatisfação.

Mas, se o supervisor retiver as informações sobre o aumento até o final da fase de desenvolvimento da discussão, a tendência é que o funcionário se distraia da mesma forma. "Por que ele está protelando a informação? Quanto será que eu recebi de aumento? Será que ele não tem boas notícias?

Esses tipos de problema acabaram levando ao PEP. O PEP se originou do Processo Empresarial, que exigiu o desenvolvimento de planos em quatro níveis: planos estratégicos, planos operacionais, planos da unidade de trabalho e planos pessoais. Agora, pela primeira vez, as análises de desempenho seriam realizadas dentro do contexto de roteiros específicos que os indivíduos e seus supervisores haviam criado em conjunto. Isso levou a análises significativamente mais produtivas.

Concomitantemente, os gerentes de recursos humanos da Harley modificaram políticas e procedimentos relevantes para que o processo de divulgação de aumento de salário por mérito fosse distinto, em termos de ocasião e finalidade, do *feedback* das avaliações de desempenho e do processo de planejamento de desenvolvimento.

"Separamos a remuneração da análise de desempenho", explica Flip Weber. "No dia 1 de abril, todos recebem aumento, independente da análise. É claro que não se pode dissociar *totalmente* uma coisa da outra, mas uma não está mais vinculada à outra, tampouco uma norteia a outra.

A mudança teve efeitos positivos imediatos. Resolvida a questão do aumento em uma dessas duas reuniões, funcionário e supervisor poderiam discutir livremente as questões de *feedback* e planejamento em sua outra reunião.

De Atitudes a Comportamentos

Nos primeiros anos da década de 90, a Harley começou a passar por uma transição significativa em sua abordagem à questão da remuneração: a empresa deixou de se concentrar nas *atitudes* do indivíduo, voltando a atenção para os *comportamentos* dessa pessoa.

A maioria das empresas tem o que considera "funcionários problemáticos" (ou algum outro termo igualmente negativo). E, na maioria das empresas, os supervisores pressupõem que esses funcionários problemáticos tenham "atitudes problemáticas". O supervisor que chega a essa infeliz conclusão, na verdade só tem duas alternativas: livrar-se do funcionário problemático ou tentar mudar as atitudes dessa pessoa. Nenhuma das duas agrada muito.

Para ajudar a Harley a começar a abordar esse problema, Lee liderou os gerentes seniores da empresa em uma série de discussões sobre a razão pela qual as pessoas agem de determinada maneira e como essas ações devem ser interpretadas. Ele comparou primeiro as pessoas às cebolas — cebolas dotadas de sentimentos e altamente complicadas, é claro, que apresentavam muitas camadas concêntricas de complexidade.

Na essência de cada pessoa, explicou Lee, reside um conjunto de *valores* muito particular e pessoal. Na sua maioria, esses valores se formam no início da infância e raramente mudam na idade adulta. Eles tendem a ser defendidos com intransigência e, ao mesmo tempo, mal articulados. Temos tendência a esconder esses valores dos outros — mesmo daqueles que nos conhecem bem.

LEE: Conheço Rich há 12 anos, por exemplo, e acho que estou começando a compreender seus valores. Mas não por causa de qualquer coisa que ele tenha dito sobre seus valores, mas pela maneira como ele os vive.

No próximo círculo concêntrico, no sentido dos valores essenciais para fora, estão as *convicções* do indivíduo. As convicções representam as tentativas da pessoa de articular os valores essenciais. Quando alguém declara "acreditar no movimento sindical", "ser democrata fanático" ou "ser capitalista ferrenho", essa pessoa revela indiretamente algo importante a respeito de seus valores básicos.

Os gerentes da Harley estenderam a metáfora da cebola aos domínios organizacionais. Quando as empresas falam de seus "valores", elas estão falando, na verdade, um nível "acima" (isto é, em nível de uma estrutura de convicções). Grande parte do trabalho que Rich e seus colegas realizaram até esse ponto, tentando fazer com que a empresa retrate seus próprios valores, tinha por objetivo, na realidade, as *convicções* organizacionais.

RICH: Continuamos a falar em "valores", no entanto, porque essa palavra contém o tipo certo de ressonância. Daí, no manual de orientação ao funcionário, relacionarmos os valores da Harley, juntamente com uma definição de cada um e uma lista correspondente de comportamentos indicativos. As pessoas compreendem e vêem a utilidade desse procedimento.

As duas próximas camadas externas são as *atitudes* e os *comportamentos* (ver figura na página seguinte). A *atitude* gera confusão e até mesmo conflito. A confusão resulta, em parte, do fato da palavra em si possuir vários significados, com sutis diferenças entre si. Um dos sentidos da palavra, normalmente empregado por uma pessoa em relação a si própria, é "racionalização", e esse sentido normalmente é invocado quando a pessoa sabe que o seu comportamento não condiz com os seus valores e convicções.

Uma pessoa, por exemplo, pode acreditar que o corpo humano é o templo do Criador (uma crença que fala a profundos valores religiosos). Essa mesma pessoa pode fumar cigarrilhas e entender que a inalação de fumaça de charuto é uma profanação contra o templo. As convicções e os comportamentos entram em conflito, e, conseqüentemente, o indivíduo cria uma "atitude" para lidar com essa incômoda discrepância. Se eu parar de fumar, aí entra a racionalização, engordarei 50 quilos e morrerei vitimado por um enfarto. Portanto, "tudo bem" se eu fumar. Uma "atitude" serve para justificar um comportamento.

As pessoas usam a palavra *atitude* também como forma de julgamento. A pessoa A observa o comportamento da pessoa B, faz pressuposições sobre os valores e convicções da pessoa B (filtrados pela lente particular da pessoa A, é claro), e depois rotula a pessoa B como dona de uma determinada *atitude* negativa.

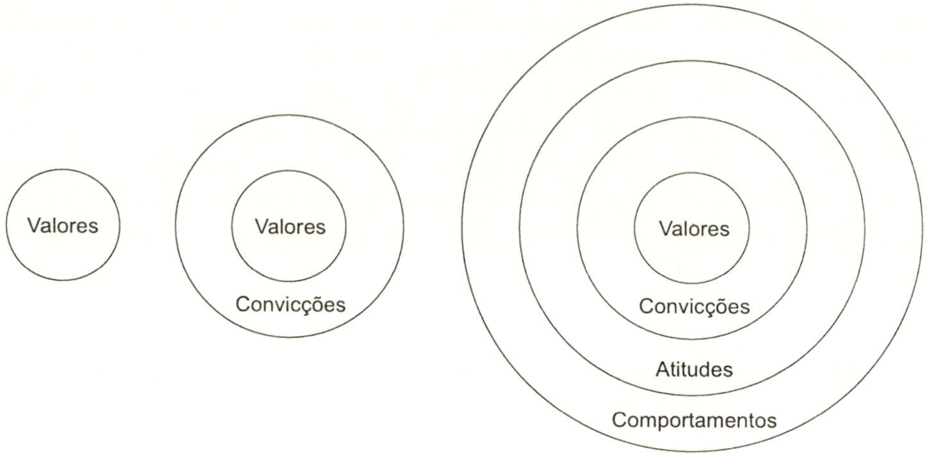

A maioria das pessoas já teve a experiência de ser tachada de "dona de uma má atitude". Isso quase sempre parece uma acusação e, em geral, provoca uma reação defensiva. "Ah, é? — diz o acusado —, se acha a minha atitude negativa, você deveria ver isto e aquilo!" Ou então, no caso de uma reação mais pessoal: "Se você não me tratasse como lixo, não estaríamos falando de minha atitude!"

Trabalhando com Lee, os líderes da Harley aos poucos foram chegando à conclusão de que a empresa deveria simplesmente driblar todo o acervo de valores, convicções e (principalmente!) atitudes. No que se referisse a remuneração, a empresa deveria se concentrar estritamente nos comportamentos.

Afinal, o Processo de Visão Conjunta revelara que os funcionários da Harley alimentavam mais ou menos as mesmas convicções em relação à empresa. Portanto, em um aspecto importante, as convicções haviam deixado de ser uma questão. E, como era do conhecimento desses experientes gerentes, de um ponto de vista muito prático, *ninguém* gosta que lhe digam o que valorizar e em que acreditar.

Como resultado desse consenso alcançado, Lee fez uma série de apresentações informais a grupos de gerentes de linha e supervisores, nas quais sintetizou essa forma de ver a supervisão. Muitos desses grupos responderam de forma positiva em um nível racional. (Suas "cabeças concordavam".) Mas, no fundo, no nível da intuição, eles queriam continuar

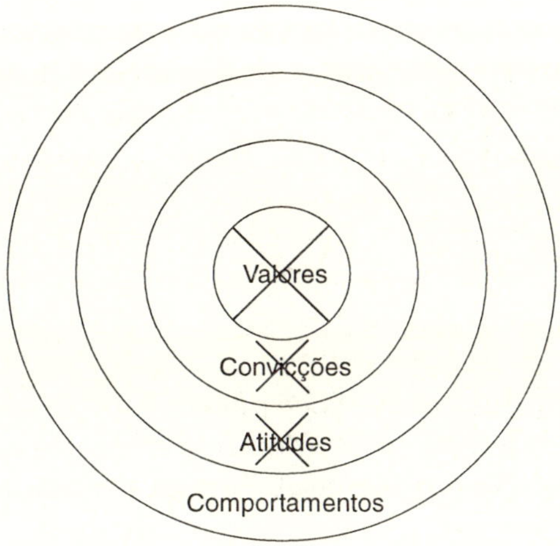

a seguir o seu padrão de trabalho, especialmente no âmbito interpessoal. Em uma dessas sessões, por exemplo, um gerente desafiou Lee.

"*Gostaria* de acreditar no que você está dizendo", disse ele com hesitação, "mas simplesmente vejo muitas provas que o contrariam. Por exemplo, agora mesmo estou com um funcionário — vou chamá-lo de Bob — que tem o que eu chamaria de um grande problema de atitude. Ele falta pelo menos uma vez a cada duas semanas de trabalho, e, às vezes, até mais. De vez em quando temos que substituí-lo, o que deixa o nosso grupo em uma má situação. Pelo que me consta, trata-se de um grande problema de atitude!"

Lee não contestou esse gerente, que tinha nas mãos um problema complexo. Ao contrário, ele sugeriu que o gerente simplesmente *perguntasse* a Bob por que ele faltava tanto.

Duas semanas depois, o gerente teve uma conversa com Lee para informá-lo dos resultados dessa conversa com Bob. "Perguntei-lhe: 'Bob, por que você tende a trabalhar, em média, apenas quatro dias na semana?' E ele disse: 'Bem, simplesmente porque acho que não posso *viver* com o salário de três dias de trabalho por semana.'"

Lee e o gerente discutiram as implicações desse intercâmbio. Eles concordavam que o gerente, na verdade, não estava diante de um problema em se tratando da atitude de Bob. O *comportamento* de Bob é que era problemático. O gerente resolve tratar apenas do comportamento ofensivo — participação irregular — e não de uma "atitude".

Essa abordagem levou à primeira conversa positiva e construtiva entre o gerente e Bob depois de meses. O gerente enfatizou que a Harley esperava determinados tipos de comportamento de seus funcionários, e que Bob teria que encontrar uma maneira de corresponder a essas expectativas. Bob mudou seu comportamento, os transtornos causados ao seu grupo de trabalho acabaram e o gerente passou a cuidar de outras questões mais urgentes.

RICH: Pelo que me consta, você pode ser um comunista convicto, desde que o seu comportamento se enquadre na zona que a empresa definiu como aceitável. Somente quando as suas convicções mudarem o seu comportamento de modo a prejudicar a empresa é que começará a me chamar a atenção. Mesmo assim, não entro no mérito da questão do comunismo, mas do comportamento.

LEE: O contexto clássico é o das reclamações trabalhistas. Normalmente, o sindicato chega, apresenta a queixa, e diz: "Todos os membros da gerência não passam de um bando de malditos mentirosos!" E a gerência responde: "Bem, gostaríamos muito que vocês se importassem um pouquinho com o futuro desta empresa, o que, obviamente, não acontece!" Bem, esse confronto gira em torno de valores, convicções e atitudes. A minha experiência me diz que isso não leva a nada de positivo.

Adoção do Sistema de Remuneração Variável

A Harley começou a pressionar no final da década de 80 pela adoção do sistema de remuneração variável para *todos* os funcionários, tanto assalariados quanto sindicalizados.

Do ponto de vista dos assalariados, os líderes da Harley queriam ter certeza de que os critérios utilizados para determinar a remuneração variável estavam intimamente relacionados, *anualmente,* às metas da empresa que se desenvolviam. O Grupo de Estudos de Remuneração Assalariada (na verdade formado como parte do Processo de Visão Conjunta mais amplo) traçou, em novembro de 1989, um plano para a Motor Company que alcançaria uma série de amplas metas, dentre as quais destacamos:

- Não-pagamento de bônus quando a empresa perdesse dinheiro.
- Não-pagamento de bônus que levassem a empresa a perder dinheiro.
- Extensão da remuneração variável "responsável do ponto de vista fiscal, significativa para os participantes e compatível com a direção estratégica da Divisão de Motocicletas".

O Plano de Incentivo a Curto Prazo (STIP — Short-Term Incentive Plan), descrito no início deste capítulo, foi o primeiro dos planos de remuneração variável da Harley a ser reformulado. O grupo de recursos humanos modificou o STIP, que deixou de ser baseado 100% no desempenho financeiro para ser baseado em um ou mais entre 15 critérios diferentes. O desempenho financeiro continuou a ser o critério de maior peso — variando de 30 a 70%, ano a ano — mas outros critérios começaram a desempenhar um importante papel. A Tabela 8-1 contém um exemplo de comparação hipotética (mais realista) entre dois anos:

Tabela 8.1. Comparação de Pesos (Porcentagens)

1993		1995	
Desempenho financeiro	40	Desempenho financeiro	50
Qualidade	30	Qualidade	20
Produção	20	Produção	0
Controle de despesas	10	Controle de despesas	
Capital de giro	0	Capital de giro	10
Pessoal/Processo PEP	0	Pessoal/Processo PEP	10
Pessoal/Processo empresarial		Pessoal/Processo empresarial	10

Igualmente significativo foi o fato de a empresa ter estendido o STIP (ou programas similares) a grupos cada vez mais amplos de funcionários. Originariamente restrito aos executivos seniores, em 1990 o STIP foi estendido a todos os funcionários assalariados. Em 1992 a empresa estendeu uma versão equivalente ao STIP aos funcionários horistas baseados em Milwaukee, e em 1993, aos funcionários horistas de York. (Os planos nas diversas fábricas assumiam nomes diferentes, mas suas disposições eram similares.) O departamento de recursos humanos elaborou um cronograma de reuniões trimestrais — hoje chamadas reuniões "Bússola" — com a finalidade de atualizar os funcionários em relação ao seu desempenho, *vis à vis* os objetivos de seu STIP e similares, e oferecer uma oportunidade para o diálogo sobre outros assuntos de interesse.

Aos poucos, como se esperava, o peso da balança passou de um foco dominante no sistema de remuneração fixa para uma ênfase na remuneração variável. A Tabela 8-2 (novamente, hipotética porém realista) ilustra a situação antes e depois dessa mudança, particularmente conforme aplicada a executivos com níveis de remuneração mais elevados, que — por ganharem mais — deveriam assumir riscos maiores:

Tabela 8-2. Processos Empresariais Pré e Pós-PEP

Processo Empresarial Pré-PEP		Processo Empresarial Pós-PEP	
Percentual de remuneração		Percentual de remuneração	
Fixo	85	Fixo	67
Variável	15	Variável	33
Componentes da remuneração variável		Componentes da remuneração variável	
Medidas financeiras		Medidas financeiras	
		Medidas não-financeiras	

Os sindicatos da Harley foram aderindo a essa mudança gradativamente, mas acabaram por apoiá-la com entusiasmo.* Em Kansas City, por exemplo, os sindicatos assinaram um contrato de trabalho de sete anos. Esse contrato especificava uma remuneração-base e exigia também um aumento salarial anual de 2%, incorporado a cada ano à remuneração-base. Além disso, os funcionários poderiam chegar a receber um aumento de 3% *somente no decorrer dos doze meses seguintes* se várias metas estabelecidas conjuntamente fossem alcançadas. Em outras palavras, se não atingissem as metas em 1999, eles não receberiam essa remuneração variável em 2000.

* Quando esse processo de mudança começou, alguns funcionários horistas da Harley ainda trabalhavam por empreitada. Esses indivíduos, especificamente, passaram por grandes transições de natureza psicológica em um período de tempo relativamente curto.

E, por fim, a partir do verão de 1999, como resultado desse mesmo processo de dissídio coletivo, todos os funcionários da fábrica de Kansas City passaram a ter direito a opções de ações. Eles concordavam com a gerência no fato de que esse importante passo estava à altura da nova filosofia de remuneração da empresa e atenderia ao interesse dos funcionários.

RICH: Mais de uma vez tentei persuadir nossos sindicatos de que as opções de ações eram de interesse de seus membros. Muito tempo antes, no período de trevas, quando pouco tínhamos a oferecer, sugeri as opções de ações como uma forma de nossos funcionários horistas participarem dos sucessos que esperávamos alcançar. Eu gostaria sinceramente que, na época, eles tivessem aceitado a minha proposta.

Bandas de Carreira e Classificação Forçada

Conforme observado no Capítulo 7, a organização circular passou a existir formalmente na Harley no dia 1 de julho de 1993. Entre outras coisas, a nova estrutura organizacional promovia mentalidade e comportamentos interfuncionais.

Os líderes da Harley já haviam descoberto, no entanto, que o esquema de remuneração assalariada então em vigor contrariava ativamente essa meta. Na época, havia 17 níveis de remuneração assalariada na empresa, e a superposição entre esses níveis era mínima. Cada vez mais, os gerentes de RH da Harley encontravam situações nas quais um indivíduo assalariado que quisesse mudar (com a bênção da empresa) para uma nova área funcional descobria que essa mudança implicaria uma redução salarial. Muitas pessoas optavam por não mudar, embora, do ponto de vista de desenvolvimento, todos concordassem que a mudança fazia sentido a longo prazo.

"Passamos um tempo enorme", recorda Margaret Crawford,

> procurando ajudar as pessoas a mudar de um nível para outro. Começamos a perceber que o sistema de remuneração prejudicaria o nosso esforço de construir habilidades em todos os

setores da empresa. Ninguém que já se encontrasse no nível 9 assumiria uma função classificada como nível 8 do outro lado da empresa — embora a pessoa fosse qualificada e, de fato, necessitasse dessa experiência. Por causa de uma hipotética diferença salarial de US$12.000 entre dois níveis de remuneração, por exemplo, você abriria mão de uma oportunidade realmente importante.

Em resposta, os gerentes de RH da Harley inventaram um esquema de "bandas de carreira". Em vez de 17 níveis de remuneração, havia agora seis "bandas". Como a banda 1 era reservada para o executivo principal e a banda 2 para os vice-presidentes, isso significava que todos os funcionários assalariados da Harley se enquadrariam em uma das quatro bandas restantes. Havia uma substancial superposição entre as bandas. Isso significava (em tese, pelo menos) que um indivíduo poderia se deslocar lateralmente dentro da organização e não sofrer um "impacto" salarial nesse processo. E, teoricamente, as pessoas estariam menos inclinadas a perpetuar a hierarquia e manipular o sistema — mudando, por exemplo, as descrições de cargo para que as pessoas pudessem galgar níveis mais elevados.

"Bandas de carreira — escreveu Rich a Vaughn Beals em abril de 1992 — é o sistema de remuneração revisada e análise de mérito a ser implementado quando o PEP estiver operando normalmente. Como você deve recordar, esse sistema remunera as pessoas tomando por base não apenas o seu desempenho, mas também as capacidades por elas demonstradas." Em outras palavras, qualificando-se para uma nova função você poderia fazer mais e, conseqüentemente, seria remunerado por essa atividade.

Mas a teoria nem sempre se traduz perfeitamente em prática. Quando o sistema de bandas de carreira foi implementado em 1995, os funcionários assalariados da Harley o receberam com hostilidade. Para muitos, parecia que a empresa estava eliminando oportunidades e alternativas de carreira, em vez de facilitar o acesso a novas oportunidades. Através de contínuos esforços de comunicação, a empresa aliviou algumas (mas não todas) dessas ansiedades.

RICH: Precisamos incentivar as pessoas a procurarem novas oportunidades dentro da empresa. Reduzindo o número de bandas de 17 para seis, abrimos novas oportunidades do ponto de vista da remuneração. Não reservamos tempo para explicar adequadamente e esclarecer como as bandas de carreira proporcionariam mais flexibilidade ao sistema.

LEE: A maioria das empresas do setor de produção continua às voltas com a mecânica de seu sistema de remuneração assalariada. Elas passam um tempo enorme mexendo nesses mecanismos e lutando com uma imensa gama de descrições de cargo demasiadamente específicas. Essas empresas forjam títulos, em vez de promover o desenvolvimento criativo das pessoas.

Um dos maiores erros da empresa no tocante à remuneração ocorreu em abril de 1993, com o lançamento do que foi chamado de "componente de distribuição forçada" ou, para utilizar uma terminologia mais comum, "classificação forçada". Os líderes da Harley estavam preocupados que as análises conduzidas pelos colegas tendessem a se degenerar, transformando-se em uma mútua troca de farpas. Ano após ano, começou a surgir um percentual suspeitamente alto de classificações em que predominava o conceito "excelente" — embora, aparentemente, nem todos os classificados fossem, de fato, excelentes. Recorrendo a um sistema desenvolvido pela gigante do setor farmacêutico, Merck, a Harley propôs que cada departamento identificasse um determinado número de funcionários de alto desempenho, um determinado número de funcionários de desempenho mediano, e um determinado número de funcionários que apresentavam um mau desempenho. Em tese, aqueles que apresentavam um desempenho realmente alto seriam mais bem remunerados, ao passo que os que apresentavam um mau desempenho receberiam maior atenção corretiva da empresa.

Novamente, a realidade não correspondia à teoria. "A classificação forçada se revela outra grande ação infeliz", admite Margaret Crawford. "Mexer com a remuneração das pessoas não é um bom negócio. A classificação forçada era um esforço de manter os conluios sob controle, mas teve um enorme impacto nos funcionários, que passaram a suspeitar da razão pela qual a gerência estava fazendo aquela mudança. Na cabeça das pessoas, a medida se traduzia em 'mais trabalho e menos dinheiro'."

A empresa abandonou a classificação forçada em um ano. Mas, pelo menos no entender de Crawford, a classificação forçada morreu ao nascer.

Na verdade, focalizamos mais os funcionários que apresentavam um baixo desempenho, mas não queríamos jamais dizer: "Tudo bem, agora deverá ser identificado um contingente de 5% de funcionários que vêm apresentando um mau desempenho e que, como tal, deverão ser punidos financeiramente." E enquanto isso, é claro, não estávamos trabalhando no sentido de distinguir os funcionários de alto desempenho daqueles beneficiados pela classificação inflada.

Nosso maior erro estava em tentar fazer tudo de uma vez só.

RICH: Em retrospecto, entendo que o nosso maior erro estava em não saber como todas essas mudanças se encaixavam e até que ponto isso representava uma reviravolta geral. Estávamos atribuindo uma responsabilidade muito maior aos nossos supervisores — dizendo-lhes que parassem de fazer jogadas e remunerassem as pessoas por seu desempenho.

Pensando em Termos de Totalidade

Em retrospecto, algumas das lições de nossa trajetória juntas nos parecem dolorosamente óbvias. Mas não as aprendemos com rapidez ou facilidade, e suspeitamos que outras empresas que se engajam em processos de mudança de grande escala terão que aprendê-las novamente, à sua própria custa.

Em nosso caso, uma dessas lições é que "remuneração" é algo a ser pensado nos termos mais amplos possíveis. Passamos aproximadamente um terço (ou mais) do tempo em que estamos acordados envolvidos no contexto de uma determinada organização humana. Somos pagos, no máximo, uma vez por semana. Somos, em nossa maioria, submetidos a análises formais apenas uma ou duas vezes por ano.

Durante o restante do tempo — a maior parte de nossas horas de trabalho — buscamos ativamente recompensas e reconhecimento nos reinos não monetários. Procuramos oportunidades para ser ouvidos, e procuramos provas de que a empresa valoriza nossas contribuições. Procuramos um genuíno envolvimento nos processos de tomada de decisões e solução de problemas. Procuramos saber e compreender o que está acontecendo. Procuramos uma *experiência positiva total* com a nossa empresa — e isso parece ser uma parte fundamental da natureza humana.

Em uma sessão de treinamento e desenvolvimento de liderança que Lee conduziu para líderes administrativos na instalação da Capitol Drive, os participantes elaboraram uma lista de 42 ações que poderiam ser tomadas para ajudar a criar esse tipo de experiência total — especificamente, dentro de um contexto sindical, no qual todos recebem o mesmo valor pelo mesmo tipo de trabalho realizado. A lista continha aspectos específicos em duas categorias:

Ações imediatas

- Manter as pessoas informadas.
- Ser cortês.
- Comprar café para o departamento.
- Pagar almoço para o departamento.
- Melhorar as condições físicas de trabalho (por exemplo, os tapetes, conforme solicitado).
- Distribuir camisetas.
- Permitir o uso temporário das motocicletas da empresa.
- Elogiar um bom trabalho; agradecer.
- Delegar tarefas extras aos bons funcionários.
- Oferecer um "bom" trabalho aos bons funcionários.
- Oferecer desafios ou maior responsabilidade dentro do conteúdo de trabalho.
- Oferecer aconselhamento periódico (enfatizando o desempenho positivo).
- Colocar carta no arquivo do funcionário junto ao setor de pessoal.
- Demonstrar reconhecimento, permitindo que a pessoa assuma posição de liderança.
- Selecionar funcionários para participarem das sessões de treinamento.
- Oferecer seminários ou visitas a outras localidades da HD ou outras empresas.
- Oferecer recompensas ou incentivos de valor nominal por esforços especiais (por exemplo, um jantar para duas pessoas).

- Conceder folga compensatória (remunerada) por esforços extras.
- Conceder licença de supervisão.
- Conceder os devidos reajustes decorrentes de reclamações trabalhistas.
- Formular convites para a participação em reuniões de funcionários, oportunidades para a divulgação de realizações/atividades.
- Criar círculos da qualidade.
- Selecionar funcionário para a força-tarefa fita azul.
- Oferecer participação nos lucros.
- Trabalhar junto aos funcionários com o objetivo de melhorar as células de trabalho (todos os assuntos).

Ações a serem consideradas em um prazo mais longo

- Oferecer bicicleta da empresa para uso dos funcionários do departamento.
- Oferecer vaga na primeira fileira do estacionamento aos funcionários graduados de cada departamento.
- Permitir horário de trabalho flexível.
- Melhorar as condições físicas de trabalho (por exemplo, as salas).
- Oferecer programas de participação nos lucros.
- Oferecer opções de ações.
- Modificar o sistema de mérito a fim de oferecer maiores recompensas por um bom desempenho (e menores recompensas por um desempenho "mediano").
- Oferecer bônus por realizações incomuns ou especiais.
- Remunerar ou oferecer incentivos pela conclusão de treinamento interfuncional.
- Oferecer oportunidades de promoção dentro da mesma área funcional como forma de reconhecimento de desempenho.
- Oferecer programas especiais de treinamento fora da fábrica.
- Promover festas de aposentadoria patrocinadas pela empresa.
- Conceder bônus de participação aos aposentados.
- Promover piqueniques da empresa.
- Conceder licença pessoal.
- Conceder férias com base no mérito ou na longevidade.

- Oferecer oportunidades para altos níveis de envolvimento do funcionário.

Obviamente, algumas dessas idéias (participação nos lucros, opções de ações) eram decisões a serem tomadas em nível de política da empresa. Mas a grande maioria, não. A maioria poderia ser colocada em prática dentro dos orçamentos existentes e exigia alguns ou nenhum tipo de autorização da empresa.

Então, por que já não estavam vigorando?

Os participantes discutiram seriamente essa questão, e chegaram à conclusão de que nunca haviam sido incentivados a pensar nesse assunto exatamente desse modo. Agora que *estavam* sendo incentivados a ver a totalidade de recompensas e maneiras de reconhecimento dessa forma, eles poderiam facilmente implementar muitas dessas idéias.

RICH: O importante é que essa lista partiu de pessoas que estavam pensando no problema. E, a partir do momento em que começa a pensar na questão, você não pode simplesmente deixar a peteca cair. Você tem que dar o passo seguinte e tomar alguma atitude.

Trabalhando com os funcionários dentro de suas áreas de responsabilidade, começaram a aplicar uma ou mais dessas formas de reconhecimento. Em muitos casos, a *forma* de reconhecimento não era significativamente diferente daquilo que havia sido feito no passado. A diferença era que as pessoas afetadas eram ouvidas quanto às ações, os comportamentos ou os resultados que *elas* entendiam que deveriam ser "reconhecidos", e que forma esse reconhecimento deveria assumir. Agora a "festa" foi bem recebida, enquanto no passado a razão para essa mesma festa poderia não ter sido bem interpretada, nem o reconhecimento apreciado. O boné da Harley, a xícara de café ou a camiseta, que antes poderiam ter sido recebidos com descaso pelo beneficiado, agora eram vistos como uma forma positiva de reconhecimento, porque os envolvidos no processo haviam participado da definição dos *critérios* e da *forma* de reconhecimento. E isso fazia toda a diferença.

Peças de Um Grande Quebra-Cabeça

Muitas dessas idéias — e outras geradas posteriormente — *foram* implementadas, e a Harley se beneficiou de seu impacto positivo. E, o que é mais importante, talvez, essa nova forma de ver as recompensas e o reconhecimento, bem como o conseqüente novo foco nos comportamentos, e não nas atitudes, ajudaram em outras áreas críticas, como avaliação, educação, treinamento e desenvolvimento pessoal.

Na vida real, poucas (se é que existe alguma) dessas mudanças podem se processar de forma isolada. Nenhuma é simples. Todas são peças de um grande quebra-cabeça.

9

Eterno Aprendizado

No início da década de 90, os líderes da Harley — sindicais e administrativos — se comprometeram a incentivar a curiosidade intelectual em toda a empresa. Na realidade, durante o Processo Empresarial, eles colocaram esse compromisso no papel: "O incentivo à curiosidade intelectual" era um dos valores declarados da empresa.

Rich sempre gostou de trabalhar novas idéias e explorar a sua veia curiosa. Conforme descrito no Capítulo 4, ele agiu com base nesse compromisso — nele envolvendo outras pessoas — no contexto da primeira sessão de Ampliação da Conscientização. E, embora Rich estimasse que essa experiência tenha falhado em alguns aspectos, seu próprio compromisso com a curiosidade e o aprendizado permanecia inabalável. Além disso, ele continuava convencido de que a Harley era capaz de aprender.

RICH: A minha experiência me mostra que a Harley sempre investiu em determinados tipos de aprendizado. Em 1978, por exemplo, quando adotou os círculos da qualidade, a empresa criou um programa para atender especificamente a essa finalidade. Quando cheguei à Harley em 1981, uma das primeiras coisas que fiz foi me submeter ao programa de instrução do círculo da qualidade. Portanto, sempre reconhecemos que tínhamos que criar oportunidades de aprendizado para as pessoas. A partir do início da década de 90, começamos a institucionalizar o aprendizado e torná-lo uma parte muito mais importante da cultura. Procuramos oferecer às pessoas a chance de dizer as habilidades e os conhecimentos que elas necessitavam adquirir e fazer com que a empresa servisse aos funcionários nesse sentido.

LEE: Praticamente desde que conheci Rich, tendemos a nos ver conversando sobre o artigo, o livro ou a revista mais recente que havíamos lido. Comparávamos anotações e incentivávamos um ao outro com idéias. Não me lembro da primeira vez em que discutimos o "eterno aprendizado", mas deve ter sido no final da década de 80. Era algo que não poderíamos deixar de fazer. Não teríamos passado tanto tempo trabalhando com uma empresa que não valorizasse o aprendizado e o crescimento contínuos.

A maioria das empresas se engaja na educação e no treinamento. A maioria também possui estruturas nas quais a alta gerência define o aprendizado esperado, e esse aprendizado é criado, desenvolvido e oferecido através de treinadores e outros especialistas em educação. Mas esse modelo não parece mais convir à Harley. Rich e outros têm a convicção de que o sucesso continuado depende de todos na empresa concordarem em ser aprendizes durante todo o decorrer de suas vidas profissionais — e das pessoas concordarem em contribuir para a definição e o oferecimento do aprendizado.

Após passar algum tempo analisando a teoria e os princípios do aprendizado adulto, o grupo de liderança da Harley decidiu por um novo caminho educacional para a empresa. Esse novo caminho incorporava um conjunto de pressupostos:

- Os adultos aprendem melhor quando eles próprios chegam à conclusão de que precisam aprender.
- Os adultos aprendem melhor quando determinam o que necessitam aprender.
- Os indivíduos devem assumir responsabilidade pessoal por seu próprio aprendizado.
- Nos programas de graduação tradicionais (bacharelado, mestrado, doutorado), as instituições educacionais oferecem conhecimentos básicos de natureza técnica e conceitual. Os conhecimen-

tos de uso específico para uma determinada empresa constituem responsabilidade dessa empresa.
- A Harley deveria incentivar e facilitar um ambiente de eterno aprendizado.

Esses pressupostos levaram naturalmente a uma série de atividades específicas — uma jornada de aprendizagem, em outras palavras — que acabou levando à criação de novas instituições na Harley, criadas para estimular a curiosidade, o trabalho em equipe, a liderança e o eterno aprendizado.

Mais Ampliação da Conscientização

Esses princípios tomaram forma a partir da segunda sessão de Ampliação da Conscientização. A segunda sessão de Ampliação da Conscientização, realizada em maio de 1990 no Nordic Hills Country Club, localizado a sudoeste de Chicago, reuniu os mesmos participantes da primeira sessão de Ampliação da Conscientização (AEI). Assim como na primeira sessão, a Ampliação da Conscientização II (AEII) permitiu que esses participantes ouvissem o mesmo assunto apresentado por oradores com pontos de vista muito diferentes. Entretanto, a abordagem da AEII foi completamente diferente.

Na AEI, conforme descrito no Capítulo 4, Lee e seus colegas compartilharam com a Comissão Executiva as responsabilidades de desenvolvimento de programas e liderança, assumindo responsabilidade exclusiva pela facilitação. Renomados especialistas expuseram seus pontos de vista na tentativa de desafiar os processos de raciocínio dos participantes. Na AEII, por outro lado, os recursos internos proporcionaram a facilitação, e a sessão teve por finalidade incentivar o diálogo e o debate sobre abordagens *alternativas* envolvendo o mesmo assunto — outro passo ao longo da trajetória da liderança. (A única função de Lee na AEII foi a de observador e "suporte" para os recursos internos; ele estava pronto a entrar em ação se a situação começasse a "fugir do controle", mas isso não ocorreu.)

A sessão da AEII concentrou-se nos pontos de vista divergentes da empresa. O primeiro ponto de vista, apresentado pelo teorista Chris Anderson, defendia que a empresa deveria ser norteada, em grande parte, por sistemas, procedimentos, planos e estruturas. Nesse tipo de empresa, as mudanças provêm de revisões dos sistemas, procedimentos, planos ou estruturas relevantes.

RICH: Eu tinha ouvido Chris Anderson falar e sabia do seu forte desejo de programar as pessoas para que elas alcançassem um nível desejado de desempenho. Ele gostava de usar o exemplo das faxineiras. De acordo com alguns estudos, a produtividade das faxineiras aumentava radicalmente se você lhes desse um *ckecklist* para que elas se certificassem do cumprimento de todas as tarefas na sala. Bem, parecia uma abordagem interessante. É assim que nós queremos que a Harley seja?

O ponto de vista oposto, apresentado por Peter Block (autor de *The Empowered Manager*), defendia que a empresa deveria ser norteada, em grande parte, por seu objetivo. O objetivo (e, por trás do objetivo, os valores) deve nortear todos os comportamentos e ações organizacionais. De acordo com essa visão, os sistemas, procedimentos, planos e estruturas são meras ferramentas para levar o objetivo em frente, e, como tal, devem ser altamente adaptativas e cumprir as finalidades a que se aplicam.

LEE: Apresentamos essas idéias antagônicas aos participantes de modo que, pelo que pensava a Comissão Executiva, nenhum desses apresentadores era necessariamente a encarnação do que deveria ser feito na Harley. Ao mesmo tempo, cada um tinha algo de útil a oferecer. Rich disse explicitamente, por ocasião da abertura da sessão, que essa reunião trataria da questão da curiosidade intelectual. Seus temas seriam o diálogo, a argumentação e a discussão — alternativas para o sistema de "comando e controle", no qual a alta gerência ditava aos funcionários o que era correto.

Os participantes receberam os materiais relevantes antecipadamente — as fitas de áudio de Anderson, o livro *The Empowered Manager*, de Block — para que pudessem se preparar para participar das discussões. E, na realidade, a maioria veio preparada para contestar Anderson ou Block, ou ambos.

A Ampliação da Conscientização II incluiu também um exercício de simulação de fábrica. Tom Jacobi, da Saginaw Steering Systems, Inc. (que trabalhou muito próximo a Tom Gelb nas questões da qualidade na produção) criou a simulação, destinada a ajudar o pessoal de outros setores que não o de produção a alcançar as seguintes metas de aprendizado:

- Compreender melhor o fluxo de material como parte de um processo "correlato".
- Saber mais sobre as implicações dos níveis de estoque.
- Ver o impacto da variação de rendimento dos processos nas operações de produção.
- Saber como melhorar o tempo de planejamento da produção.

Essa simulação levou a várias importantes formas de aprendizado. Primeiro, conforme pretendido, os participantes passaram a conhecer o imenso alcance dos verdadeiros desafios da Harley, enquanto a empresa tentava ser mais eficiente e eficaz em suas operações de produção. Os gerentes de outros setores extraprodução passaram a ver com outros olhos as dificuldades enfrentadas por seus colegas do setor de produção. E, segundo, os participantes aprenderam que muitas das operações da Harley *estranhas* ao reino da produção enfrentavam desafios semelhantes, o que provavelmente subentendia outros tipos de complexidade.

As sessões plenárias do grupo demonstravam que a maioria dos participantes havia chegado à conclusão de que a Harley estava realmente diante de um desafio de melhoria contínua. A melhoria contínua era fundamental não apenas para a competitividade de preço, mas também para a competitividade na qualidade e na entrega.

"Do que mais me lembro em relação àquela sessão", diz Tim Savino,

> é que assistimos a apresentações determinadas por dois prismas de idéias diferentes. Anderson dizia que era necessário haver um controle, enquanto Block falava de *empowerment*. Muitas pessoas consideraram a abordagem estimulante, mas outras se sentiram frustradas. Podia-se ouvir pelos cantos da sala: "Por que Rich simplesmente não nos disse o que queria?" E devo dizer que esse tipo de comentário continuou a se repetir por muito

tempo. Existe uma tensão muito característica do ser humano entre querer ter margem suficiente para criar as coisas sozinho e querer *apenas que lhe digam* o que fazer, o que quase sempre é muito mais fácil.

LEE: Embora houvesse um quê daquilo que vivenciamos na AEI — a questão pela qual Rich simplesmente não lhes dizia o que queria — na AEII, esse fenômeno se fez sentir com muito menor intensidade. A maioria dos participantes se envolveu totalmente no processo de aprendizado e estava começando a se entusiasmar com o fato de poder fazer suas próprias opções.

Portanto, embora algumas das frustrações persistissem, de modo geral os participantes concordavam que a Ampliação da Conscientização II havia superado a Ampliação da Conscientização I. (As avaliações escritas realizadas após a sessão demonstraram que as impressões positivas tiveram um percentual de 50% a 80%.) A maioria dos participantes declarou ter extraído algumas "dicas" úteis dessa experiência, que eles planejavam aplicar em seus ambientes de trabalho. A maioria parecia impressionada com a magnitude do desafio enfrentado por sua empresa — envolvendo não apenas a correção de erros passados e práticas atuais, mas também a descoberta de caminhos para a melhoria contínua no futuro, no âmbito de todas as áreas funcionais. Ajudar as pessoas a começarem a sair dos "silos" funcionais e descobrir como as necessidades da empresa mais ampla deveriam ser definidas acabou se tornando um importante capítulo do aprendizado a partir da Ampliação da Conscientização II.

RICH: Essa era a chave. Um dos resultados de se olhar o que os outros fazem em seu trabalho e a razão pela qual eles vêem as coisas de uma determinada forma é curiosidade intelectual.

LEE: Eu ressaltaria o desenvolvimento dos acontecimentos. Na Ampliação da Conscientização I, meus colegas da ROI e eu facilitamos as discussões. Na Ampliação da Conscientização II, fui o único participante pela minha empresa, e o meu papel foi apenas observar e promover alguma continuidade. Não atuei como facilitador; os participantes facilitaram suas próprias discussões e o diálogo. Daí eles estarem progredindo nessas áreas de habilidade, o que trouxe bons augúrios para o processo mais amplo.

RICH: Para dizer a verdade, ainda tive alguns problemas com a experiência da Ampliação da Conscientização. E o meu principal problema era o fato de eu continuar a assumir responsabilidade pessoal pela iniciativa. O que mais eu gostaria que tivesse acontecido? Não sei dizer exatamente. Talvez algum tipo de manifestação de entusiasmo no final — "Aleluia, irmão! Vamos embarcar nessa!" Eu ainda tinha aquela incômoda sensação de que poderíamos ter feito melhor. Mas me sinto dessa forma em relação a muitas coisas.

No outono de 1990, o grupo da Ampliação da Conscientização se reuniu pela terceira vez, embora dessa vez a reunião não tivesse sido anunciada como um exercício de "Ampliação da Conscientização". O local agora era uma inusitada instalação em Wakarusa, Indiana — próximo à principal fábrica da Holiday Rambler — chamada *Port-a-pit*, uma mistura de centro de conferências e churrascaria. (*Port-a-pit* era uma derivação das unidades originais de churrascaria móvel do restaurante, montadas sobre caminhões.) A finalidade dessa sessão era incentivar os participantes a rever os planos estratégicos uns dos outros e depois se desmembrarem em reuniões funcionais para discutir de que maneira cada grupo funcional poderia ajudar o outro.

Essas metas acabaram por servir simultaneamente a outros importantes fins. Discutindo os planos uns dos outros, os gerentes exercitaram a forma de pensar e agir em grupo, construindo o tipo de confiança e as habilidades necessárias para ajudar a Harley a chegar ao seu recém-vislumbrado futuro. Esse futuro incluía tanto responsabilidade individual quanto gestão baseada em equipes, o que significava que um novo tipo de cultura precisava ser estimulado.

LEE: Era algo diferente. Era como um grupo de colegas tentando fazer melhor aquilo que produziam. Eles orientavam uns aos outros na tentativa de melhorar seus produtos — nesse caso, seus planos. Isso, portanto, representava um grande progresso.

Dois anos antes, eles sequer se conheciam. E agora estavam aperfeiçoando os planos estratégicos uns dos outros.

RICH: Eu concordaria com o fato de que a iniciativa funcionou no local. Infelizmente, esse tipo de cooperação não foi levado adiante. Ambas as unidades — a Harley e a Holiday-Rambler — estavam tão envolvidas com os seus respectivos problemas que não tiveram a chance de se unirem. E, em retrospecto, eu deveria ter assumido mais responsabilidade pela organização, digamos, de reuniões trimestrais de integração do pessoal de produção de toda a empresa. O ponto de partida estava lá, mas não prosseguimos.

Uma cultura caracterizada pela curiosidade intelectual tornaria as sessões de "Ampliação da Conscientização" desnecessárias. Durante o intervalo da tarde, um participante emitiu um parecer sobre a experiência. "Bem, isso é, *de fato*, 'Ampliação da Conscientização'", disse esse participante. "Estamos aprendendo uns com os outros, e estamos passando a compreender melhor nossas respectivas empresas."

Como resultado de comentários como esse (e outras respostas de participantes que sugeriram temas e recomendaram processos de aprendizado para tais sessões no futuro), Lee e a Comissão Executiva ajustaram os moldes da próxima sessão formal de Ampliação da Conscientização a ser realizada, a Ampliação da Conscientização IV, no verão de 1991. Eles descreveram a meta dessa sessão da seguinte maneira: "Estas sessões, juntamente com a nossa visão e respectivas declarações de missão, têm deixado claro que o papel fundamental dos líderes é ensinar, aconselhar e orientar as pessoas. Com esse pensamento em mente, a Ampliação da Conscientização IV terá por finalidade o *aprendizado de uns com os outros.*"

Em retrospecto, consideramos (Lee e Rich) o teor dessa meta, no mínimo, um pouco severo. Mas, como observamos anteriormente, um dos maiores paradoxos da mudança organizacional é que os líderes formais — mesmo nas tentativas de substituir as formas de liderança em que prevalece o sistema de "comando e controle" — precisam dar um empurrãozinho na evolução de vez em quando.

Mas como a empresa poderia alcançar essa elogiável meta? Decidimos, então, interpretar essa declaração de meta de forma muito literal: Todos seriam professores (e, é claro, todos seriam aprendizes). Através de um processo repetitivo entre a Comissão Executiva e seus respectivos "subordinados" na Harley e na Holiday-Rambler (nas quais os participantes deveriam aprimorar mais e identificar a pauta de aprendizado para a sessão seguinte), selecionamos cinco temas que serviriam como ponto central do conteúdo da Ampliação da Conscientização IV:

1. Poder pessoal.
2. Gestão do tempo.
3. Liderança.
4. O tempo como vantagem competitiva.
5. Criação de uma organização de eterno aprendizado.

Várias semanas antes da sessão, a Comissão Executiva designou cada um desses assuntos a um grupo interfuncional/interdivisional de seis a oito participantes cada. Demos a cada grupo a incumbência de fazer uma apresentação para o grupo maior sobre o tema que lhe fora designado. Durante 60 a 90 minutos, eles atuariam como nossos especialistas residentes em seus respectivos assuntos. Dentro desse período de tempo, os grupos prestariam informações sobre suas leituras e pesquisas, criariam e implementariam um exercício específico de aprendizagem. Fornecemos a cada grupo uma bibliografia sobre o tema designado, e o incentivamos a conversar com qualquer consultor, ou outro especialista de sua preferência, antes da sessão. Porém, chegada a hora, nós lhes dissemos que eles atuariam sozinhos — em outras palavras, eles não poderiam recorrer a quaisquer consultores externos durante o curso da sessão didática.

LEE: Fui escolhido como um dos recursos, juntamente com várias outras autoridades externas. E recebi um telefonema de um membro de cada uma dessas equipes. E eles me diziam: "Cara, isso é realmente formidável. Você conhece mais alguém que tenha maiores conhecimentos sobre esse assunto?" Em dois casos, as pessoas estavam nervosas e disseram não querer fazer papel de bobas. Contudo, em todos os casos, tive a sensação de que as pessoas achavam que a experiência seria estimulante. Iria ser algo divertido.

A Ampliação da Conscientização IV alcançou um novo nível de participação e pareceu ter gerado novos níveis de satisfação. A maioria dos grupos fez apresentações animadas para o grupo maior, e todos pareciam estar se divertindo nesse processo.

O grupo da gestão do tempo, por exemplo, dividiu o grupo maior de Ampliação da Conscientização em subgrupos que tinham como tarefa desenvolver sátiras ilustrando os "desperdiçadores de tempo" no contexto da vida real dentro da empresa. O grupo de poder pessoal, que havia lido *Seven Habits of Highly Successful People*, de Stephen Covey, preparou um vídeo mostrando a participação em um serviço fúnebre muito especial: *o da própria pessoa.* Cada participante deveria redigir seu próprio obituário, focalizando a maneira como gostaria de ser lembrado pelas pessoas.

Essas criativas abordagens à promoção do aprendizado se originaram de uma interação entre os membros dos grupos. O trabalho conjunto nesse tema foi uma experiência *real* de aprendizado para eles; o exercício por eles desenvolvido foi, da mesma forma, uma experiência de aprendizado para os demais participantes.

"Quando nos reuníamos na sessão de Ampliação da Conscientização — recorda Jim Paterson —, apresentávamos uma paródia com o objetivo de sintetizar os trabalhos analisados. E alguns dos resultados desse trabalho foram fantásticos."

A Ampliação da Conscientização IV não foi um evento complicado, tampouco o seu projeto sobremaneira elegante. Todavia, mais do que qualquer experiência anterior, a Ampliação da Conscientização IV demonstrou com sucesso como os gerentes da Harley poderiam ser bem-sucedidos nas tarefas de ensinar e aprender. Isso demonstrava que os indivíduos poderiam assumir responsabilidade por seu próprio aprendizado e também se reunir em um processo de educação conjunta. Essas eram importantes lições a serem aprendidas pelos principais gerentes dentro da cultura que se desenvolvia na Harley.

LEE: Quanto ao meu papel, a Ampliação da Conscientização IV era mais um passo na evolução dos processos de Ampliação da

Conscientização e aprendizado. Em comparação a outras sessões, eu sequer marquei presença na sessão de Ampliação da Conscientização IV. As discussões de cada grupo foram lideradas e facilitadas pelo grupo designado para apresentar o tema, não por recursos profissionais internos. Esse foi apenas mais um marco em nossa jornada.

Exploração da "Quinta Disciplina"

Outro produto da Ampliação da Conscientização IV foi um duradouro relacionamento entre a Harley e o Organizational Learning Center (OLC), o grupo de pesquisas — com sede no MIT — liderado pelo especialista em teoria e consultoria organizacional Peter Senge.

Senge é o autor de *The Fifth Discipline*, um livro que tanto Lee quanto Rich já haviam lido. Nesse trabalho, Senge afirma que as organizações bem-sucedidas recorrem a cinco disciplinas-chave: maestria pessoal, modelos mentais, visão compartilhada, aprendizado em equipe e raciocínio sistêmico. Essas disciplinas se encaixam perfeitamente nas iniciativas que a Harley já vinha conduzindo (e algumas, inclusive o Processo de Visão Conjunta, que se encontravam suspensas ou inativas).

A própria Comissão Executiva apresentou *The Fifth Discipline* na sessão de Ampliação da Conscientização IV, tendo contado com a assessoria prévia de Senge, que passou um dia em Milwaukee. É evidente que Senge gostou da interação mantida com os gerentes seniores da Harley e perguntou se a empresa uniria forças com o seu OLC, cujas operações, na época, se encontravam em sua fase inicial.

Em nome da Harley, Rich prontamente concordou, e a Harley logo enviou delegações de gerentes para atender às ofertas iniciais de curso do OLC. A abordagem ao aprendizado contida no trabalho de Peter Senge fazia uma excelente combinação com a abordagem que vinha se desenvolvendo ao longo de todo o processo de mudança na Harley. A união de forças com o OLC ofereceria à empresa mais uma alternativa à qual ela poderia recorrer. O projeto original de aprendizado de Senge exigia uma seqüência de cinco cursos com duração de dois dias cada um, o que, com o tempo, acabou por se revelar um sistema que pecava pela falta de praticidade; com isso, o curso acabou se transformando em um curso de "competência" único, com duração de cinco dias, e muito mais bem-sucedido, na opinião dos gerentes da Harley.

"Eu exercia a função de serviço em 1992", recorda Ron Hutchinson,

> quando Teerlink intimou oito ou nove de nós a participar desse negócio de aprendizado organizacional/MIT, em Boston. O grupo era formado por três pessoas da área de recursos humanos, três de outras áreas funcionais e duas minúsculas pessoas jurídicas, inclusive eu. Não tínhamos a menor idéia da razão pela qual estávamos indo até lá.
>
> Mas partimos para Boston. Fomos submetidos a dez dias de treinamento ao longo de um período de seis meses — dois dias de treinamento em algum local no Vale do Silício ou alguma localidade na Costa Leste, próximo a Boston. Senge participou pessoalmente das primeiras sessões. E, para resumir, eu me apaixonei pela experiência. Fantástico! Maravilhoso. Combinava a complexidade do assunto, a disciplina da engenharia, com os seus aspectos mais amenos.

Tim Savino também logo se converteu a Senge e ao OLC, e especialmente à ênfase no eterno aprendizado. "O trabalho realizado com esse grupo nos últimos seis ou sete anos tem sido de grande significado", diz ele. "Muitos líderes seniores se envolveram diretamente, ajudando a formar os laboratórios de aprendizagem básica de que eles participam hoje. Começamos a realizar muitas experiências aqui — pilotando laboratórios de aprendizagem, mapas de aprendizagem, laboratórios de sistemas, simulações por computador, e assim por diante. Quando apresentávamos essas ferramentas, diversas pessoas demonstravam seu entusiasmo por seus diferentes aspectos."

LEE: Do meu ponto de vista, isso representa mais um importante veículo que a Harley adotou para fins de aprendizado organizacional e individual. Trata-se de um rico cardápio, de certa forma. As pessoas descobrem suas motivações e assumem responsabilidade por seu próprio aprendizado.

RICH: As coisas realmente diferentes levam tempo para se desenvolver. E o trabalho de Senge com o OLC era algo, de fato,

> diferente. Essas idéias levaram tempo para criar raízes na empresa. Mas a partir do momento em que alguns fanáticos estão correndo de um lado para outro, promovendo esse tipo de idéia, a idéia vinga. E, mais cedo ou mais tarde, desabrocha em flor.

A Harley tinha uma história de fanáticos em seu quadro, embora, tradicionalmente, eles costumassem aparecer em suas áreas de produtos e projetos. Agora vinha surgindo um número cada vez maior de "fanáticos" que apoiavam as recém-imaginadas organização e cultura (bem como o conceito de "aprendizado contínuo"). Em parte devido às suas experiências anteriores com fanáticos, a Harley aceitou seus mais novos personagens do gênero com relativa boa vontade e elegância. A mentalidade inovadora e a criatividade exibidas na história da criação de produtos e produção da Harley começavam agora a tomar forma no aspecto "mais brando" da atividade.

Liderança do Aprendizado

Cada sessão de Ampliação da Conscientização ajudava os participantes a adquirir um novo nível de compreensão e aprendizado. Sabemos, no entanto, que essa abordagem era limitada, em parte porque simplesmente não conseguia atingir um número suficiente de pessoas. As oportunidades de aprendizado, como as sessões de Ampliação da Conscientização, tinham que influenciar um número muito maior de indivíduos, e com mais freqüência.

> **LEE:** Estávamos também começando a contar com algum apoio dos sindicatos a essa altura. As pessoas já começavam a perguntar: "Bem, se esse negócio é tão bom, por que os responsáveis por esse processo não estão presentes nessas reuniões?" Eu não diria que fosse algo de proporções fenomenais, mas, enquanto a propaganda se espalhava, mais pessoas aderiam à iniciativa.

Com essa finalidade, a Harley criou em 1991 o "Harley-Davidson Leadership Institute" (Instituto da Liderança da Harley-Davidson). O instituto formalizaria e centralizaria as diversas iniciativas de aprendizado, treinamento e desenvolvimento, bem como as atividades então desempenhadas em todos os setores da empresa. Na fase de projeto, conversamos durante algum tempo sobre o nome do instituto proposto. De certa forma, "instituto" parecia um termo demasiadamente restrito; considerando-se que o instituto focalizaria uma faixa mais ampla de temas além da liderança. Por outro lado, no entanto, "liderança" parecia um termo perfeito. A Harley estava pedindo a todos os seus funcionários que fossem líderes em tudo o que fizessem. Um instituto orientado explicitamente para esse desafio parecia um símbolo claro e adequado.

"Quando criamos o Instituto da Liderança", recorda Margaret Crawford, "procuramos identificar os comportamentos que ajudariam as pessoas a assumir uma posição de liderança mesmo que elas não tivessem qualquer responsabilidade formal de 'liderança'. Queríamos ajudar a construir as competências de liderança necessárias à criação do tipo de ambiente no qual o *empowerment* florescesse em todas as linhas funcionais, e no qual as pessoas fossem dotadas das habilidades necessárias para se comunicarem de forma eficaz".

Em agosto de 1991, como primeiro passo rumo à criação de ofertas específicas de cursos para o Instituto da Liderança, Jim Paterson e o líder da área de recursos humanos, Bill Gray, entrevistaram vários especialistas externos que desfrutavam de grande fama como criadores e implementadores de programas de liderança em outras empresas. A Harley contratou dois desses especialistas — David Ulrich e Ray Reilly, na época membros do corpo docente da Faculdade de Administração da Universidade de Michigan — e, após uma série de debates, concordou que o programa de duas semanas sobre liderança deveria ser a primeira oferta do instituto.

No início, Ulrich e Reilly acreditavam que a Harley e sua liderança já tivessem alcançado um nível razoável de sofisticação. O que mais, perguntavam eles retoricamente, explicaria o notável sucesso da Harley no mercado? Jim, Bill e Rich sugeriram a existência de uma lacuna entre a imagem pública da Harley e a realidade, dando a entender que os consultores talvez precisassem descer alguns degraus na escada da sofisticação.

LEE: É interessante observar que, mais uma vez, o mundo exterior pensava que a Harley viesse se saindo de forma magnífica em termos de qualidade de produto, desempenho financeiro e, implicitamente, competência gerencial. O pessoal da Harley, no entanto, havia "aderido" a um processo de melhoria e aprendizado contínuos: a jornada. A realidade não correspondia à imagem, mas, felizmente, o pessoal da Harley normalmente não se deixava seduzir pela idéia de repousar sobre seus louros públicos.

RICH: Dave e Ray começaram a conversar sobre a criação de cursos. Dave havia feito um trabalho muito interessante com a GE e sugeriu que parte desse aprendizado poderia ser aplicado à Harley. Dissemos, na realidade: "Pode ser uma atitude um pouco precipitada. Por que você não percorre a empresa e entrevista as pessoas, e depois volta para nos dizer o que você quer fazer?"

Essas entrevistas levaram a uma substancial mudança de rumo. Os consultores informaram que a Harley, na verdade, necessitava de um curso mais básico de gerenciamento de habilidades, provavelmente com duração de uma semana. Cursos mais longos e sofisticados poderão vir mais tarde, mas, por enquanto, os gerentes precisavam de noções fundamentais.

LEE: Nesse mesmo período, o Processo de Visão Conjunta estava identificando barreiras, e o resultado foi que as pessoas passaram a citar regularmente a supervisão inadequada como uma delas. Combinado ao que os consultores verificaram através do processo de entrevistas, isso levou a um programa de treinamento de supervisores com duração de uma semana, oferecido pela primeira vez nas instalações da Capitol Drive.

O grupo de recursos humanos lançou dois cursos iniciais de cinco dias — Fundamentos de Liderança e Excelência Funcional — nos primeiros meses de 1993. Os participantes forneceram um *feedback* quase unanimemente positivo, enfatizando especificamente os benefícios das reuniões e dos estudos com os funcionários de outras áreas funcionais da empresa. Baseada, em parte, nessa resposta positiva, a Harley continuou a oferecer esses cursos periodicamente desde 1993.

> "De todas as atribuições que tive na Harley", diz Margaret Crawford, o trabalho nesse projeto foi uma das mais gratificantes. Primeiro, foi divertido trabalhar com Rich, que tinha uma visão real e clara de como ele queria que as coisas fossem. E, segundo, foi divertido estar envolvida em algo que veio produzir um efeito tão prolongado. As pessoas ainda citam exemplos das primeiras séries desses cursos por aqui. Quando estava trabalhando na visão de uma declaração de missão há alguns anos, por exemplo, eu sempre ouvia falar na Domino's Pizza e na sua declaração de missão sucinta e objetiva: "Uma pizza fresquinha, quente e gostosa." Bem, eu sabia que eles conheciam essa história porque haviam feito um curso no Instituto da Liderança.

Desde 1993, o número de inscrições de funcionários nos cursos patrocinados pelo Instituto da Liderança aumentou radicalmente. Em 1994, por exemplo, mais de 2.000 dos 5.800 funcionários da empresa participaram de cursos promovidos pelo instituto. "Isso melhora a nossa competitividade no mercado — observou o relatório anual de 1994 —, oferecendo, ao mesmo tempo, aos nossos funcionários as habilidades e o incentivo necessários para o crescimento e o desenvolvimento pessoais."

O número e o escopo dos programas oferecidos pelo Instituto da Liderança também apresentaram um aumento radical, principalmente pelo fato de o instituto ter trazido para a sua égide os programas mais populares e valorizados. Hoje, o "Catálogo de Treinamento e Desenvolvimento" do Instituto da Liderança contém mais de 140 páginas, incluindo cursos em 12 áreas genéricas especializadas:

1. Harley-Davidson: A empresa.
2. Desenvolvimento do funcionário.
3. Liderança.
4. Habilidades de comunicações interpessoais.
5. Habilidades de planejamento e organização.
6. Qualidade e melhoria contínua.
7. Trabalho em equipe e desenvolvimento de grupo.
8. Treinamento em informática.
9. Serviço (treinamento em produto).
10. Treinamento em segurança e bem-estar.

11. Enriquecimento pessoal (inclusive treinamento em condução de motocicleta e administração do estresse).
12. Treinamento na área técnica/de engenharia.

O instituto organiza também esses cursos em uma "Matriz de Competências" (descrita no Capítulo 6), que correlaciona cursos específicos a uma ou mais entre dez habilidades, como:

- Exemplo pessoal.
- Comunicação.
- Trabalho em equipe.
- Resolução de conflitos.
- Foco no participante.
- Solução de problemas/processo decisório.
- Planejamento.
- Gerenciamento do desempenho.
- Melhoria contínua.
- Excelência técnica.

O futurista Alvin Toffler certa vez observou que os analfabetos do século XXI não serão aqueles que não sabem ler ou escrever, mas aqueles que não sabem aprender, desaprender e reaprender. Através dos muitos programas hoje oferecidos sob a ampla égide do Instituto da Liderança — bem como através de programas de reembolso de mensalidade em nível de graduação e pós-graduação, e de um programa de especialização local oferecido em cooperação com a Marquette University —, a Harley está preparando seus funcionários para aprender, desaprender e aprender novamente.

Os Módulos do Processo Empresarial

Em outubro de 1993, como parte do Processo Empresarial mais amplo (ver Capítulo 5), o Grupo de Liderança Funcional concordou em desenvolver uma série de módulos que reforçavam os elementos desse processo. Essa iniciativa representava um importante passo à frente, tanto para o

Processo Empresarial quanto para o esforço geral de eterno aprendizado da Harley.

Os primeiros módulos de curso criados com a finalidade de divulgar o Processo Empresarial tratavam dos *valores*. Para receber total atenção dos gerentes seniores que apresentariam esses módulos a seus respectivos funcionários, Rich e Jeff Bleustein pediram que os módulos fossem apresentados primeiro a *eles*. Os apresentadores dedicaram seus melhores esforços a um módulo que eles sabiam que passaria por uma "prova de mercado" ao ser apresentado ao presidente do conselho/executivo principal e ao diretor de operações da empresa.

RICH: Reunimos o grupo de liderança sênior e perguntamos: "Muito bem, quem vai assumir a responsabilidade da criação do módulo dos valores?" Três ou quatro pessoas se apresentaram como voluntárias, e o projeto foi levado adiante.

Essas sessões eram um bom treinamento para as sessões que estariam por vir: as sessões que envolviam o público *real*, os funcionários. Os gerentes seniores reuniam 10 ou 12 pessoas em uma sala e conduziam com elas um debate sobre o tema, por exemplo, "dizer a verdade". Dizer a verdade significa "somente a verdade e nada mais que a verdade" (padrão jurídico)? Ou dizer a verdade significa "a verdade conforme vista através de suas telas pessoais (à medida que você compreende essas telas)"? O que é uma perspectiva "objetiva"? O que você deve fazer quando a verdade pode ser ofensiva a você, a um colega de trabalho ou à empresa?

No decorrer de 1994, além dos módulos dos valores, foram abordados os seguintes elementos:

- Pendências.
- Participantes.
- *Empowerment.*
- Valor agregado.

Módulos complementares oferecidos em 1995 e 1996:

- Planejamento.
- Melhoria contínua.

- Liderança.
- Diversidade.
- Desenvolvimento de emprego.
- Conceitos de organização do aprendizado.

Depois de percorrer o "circuito" de todas as áreas funcionais, esses módulos passaram a ser apresentados periodicamente a grupos de novos funcionários.

Centros Internos de Aprendizagem

Desde o início da década de 80, quando era analista de funções sindicalizadas, Bob Bartelme (atual membro do Conselho Executivo do PACE Local 7209) via a necessidade de oferecer oportunidades de aprendizado aos membros do sindicato. Ele sentia ainda mais essa necessidade à medida que as novas máquinas computadorizadas proliferavam no chão de fábrica. Até que, em 1988, Bob e Ron Lewandowski criaram o Capitol Drive Learning Center em uma pequena sala nos escritórios da fábrica. Os equipamentos do centro eram escassos: quatro computadores de segunda mão cedidos pelo departamento contábil, um videocassete e um obsoleto toca-CDs com um programa de tolerância geométrica e um exercício de programação de máquinas-ferramenta. Como a Harley não conseguiu encontrar em nível interno ninguém devidamente qualificado para dirigir esse esforço de aprendizado, a empresa formou uma parceria com o Milwaukee Area Technical College (MATC). O MATC forneceu uma equipe de instrutores em regime de meio expediente, e esse esquema improvisado continuou por vários anos.

Em 1991, o estado de Wisconsin começou a incentivar a criação de centros internos de aprendizagem empresarial. Devido, em grande parte, à energia e à persistência de Peggy Patterson, hoje gerente de relações trabalhistas na Capitol Drive, a Harley recebeu uma doação para criar esse centro. A Harley ampliou sua parceria com o MATC e, a essa altura, já estava em condições de contratar em regime de expediente integral um instrutor especializado em educação adulta.

Desde então, a Harley acrescentou duas novas instalações na área de Milwaukee e criou "Centros de Eterno Aprendizado" em cada uma dessas novas localidades. Oito funcionários — quatro administrativos e quatro sindicais — supervisionam as atividades em cada um dos três centros. Em 1992, 10% dos funcionários dessas três instalações utilizavam seus respectivos centros de aprendizagem; esse número subiu para 60% em 1998.

As fábricas de Tomahawk, York e Kansas City, bem como os escritórios da empresa em Milwaukee, também possuíam centros de aprendizagem e/ou salas de aula equipadas com computadores multimídia. Todos os sete centros funcionam sete dias por semana, vinte e quatro horas por dia. Dependendo da disponibilidade de espaço, os familiares dos funcionários também são convidados a participar de ofertas específicas de aula.

Os gerentes de recursos humanos da Harley tomaram muitas providências criativas no sentido de envolver maiores números de funcionários da Harley no processo de eterno aprendizado. Uma delas foi a criação da "Peer Network" (rede de colegas) da Harley. Trata-se de um grupo de cinqüenta funcionários especialmente treinados que incentivam seus colegas a se inscreverem nos cursos oferecidos por seus centros. Os membros da Peer Network usavam camisetas especiais às quintas-feiras, fazendo, assim, com que os funcionários tivessem a rede em mente e facilitando para eles a tarefa da procura de oportunidades educacionais.

Esse trabalho proporciona tipos especiais de recompensa. Recentemente, um funcionário originariamente "recrutado" pela Peer Network recebeu o seu *graduate equivalent degree* (GED). Antes, esse funcionário se sentia demasiadamente constrangido em admitir não ser possuidor de um diploma do segundo grau; agora ele ostenta orgulhosamente o seu GED.

Mapas de Aprendizagem

Como resultado da abordagem de formação de parcerias da Harley com as suas unidades participantes (ver Capítulo 11), Rich e seus colegas decidiram que a empresa precisava embarcar em um nível mais elevado de treinamento e educação específicos para todos os funcionários. Em decorrência de algumas discussões informais, a administração e a força de trabalho decidiram de comum acordo adotar uma abordagem chamada Learning Maps® (Mapas de Aprendizagem), desenvolvida pela Root Learning, Inc., de Perrysburg, Ohio.

O conceito da Root Learning está fundamentado na premissa do antigo provérbio chinês:

Dize-me, e não esquecerei.
Mostra-me, e poderei me lembrar.
Mas, envolve-me, e compreenderei.

Esse processo (de acordo com a literatura da empresa) possui os seguintes atributos:

- Um grande "mapa de visualização mental" (40 × 60), rico em recursos visuais, é colocado sobre uma mesa e explorado por um grupo de cinco a sete pessoas.
- A sessão não inclui professores nem treinadores; é escolhido um guia ou orientador. Essa pessoa pode ser um supervisor, um gerente ou um funcionário horista.
- Ninguém apresenta "soluções". O processo focaliza superficialmente algumas questões dirigidas e provocativas orientadas para questões essenciais da empresa. Essas questões desafiam todos a pensar e, em muitos casos, a abordar realidades desagradáveis relacionadas ao ramo de atividade e ao mercado.

Na Harley-Davidson, grupos de funcionários horistas e assalariados de todas as localidades desenvolveram quatro desses mapas. Os mapas abordam os seguintes temas:

1. ***O nosso mercado:*** Análise dos clientes, revendedores e concorrentes da Harley e da forma como as suas necessidades influenciam a direção seguida pela empresa.
2. ***O Processo Empresarial:*** Uma análise completa do processo decisório da Harley, inclusive o Guarda-Chuva do Processo Empresarial e os princípios de apoio.
3. ***Os nossos processos:*** Os métodos que a Harley utiliza para criar e construir seus produtos, incluindo o papel do custo, do tempo e da qualidade no processo de melhoria contínua.
4. ***O ciclo financeiro:*** A maneira como a Harley gera e despende recursos financeiros, e como seis medidas financeiras-chave influenciam o fluxo financeiro.

A exemplo de muitas das iniciativas da Harley, essa tinha o que muitas pessoas poderiam considerar um longo período de gestação. No final de 1995, a Harley e seus sindicatos haviam definido a filosofia da Parceria, e viam a necessidade de desenvolver novas e estimulantes formas de ajudar *todo e qualquer funcionário* a compreender *da mesma maneira* as questões críticas relacionadas às atividades da empresa. O Círculo de Treinamento das Melhores Práticas conversou com vários fornecedores tradicionais, mas não conseguiu chegar a um acordo sobre uma única forma.

Conseqüentemente, pediu-se ao gerente de treinamento (ou de RH) de cada localidade que identificasse um "parceiro" (membro do sindicato ou gerente) para investigar se a Root Learning poderia ser útil. No dia 8 de agosto de 1996, cerca de 15 pessoas foram a Ohio para avaliar a empresa e suas técnicas.

Um desses avaliadores, Darlene Rindo, recorda que o grupo teve a oportunidade de "experimentar o processo de aprendizado, e ficou devidamente impressionado com o interesse e entusiasmo que a iniciativa poderia gerar até mesmo por frios dados estatísticos". Mas havia um obstáculo: Os consultores da Root Learning não tinham obtido muito sucesso com abordagens conjuntas. Os representantes da Harley deixaram claro — e a Root Learning concordou — que, se as duas empresas decidissem trabalhar juntas, o trabalho seria resultante de um processo conjunto (isto é, sindicato e administração).

Os representantes da Harley retornaram às suas respectivas localidades, e — como geralmente acontece — acabaram se distraindo com as pressões do dia-a-dia. A iniciativa foi colocada em compasso de espera até janeiro de 1997, quando foi retomada com seriedade. Durante os três meses seguintes, os participantes construíram as bases do conceito. Em abril, foi assinado um contrato para que os quatro Mapas de Aprendizagem anteriormente identificados fossem plenamente desenvolvidos.

O processo de desenvolvimento prosseguiu até março de 1998, quando 50 facilitadores de todas as localidades começaram a conduzir seus colegas de trabalho pelo circuito dos mapas. Até meados de 1999, *todos* os funcionários da Harley haviam cumprido esse processo.

A Universidade da Motocicleta

As limitações de espaço mantêm este livro amplamente focalizado nos funcionários da Harley. Relutantemente, damos uma pequena colher de chá aos demais participantes-chave, dos quais um dos mais importantes é o cliente direto da Harley: o revendedor. Entretanto, não podemos escapar totalmente às nossas limitações de espaço, tampouco podemos escrever um capítulo sobre o eterno aprendizado na Harley-Davidson sem tocar na história da Universidade Harley-Davidson (HDU — Harley-Davidson University).

A Harley depende das habilidades de seus revendedores para construir e sustentar o mercado geral para os produtos Harley. A satisfação do cliente, a competência no *layout* das lojas, a excelência no *merchandising* devem ser desenvolvidas em nível local. A Harley, portanto, deve investir nas habilidades de seus revendedores.

Assim como o Instituto da Liderança a HDU foi formalmente fundada em 1992. A primeira turma da HDU, patrocinada pelo grupo de marketing e vendas, tinha por objetivo maiores níveis de competência em nível de revendedor. Primeiro, no entanto, a Harley tinha que aperfeiçoar suas próprias habilidades. Ron Hutchinson, que se refere à HDU como o seu "amor", conta a história:

> Em Michigan, um grupo de treinamento formou efetivamente a primeira turma da HDU. Esse grupo participou dos quatro cursos sobre setor automotivo existentes — Finanças e Seguros, Gerenciamento de Concessionárias, e assim por diante — editou-os e os ministrou em fevereiro em um hotel numa localidade a oeste de Milwaukee. Os cursos foram terríveis, nevava horrores e, para completar, faltou cerveja no hotel.
>
> Talvez pior ainda, demos esse curso de graça. Demos gratuitamente o curso aos revendedores, bem como as passagens aéreas para que chegassem até lá, além de um *belo* casaco de couro para cada um.
>
> Tudo bem. No ano seguinte, a Harley tomou um rumo diferente. A empresa se voltou para a função de serviços, e disse: "Hutch, queremos que *você* dirija a HDU. E, a propósito, você não terá a metade do orçamento que o pessoal de marketing tinha à sua disposição, portanto terá que encontrar uma forma de os revendedores pagarem uma parte."
>
> Tarefa hercúlea! Mas um grupo se reuniu e criou uma nova abordagem. Elaboramos um programa muito mais agressivo, com melhores cursos e temas principais maravilhosos. Basicamente, entrevistamos os revendedores para verificar o que eles

realmente queriam, e organizamos um seminário educativo em torno disso. Em seguida, colocamo-nos em campo e *vendemos* a meleca. Com muito sucesso, na minha opinião.

Cerca de 750 pessoas participaram do primeiro curso de três dias da reestruturada HDU. No ano seguinte, esse número aumentou para quase 1.000, com a representação de mais de 650 concessionárias do mundo inteiro. Gradativamente, a exemplo do que aconteceu com o Instituto da Liderança, o número de participantes e o número de cursos oferecidos aumentaram. Em 2000, a HDU ostentava a marca de 1.800 participantes pagantes matriculados em vinte e três cursos. Hoje, as taxas e mensalidades dos revendedores cobrem aproximadamente 60% dos custos da HDU, enquanto a empresa assume o restante da conta.

Projetamos os programas de treinamento interno e externo de forma a seguir o mesmo exemplo. Esses programas foram projetados de forma a colocar a liderança no nível mais baixo possível dentro da empresa, invertendo, assim, a posição do triângulo burocrático. Foi uma boa medida para a empresa, e benéfica também para os seus "líderes" tradicionais. Libertamo-nos para mudar nossos papéis — deixando de oferecer uma liderança puramente diretiva para oferecer uma liderança de apoio, criativa e até mesmo visionária. Isso é oferecer habilidades às pessoas.

Aquisição de Habilidades, Alimentação de Idéias

Neste capítulo, omitimos toda uma outra linha de aprendizado e aquisição de habilidades — desenvolvida nas áreas de engenharia e produção da Harley. Contamos essa história com maiores detalhes no Capítulo 12.

Parte do desafio enfrentado por Rich e Lee na primeira sessão de Ampliação da Conscientização, enfrentado posteriormente por todos os líderes da Harley, foi a tarefa de persuadir seus colegas a aderir às idéias. Em negócios, o "objetivo" tende a dominar o "subjetivo". Especialmente em tempos de dificuldades econômicas, os números tendem a se sobrepor às idéias. Aquilo que não tem valor quantitativo — o que normalmente é o caso das idéias — é subestimado.

Mas quando a empresa adota o "incentivo à curiosidade intelectual" como um de seus valores essenciais, as idéias se firmam. Elas passam a ter uma chance de provar seu imenso valor para essa empresa a longo prazo.

RICH: É sempre uma luta. Lembro-me de um momento em que alguns funcionários tentavam organizar um grupo do livro no horário do almoço. A idéia não atingiu o objetivo desejado e o grupo acabou se dissolvendo. As pessoas diziam gostar desses debates na hora do almoço, mas, na verdade, não tinham como reservar tempo para tal. A minha resposta foi: "Bem, tudo bem, mas como vocês arranjarão tempo para fazer aquilo que é importante?" Como atribuir suficiente importância às idéias, a ponto de, às vezes, vocês estarem mais dispostos a brincar com as idéias do que "trabalhar de verdade"? Lee e eu sempre colocamos o termo "trabalhar de verdade" entre aspas, mas não tenho certeza se as pessoas sempre ouvem essas aspas.

LEE: Concordo com o comentário principal de Rich. Porém, ao mesmo tempo, devo dizer que já constatei mudanças reais e positivas. Logo que comecei a trabalhar com a Harley, chamavam-me a atenção as duplinhas que saíam para almoçar nas lanchonetes próximas. Na Harley havia um tipo muito específico de coleguismo.

Hoje, vejo grupos maiores se formando. Você ouve as pessoas dizendo: "Vamos reservar uma sala de reuniões para amanhã, a fim de nos reunirmos os seis para ouvir as idéias uns dos outros e debater alguns assuntos." Eles ainda não abandonaram exatamente o barco do trabalho, mas, sem dúvida, estão se preocupando com as idéias. Na minha opinião, essa é uma grande prova de progresso.

10

Determinados a se Comunicarem

Ao longo da trajetória de 12 anos detalhada neste livro, um dos desafios mais difíceis que a Harley enfrentou como empresa foi a problemática questão das *comunicações.*

Como a maioria das empresas com as quais Lee e Rich haviam trabalhado, a Harley gasta muito tempo, dinheiro e energia na tarefa de se comunicar com seus funcionários. E, apesar desse substancial investimento, os problemas de comunicação — em outras palavras, a falta de transmissão das informações certas às pessoas certas, na hora certa — continuam a ser um dos maiores objetos de discussão na Harley.

"O que temos aqui — disse o carcereiro de Paul Newman em *Cool Hand Luke* — é uma falha de comunicação." Talvez a necessidade humana de se comunicar jamais possa ser perfeitamente satisfeita dentro do contexto de uma organização imperfeita. Mas ainda temos que tentar ao máximo promover comunicações eficazes dentro de nossas empresas. Em outras palavras, precisamos transmitir as informações *certas* às pessoas *certas* na hora *certa* através do meio de comunicação *certo.*

Neste capítulo, contamos os esforços da Harley no sentido de fazer com que as comunicações entre o seu pessoal adquiram maior significado e funcionem melhor. Em grande parte, os líderes de cada fábrica da empresa conduziram esses esforços.

Ditar ou Influenciar?

Voltando aos velhos e bons tempos (que continuam a existir até hoje em muitas empresas), os gerentes seniores da empresa determinavam o que as pessoas precisavam saber, quando precisam ouvi-lo e a melhor forma de transmitir a mensagem. Intencionalmente, eles eram os donos da situação. E, como tal, assumiam a responsabilidade de descobrir que parte dessa situação seria comunicada, a quem e de que forma.

Quando essa abordagem às comunicações — imposta pela gerência — provava sua ineficácia — como normalmente acontecia, e ainda acontece — os gerentes seniores tendiam a culpar seus subordinados. "Eles não se importam com a empresa e as suas necessidades", resmungavam eles entre si. Ou pior, "Obviamente, essas pessoas não são capazes de *compreender* tais complexidades"! Um próximo passo lógico nessas circunstâncias era reduzir o fluxo de informações. Por que compartilhar a situação geral com pessoas que não têm capacidade para avaliá-la?

RICH: Em um clima extremamente pesado de comando e controle é possível que os funcionários não sintam necessidade de muita informação. Eles optaram por estar nessa situação por alguma razão — talvez pelos níveis de remuneração, ou pelos pacotes de benefícios. Mas, a partir do momento em que você começa a se afastar da política de comando e controle, a demanda por informação começa a disparar, e isso é bom para a empresa, na minha opinião.

LEE: Uma empresa paga um preço alto para que um monte de autômatos regiamente remunerados façam o seu trabalho. Eles não pensam por si, tampouco em nada contribuem para melhorar essa empresa. A Harley não queria isso.

Reconhecemos muitos desses mesmos sintomas e tendências à medida que as informações fluíam, ou deixavam de fluir, dentro da Harley. Em uma de nossas discussões sobre o assunto, um gerente fez uma observação muito significativa. "É interessante", disse ele. "Queremos que todos os nossos funcionários 'acompanhem a leitura', mas não queremos necessariamente que eles leiam o livro."

O que explica essa relutância dos gerentes em compartilhar informações? Já apresentamos vários pressupostos gerenciais existentes por trás dessa relutância:

- Os funcionários não se importam o suficiente com o destino da empresa para que lhes sejam confiados dados sensíveis.
- Os funcionários não são capazes de compreender questões complexas.
- Os funcionários, na verdade, não *querem* saber o que está acontecendo.

Ao discutirmos essas questões, acrescentamos uma quarta explicação: os gerentes que se encontram presos à mentalidade do sistema de comando e controle vêem a informação como poder. A informação, de acordo com essa mentalidade, é um bem finito, e as transações que envolvem informações são jogos que terminam em empate. Se você obtém algumas de minhas informações, você adquire parte de meu poder.

A perspectiva da informação como bem finito representa uma visão mais ampla do poder e das prerrogativas da gerência. Vamos chamar esse tipo de autoridade de *poder ditatorial.* O poder ditatorial é medido pela capacidade de uma pessoa para ditar ações e resultados. Quase por definição, o poder ditatorial é finito. (Se você e eu expedirmos ordens contraditórias, somente um de nós poderá prevalecer.) O poder ditatorial deve ser constantemente reforçado, em parte através da *incessante aquisição* e da *limitada divulgação* de informações.

Logo, decidimos que as tentativas de controlar as pessoas através do poder ditatorial são quase sempre (1) erradas e (2) equivocadas. Independente de questões éticas, a informação está disponível a praticamente qualquer pessoa — não apenas por cortesia da Internet, mas também a partir de outras fontes, como assessores de investimentos, fontes oficiosas e a mídia. Em muitos casos, a informação já está circulando por aí, mais cedo e em uma forma muito mais completa do que a maioria das empresas imagina.

Chamaremos o outro tipo de poder de *poder da influência.* De acordo com essa visão, a verdadeira medida do poder de um gerente está na sua capacidade de *influenciar* ações e resultados. Porém, para atingir o poder da influência, o líder precisa compartilhar as informações da maneira mais ampla possível. Quem acredita no poder da influência procura maximizar os conhecimentos e as informações que os outros possuem, estendendo, assim, a sua influência a todos os setores da empresa.

Rich e seus colegas não estavam interessados no poder ditatorial. Na realidade, eles achavam difícil imaginar qualquer circunstância na qual a transmissão eficaz de informações prejudicasse a empresa ou diminuísse a autoridade de seus líderes.

Mas, com isso, ainda permaneciam em aberto algumas questões extremamente importantes. Todos deveriam obter exatamente as mesmas informações? Em que grau de profundidade? Ninguém quer ser vítima de uma enxurrada. Se a Harley divulgasse todas as informações a *todos*, seria como abrir uma enorme ducha de informações sobre as pessoas. Os líderes da Harley seriam capazes de desenvolver uma abordagem à personalização e transmissão de informações de forma seletiva, uma abordagem que não fosse essencialmente uma forma disfarçada de poder ditatorial?

Uma Nova Abordagem

A sensação que começávamos a ter de que a Harley tinha que encontrar um novo caminho era fortemente reforçada por vários conjuntos de dados complementares: os resultados da identificação de barreiras e as discussões da comissão de comunicações decorrentes do Processo de Visão Conjunta, além de várias pesquisas de opinião realizadas entre todos os funcionários da Harley em 1991 e 1993.

Esses diferentes fluxos de informações ressaltavam um padrão regular de opinião entre as pessoas que trabalhavam na Harley (tanto na área administrativa quanto na área sindical). De modo geral, as pessoas tinham uma visão muito positiva em relação

- à empresa em geral;
- aos produtos e serviços da Harley;
- à filosofia da Harley de "proximidade do cliente";
- ao trabalho que as pessoas realizavam no curso de suas funções;
- aos programas de remuneração e benefícios da empresa (considerados como um todo).

Com igual regularidade, no entanto, os funcionários tinham uma opinião muito menos positiva em relação

- às comunicações;
- aos relacionamentos com seus supervisores.

Essas últimas constatações nos preocupavam. As discussões com os principais líderes administrativos e sindicais (bem como com a comissão de comunicações criada durante o Processo de Visão Conjunta) nada faziam para aplacar nossas preocupações. Os supervisores e gerentes de primeiro e segundo níveis e de nível médio achavam que se comunicavam diligentemente com os funcionários em suas respectivas áreas de responsabilidade — *à medida que dispunham das informações e de tempo para tal.*

Muitos desses líderes-chave de supervisão se viam como "bons soldados" envolvidos em um difícil processo. Obedientes, eles transmitiam as informações da empresa aos funcionários em suas respectivas áreas de responsabilidade, sem modificar (ou procurar reações) essas informações. Poucos desses "bons soldados" se sentiam satisfeitos com a qualidade das informações transmitidas. Aliás, diziam-nos alguns, as informações transmitidas pela cadeia de comando raramente falavam às necessidades dos funcionários. Enquanto isso, aquilo que os funcionários *realmente* queriam saber não era discutido.

Um menor (porém significativo) número de integrantes desse mesmo grupo confessou desempenhar a menor quantidade possível de tarefas relacionadas às comunicações — normalmente apenas o suficiente para evitar problemas com seus supervisores imediatos. A razão? Eles já se sentiam assoberbados pelo "trabalho real" da empresa. Qualquer coisa que não fosse urgente — inclusive a maioria das formas de comunicação transmitida de cima para baixo — não era vista como trabalho real; conseqüentemente, a tarefa da comunicação não era realizada.

É claro que essa percepção em si e por si só não seria nenhuma surpresa para qualquer pessoa que estivesse familiarizada com a vida empresarial. O que *havia* de diferente era a maneira como a Harley, em última análise, abordava essas preocupações. Na Harley, decidimos aplicar os princípios do processo de mudança mais amplo ao desafio das comunicações. A única vantagem sustentável da Harley (acreditávamos nós) era o seu pessoal. Todo funcionário deveria assumir responsabilidade pessoal e ser responsabilizado pelo sucesso da empresa. A fidelidade aos antigos padrões de comunicação, portanto, não fazia qualquer sentido. A liderança sênior da Harley não conseguia determinar de forma unilateral o que os funcionários da empresa queriam e precisavam saber, tampouco ser o repositório exclusivo de sabedoria no tocante à forma e ao momento certo das comunicações.

Os líderes da Harley deveriam perguntar a esses funcionários o que eles precisavam e queriam saber, e depois fornecer-lhes essas informações. Do ponto de vista filosófico, estávamos inclinados a fazer isso, e reconhecíamos também que essa era uma abordagem prática e realista. Por que ocultar informações às quais as pessoas, de uma forma ou de outra, já tinham acesso?

LEE: Vamos imaginar, por exemplo, que os gerentes da Harley em meados da década de 90 tivessem ido à mesa de negociações alegando pobreza. Bem, quem está sentado à mesa diante deles? Pessoas inteligentes que também possuem motocicletas, que se dirigem às concessionárias como clientes, que sabem que os revendedores estão dizendo às pessoas que existe uma espera de dois anos para a entrega de uma moto nova, e que sabem — com base nas informações divulgadas, bem como nesses tipos de descobertas pessoais — que a Harley está faturando uma fortuna. Convém comparecer à primeira sessão de negociações vestido de forma maltrapilha? É claro que não. Você estaria destruindo a sua própria credibilidade.

Concomitantemente, se fôssemos bem-sucedidos em valorizar as informações para as pessoas, teríamos também que assegurar o fluxo bem-sucedido dessas informações. E, por fim, teríamos que nos certificar de que as pessoas compreendiam que uma forma eficaz de comunicação constitui uma parte essencial do "trabalho real" da empresa. O sistema de recompensa e reconhecimento da Harley tinha que atribuir um valor real e visível às comunicações eficazes.

RICH: Quando assumi o cargo de supervisor, meu pai me chamou e disse: "Toda a sua vida acaba de mudar. Você acaba de se tornar uma das pessoas mais importantes do mundo para os seus funcionários. Você é responsável por quanto eles ganham, por quando eles tiram férias, e, até certo ponto, até mesmo pelo que eles sabem. Você é a linha de comunicação deles."

Perguntando o que as Pessoas Querem

Essas discussões ocorreram no início da década de 90, mais ou menos na mesma época em que Rich e seus colegas da Harley cuidavam do conjunto de mudanças batizado de "Processo Empresarial" (ver Capítulo 5). Lee, Rich e outros viam que o Processo Empresarial fracassaria se não houvesse um sistema eficaz de comunicação em todas as direções dentro da empresa.

Lee e Jim Paterson trabalharam simultaneamente em várias frentes, segundo eles, complementares e que se reforçavam mutuamente.

Primeiro, eles desenvolveram uma planilha simples de coleta de dados contendo as seguintes questões:

1. Que informações/comunicações desnecessárias ou indesejadas você recebe atualmente? *(Seja específico.)*
2. Que informações/comunicações você recebe atualmente que seriam mais eficazes e/ou úteis se transmitidas de outra forma e/ou em outra ocasião? *(Seja específico, e inclua sugestões de melhoria.)*
3. Que informações você NÃO vem recebendo e gostaria de receber? *(Seja específico, e inclua sugestões como o que, quando e como.)*
4. Que outras sugestões você teria que pudessem ajudar a HD a atender melhor às suas necessidades de comunicação e informação? *(Seja específico.)*

Todos os funcionários das instalações de produção da Harley em Wisconsin preencheram essa planilha, e uma agência externa compilou os resultados. Concomitantemente, Lee e Jim iniciaram uma série de discussões através de grupos de foco (que não envolviam planilhas) na sede da Harley, em Milwaukee.

Lee preveniu os líderes da Harley envolvidos na análise da questão das comunicações para que esperassem o inesperado. Essa provou ser uma advertência importante. As pesquisas de opinião e os grupos de foco sugeriam fortemente que grande parte das informações que a empresa fornecia a seus funcionários — em um esforço sério, relativamente completo e econômico — era vista pelos funcionários como algo *desnecessário* e *sem valor*.

Muitos entrevistados achavam que a Harley divulgava uma quantidade excessiva de informações "globais", que a maioria considerava não ter relação com as realidades de suas responsabilidades. Outros achavam que o conteúdo das comunicações da Harley assumiam uma forma demasiadamente acadêmica ou complexa. Havia aqueles ainda que achavam que as informações da empresa tendiam a ser transmitidas "de cima", de maneira demasiadamente formal, ou de modo a limitar as oportunidades de questionamento e envolvimento dos funcionários com o conteúdo da mensagem. Vários entrevistados se opunham ao fato de a empresa divulgar-lhes informações somente *depois* que a mesma mensagem houvesse sido publicada nos jornais locais ou no telejornal da noite.

Os resultados gerados pela questão 3 sobre o formulário de coleta de dados ("Que informações você NÃO vem recebendo e gostaria de receber?") foram particularmente esclarecedores. As respostas às duas questões anteriores indicavam claramente que muitas pessoas sentiam estar sofrendo da síndrome da enxurrada: uma quantidade excessiva de informações fornecidas com demasiada rapidez. Mas as respostas à questão 3 indicavam que as pessoas estavam ativamente interessadas em como os dados globais que diziam respeito a toda a empresa poderiam ajudá-las em suas funções e áreas de responsabilidade.

Em outras palavras, esses funcionários *estavam* interessados nos assuntos e no destino da empresa. (Aliás, os líderes da Harley se surpreenderam ao tomar conhecimento da profundidade de interesse nas questões estratégicas enfrentadas pela empresa: novos produtos e serviços, estratégias de marketing a longo prazo, planos de diversificação, e assim por diante.) Mas esse tipo de informação continuava inacessível e inútil para os funcionários enquanto não fosse traduzido em termos de suas áreas de trabalho específicas.

Uma das providências tomadas pelos líderes da Harley no sentido de efetivar essa tradução envolvia o revigoramento da tradição da empresa no tocante às reuniões "abertas" em nível de fábrica (um processo iniciado pelo Processo de Visão Conjunta descrito no Capítulo 3). Os líderes seniores conduziam pessoalmente as sessões com os funcionários em todas as instalações da Harley.

"Realizávamos reuniões trimestrais com cada funcionário da empresa", recorda Jim Paterson. "Eu passava dois dias em York a cada trimestre e cobria todos os turnos, além de um dia por trimestre em Tomahawk e outro na Capitol Drive, com um ou outro colega. Procurávamos ser meticulosos e francos. Anotávamos, acompanhávamos e procurávamos dar retorno às pessoas sobre suas pendências. Às vezes, as pessoas levantavam questões que não tínhamos como abordar, mas fazíamos um esforço honesto."

Além disso, os líderes de fábrica em cada localidade traduziam os macrodados da empresa de forma que tivessem significado para uma determinada fábrica. Em seguida, o nível gerencial imediatamente "inferior" na fábrica, trabalhando com seus colegas do sindicato, moldavam e detalhavam os dados para as necessidades dos departamentos específicos. Os números em si não mudavam de uma fábrica para outra, é claro, e os diferentes departamentos de cada fábrica não recebiam informações contraditórias. Porém, cada vez mais, os dados focalizavam cada unidade da empresa, à medida que as informações fluíam "de cima para baixo". Havia menos informações em nível global e muito mais informações de interesse específico de cada departamento.

Por exemplo, nos esforços de comunicação anteriores, "os custos de garantia" — custos incorridos pela Harley por reparos e/ou atualizações de motocicletas realizados pelas concessionárias dentro da garantia de fábrica — eram informados a toda a empresa. De acordo com a nova abordagem, a informação desses dados era desmembrada por modelos e tipos de motocicleta, de modo que os funcionários tomavam conhecimento dos custos de garantia das motocicletas que *eles produziam.* Da mesma forma, os relatórios de custo de produção eram desmembrados por fábrica, departamento e até mesmo turno, para que os funcionários pudessem receber dados que refletissem atividades relacionadas às *suas próprias ações.*

Em uma terceira frente, Rich e seus colegas conduziram discussões com cada indivíduo que, na ocasião, ocupava um cargo de liderança administrativa. As discussões tinham por objetivo ajudar a tornar as comunicações uma parte essencial do "trabalho real" da empresa.

Alguns detalhes de natureza contextual e cronológica poderiam ser úteis nessa fase. Estávamos iniciando o trabalho descrito no Capítulo 8 (cuja finalidade era a reestruturação dos sistemas de reconhecimento e recompensas da empresa). A empresa ainda não havia deixado de recompensar traços e características gerais para recompensar comportamentos observáveis específicos. Portanto, embora as "boas comunicações" devessem ser uma das metas gerenciais, as pessoas dispunham de poucas pistas quanto ao que isso significava em termos de comportamentos concretos e observáveis, ou à maneira como um gerente poderia se comunicar de forma mais eficaz.

Nessa ocasião, surgiu ainda um segundo problema. Na Harley, assim como em outras empresas, o "objetivo" tende a dominar o "subjetivo", a menos que sejam implementadas fortes pressões neutralizadoras. A produção tende a se sobrepor às "questões relacionadas às pessoas". Por quê? Em parte porque é muito mais fácil avaliar áreas "objetivas" (unidades produzidas, taxas de defeito, absenteísmo) do que áreas subjetivas.

Não esperávamos encontrar soluções fáceis para essas questões. Mas os líderes-chave, em suas reuniões com os gerentes de nível médio da Harley, batiam na tecla de um tema central: de que a criação e manutenção de um clima de diálogo aberto e honesto era uma *tarefa essencial* de qualquer gerente que desempenhasse uma função de liderança na Harley. Eles traduziam as lições aprendidas dentro do contexto dessa iniciativa de comunicações na linguagem emergente da iniciativa de reconhecimento e recompensas.

Ao mesmo tempo, o grupo de recursos humanos desenvolvia programas de treinamento destinados a ajudar os gerentes a demonstrar os comportamentos que incentivariam o diálogo aberto e honesto — por exemplo, comunicações bilaterais *versus* comunicações unilaterais, política de ouvir ativamente, diálogo incentivador, e assim por diante. O pessoal de recursos humanos passou a oferecer esses programas de treinamento a pequenos grupos de gerentes a partir do verão de 1993. (E continuam fazendo até hoje.) Muitas das ferramentas, técnicas e recursos internos desenvolvidos durante o Processo de Visão Conjunta (ver Capítulo 3) também auxiliavam no envolvimento de gerentes e funcionários em diálogo mais efetivos. Conforme observado anteriormente, as reuniões abertas passaram a ocorrer com mais freqüência, enquanto os gerentes de fábrica e outros líderes passaram a revisar seus respectivos sistemas de atuação em atendimento às sugestões dos funcionários. Os gerentes se fizeram muito mais visíveis aos seus funcionários e aprenderam a depender mais das comunicações face a face e um tanto menos das comunicações escritas.

À medida que se desenvolvia, o Processo Empresarial descrito no Capítulo 5 oferecia um veículo de comunicações ainda mais estruturado e com cara de "trabalho real". O Processo Empresarial começou basicamente como um veículo destinado a melhorar o diálogo bilateral, desenvolvendo-se e transformando-se no mecanismo essencial de estabelecimento de metas e análise de desempenho em nível pessoal e de unidade, o que, por sua vez, melhorou os tipos de comunicação descritos neste capítulo. Mais uma vez, as iniciativas independentes convergiram para ajudar a empresa.

LEE: Uma mão lava a outra. Hoje, é difícil imaginar como uma trabalharia sem a outra.

A Outra Pesquisa de Opinião

A pesquisa de opinião administrada por Lee e Jim em 1991 foi apenas uma das duas auditorias de comunicação em grande escala realizadas naquele ano. A outra, uma pesquisa na qual Lee e seus colegas não se envolveram, foi concebida pelo grupo de recursos humanos como a primeira de uma série de auditorias bienais. Essas pesquisas monitorariam as atitudes dos funcionários ao longo do tempo, e esse primeiro esforço serviria como base de referência.

Rich e seus colegas esperavam resultados relativamente positivos dessa auditoria de base. Afinal, a Harley passara mais de três anos envolvida em um esforço de grandes proporções destinado a melhorar os relacionamentos e as comunicações em toda a empresa. Sua liderança (administração e sindicato) esperava que esses esforços fossem bem recebidos. Mas isso acabou não acontecendo.

"Os resultados foram péssimos", recorda Ron Hutchinson. "Um grande número de pessoas nos disse que não estávamos praticando o que pregávamos. As pessoas afirmavam nunca ter acesso à alta gerência. Em suma, os números eram terríveis."

"Lembro-me do resultado dessa primeira pesquisa", acrescenta Jim Paterson, que, na época, passava uma a cada 12 semanas, em regime de tempo integral, engajado em suas reuniões abertas em diversas fábricas. "Foi algo arrasador para mim, e para Rich também."

Imediatamente após a divulgação dos resultados dessa pesquisa, as pessoas apontavam em muitas direções. A maioria daqueles que ocupavam cargos de liderança pressupunham que as críticas subentendidas pela pesquisa fossem dirigidas a *outras* pessoas, não a eles próprios. Chateado com os resultados, Rich expressou sua insatisfação.

"Ah, sim", diz Ron Hutchinson,

> Rich ficou aborrecido — como eu nunca tinha visto, eu acho. "A culpa é de vocês, rapazes! Tratem de corrigir isso!" Mas todos nós sabíamos, de certa forma, que não tínhamos como "corrigir a situação". Porque estávamos lidando com uma grande mudança. Estávamos impondo mais responsabilidade à empresa, e as pessoas precisavam ser tranqüilizadas de que estávamos fazendo a coisa certa. Elas sentiam a necessidade de que o chefe de seu chefe, ou o líder funcional, fosse uma figura mais visível. Estávamos fazendo muito, mas simplesmente não era suficiente, tendo em vista a escala e o ritmo das mudanças.

"Rich *enlouqueceu* com essas pesquisas de opinião", acrescentou Jeff Bleustein.

> Ele era extremamente rigoroso consigo mesmo. Tais resultados o deixaram arrasado. E em momentos de revolta, ele culpava o Grupo de Liderança Funcional: "Vocês estão demasiadamente 'atarefados' e não se preocupam com o que é importante!"
>
> Francamente, essa atitude, às vezes, provocava uma certa dissidência, porque as pessoas, na verdade, *estavam* tentando ser bem-sucedidas em todo esse processo. Talvez não possuíssem todas as ferramentas necessárias, mas elas acreditavam e estavam tentando. Mas o insucesso era algo extremamente frustrante para Rich. Às vezes, ele pensava estar sozinho nessa batalha, quando, na realidade, não estava, de modo algum. Havia muitas pessoas comprometidas por trás dele, mudando seus próprios comportamentos e tentando introduzir esse elenco de mudanças em toda a empresa. Não eram pessoas perfeitas, tampouco

> seus esforços eram infalíveis. Mas essas pessoas — nós — eram *pioneiras.* Estávamos nos aventurando por um território desconhecido, e a missão não era fácil.

Quando a poeira baixou, os líderes da Harley começaram a pensar de forma mais racional em relação ao "significado" da pesquisa. Eles perceberam, por exemplo, que esses resultados (e os resultados de quaisquer pesquisas de opinião posteriores) teriam sempre que ser interpretados no vazio. Não havia quaisquer normas globais em relação às quais eles pudessem ser comparados. Se, por exemplo, "apenas" 27% dos funcionários considerassem os esforços de comunicação da Harley como "adequados", a Harley estaria se saindo melhor ou pior do que outras empresas? Ninguém sabia.

A pesquisa de 1991 parecia retratar um grupo de funcionários insatisfeitos. Entretanto, a mesma pesquisa revelou que quase todos recomendariam a um amigo que procurasse emprego na Harley. Além disso, poucos funcionários estavam *deixando* a empresa. É verdade que ela pagava bem ao seu pessoal horista e relativamente bem aos seus funcionários assalariados, mas isso seria suficiente para manter as pessoas no emprego se elas estivessem realmente insatisfeitas? Essa filosofia não era condizente com o que Rich, Lee e outros já haviam concluído sobre as questões de remuneração e reconhecimento (ver Capítulo 8).

> **LEE:** A exemplo de outras empresas com as quais trabalhei, a reação inicial dos líderes da Harley foi de defesa: "A culpa é deles, não minha", ou "Esse pessoal nunca está satisfeito, independente do que façamos!" Mas eles venceram essa postura defensiva — algo que muitas outras empresas não fazem, diga-se de passagem —, levaram os dados a sério e inseriram esses dados em todos os demais esforços de mudança em curso. Em outras palavras, esses dados serviram para reforçar e instruir todas as demais ações tomadas com o intuito de mudar a cultura da empresa.

Kathleen "Kal" Demitros apresenta uma perspectiva sobre as pesquisas de opinião e sua interpretação. Atualmente, Demitros é vice-presidente de comunicações da Harley, mas em 1991 ela se encontrava em uma missão na Europa. "Existe uma tendência a confundir a eficácia das comunicações com a maneira como os funcionários se sentem em relação a seus empregadores", explica ela. "E esses são dois animais distintos."

> Na minha opinião, a pesquisa de 1991 foi uma pesquisa de relações com funcionários que revelou muitas emoções, abordando questões como a confiança, por exemplo, na tentativa de constatar se os funcionários achavam estar sendo tratados como seres humanos competentes. Essa pesquisa, no entanto, não revelou muito sobre os níveis de compreensão quanto à direção que a empresa estava seguindo, e até que ponto os canais formais de comunicação serviam para elevar os níveis de compreensão.
>
> Na frustração do momento, ao que parece, meus colegas também negligenciaram o fato de que quanto mais você comunica, mais pessoas querem. Acaba sendo difícil chegar-se ao ponto em que as pessoas se sintam suficientemente informadas. Mas o aumento da pilha de boletins informativos não fará necessariamente a diferença.

Correção das Comunicações

No rastro da pesquisa de opinião de 1991 — e novamente, após a pesquisa de 1993 ter produzido resultados ligeiramente melhores — Rich e Jeff travaram uma série de discussões sobre o tema geral das comunicações. Talvez a Harley precisasse de novas formas de emprego dos recursos existentes, e não de orçamentos mais generosos e novas legiões de pessoas dedicadas à função das comunicações.

Naquela época, as comunicações de interesse dos funcionários se originavam no departamento de recursos humanos. O departamento de marketing cuidava das relações públicas e das comunicações com a mídia relacionadas aos produtos. O pessoal da área financeira era responsável pelas comunicações relacionadas a investimentos. As comunicações orientadas para a Internet, ainda uma novidade na época, não eram de responsabilidade de qualquer departamento. Buell, o novo fabricante de motocicletas esportes da Harley, não exercia quaisquer funções formais de comunicação. Pesquisando esse cenário, Rich e Jeff alegavam que talvez a falta de integração e coordenação contribuísse para a frustração dos funcionários.

Até certo ponto, a organização circular (ver Capítulo 7) começava a superar algumas dessas dificuldades. Os líderes funcionais se reuniram, em muitos casos pela primeira vez, e começaram a improvisar respostas *ad hoc* para os prementes problemas das comunicações. Enquanto isso, as fábricas individuais tomavam providências com o intuito de melhorar seus fluxos de comunicação. Várias localidades lançaram boletins informativos orientados para a fábrica, o que, em alguns casos, não existia antes.

Mas um passo mais formal foi dado em 1996, com a criação de um departamento formal de comunicações. O departamento era chefiado por Kal Demitros, que retornou da Europa para liderar o novo grupo.

RICH: Havia comissões de comunicação em várias das fábricas, mas, em 1996, havia necessidade de "capturar" os recursos financeiros anteriormente utilizados de forma dispersa. O risco nesse caso, obviamente, é que um programa de comunicações centralizado começa a pensar que sabe o que as pessoas precisam saber — e tudo volta à estaca zero.

LEE: A função de comunicações centralizada deve atuar de três formas básicas. Primeiro, deve oferecer uma visão "global" — a visão de uma altura de 15.000 metros. Segundo, deve oferecer algumas diretrizes gerais sobre o que as publicações oficiais da empresa devem e não devem falar. E, por fim, deve oferecer recursos especializados que ajudem as unidades locais a fazer o que desejam.

Demitros e seus novos colegas se preocuparam primeiro em assegurar regularidade de comunicação. A organização circular oferecia acesso prematuro às decisões e estratégias funcionais de seus colegas. A base da própria Demitros é o círculo de prestação de suporte, mas ela estima passar metade de seu tempo no círculo de criação de demanda. "A troca de informações que ocorre dentro desses círculos é absolutamente vital para que eu possa desempenhar a minha função", diz ela.

> Uma de nossas metas como grupo quando nos reunimos há dois anos e meio era lidar com o sentido de urgência dos funcionários em receber as informações antes, ou pelo menos junto com a mídia ou as concessionárias, por exemplo. Hoje contamos com mecanismos para tal. Possuímos vários canais, inclusive uma revista bimensal, a *Harley-Davidson World*. São notícias muito atualizadas, escritas ao estilo *USA Today*, com a publicação de matérias locais. Temos também quadros de avisos eletrônicos. Neste momento é provável que haja um anúncio lá sobre a taxa de dividendos divulgada ontem. E acabamos de lançar uma intranet para os funcionários chamada RIDE, que significa Rapid Information Delivery and Exchange (divulgação e troca rápida de informações).

Para alimentar a revista, os quadros de avisos eletrônicos, as intranets e outros canais de comunicação, Demitros e seus colegas formaram em cada localidade uma rede de comunicadores destinada a atender aos funcionários. Eles participam de teleconferências a fim de determinar o conteúdo e analisar artigos para cada edição da *Harley-Davidson World*, além de fornecerem informações para a RIDE. A meta é que todos os grupos de cada fábrica disponham de terminais de computadores, permitindo que todo funcionário tenha acesso à RIDE.

Enquanto isso, Demitros depende de um sistema em "cascata" para inserir informações em primeira mão no sistema dos funcionários. Teoricamente, os supervisores e gerentes tomam conhecimento de um desenvolvimento importante antecipadamente, através de *e-mail*, e têm a responsabilidade de "cascatear" essas informações aos diferentes setores de suas empresas. O papel de comunicador intimida algumas pessoas, de modo que estão sendo ensinadas a todos os supervisores e gerentes da Harley habilidades de comunicação que os auxiliem em suas funções de liderança.

Demitros herdou uma ferramenta chamada "Eagle News Network", um vídeo de alimentação contínua das informações da Harley que pode ser assistido nos refeitórios e salas de descanso em toda a empresa. "O sistema foi lançado em York", explica ela, "e outros gerentes de fábrica aderiram à novidade". Trata-se de um sistema eficaz para a transmissão de posições do setor de produção aos funcionários, permitindo que eles se esforcem para alcançar as metas diárias. Por ter se originado em um ambiente de fábrica relativamente barulhento, o áudio não fazia nenhum sentido. Daí ser a versão do cinema mudo da Harley. Mas que também tem capacidade para transmissões ao vivo por satélite, um recurso ao qual provavelmente recorreremos no futuro.

Esses "filmes mudos" contêm toda espécie de dados: informações de boas-vindas aos novos funcionários; dados sobre produção, custo e qualidade para a localidade; notícias sobre pessoas em visita à fábrica; trechos de noticiários econômicos e os resultados de Wall Street do dia anterior (inclusive o preço de fechamento das ações da Harley); cronogramas de treinamento; e mais. Os funcionários de cada localidade trabalham em colaboração com o setor de comunicações de funcionários a fim de definir o conteúdo das transmissões, e — em muitos casos — ajudando a coletar e divulgar informações específicas de suas localidades.

Os círculos começaram a surgir em nível de diretoria — não em nível formal, explica ela, mas foram criados para incentivar as comunicações interfuncionais dentro das subfunções de cada círculo.

Demitros vê provas de que a filosofia dos círculos está se transmitindo "empresa abaixo". Em sua opinião, esse é um sinal muito positivo para o futuro da empresa. "Rich sempre foi incrivelmente impaciente", acrescenta ela. "Ele tinha, e tem, idéias maravilhosas sobre como criar um trabalho em equipe. E, até recentemente, ele se queixava do fato da idéia não ter 'pegado'. Pois devo dizer que ele está *enganado* — a idéia 'pegou' *sim.* É bem verdade que não é perfeita, e jamais será. Mas o nosso progresso foi enorme."

De Olho no Prêmio

As pesquisas de opinião formais realizadas a cada dois anos foram extintas após o esforço de 1993, por não haver clareza quanto ao que a empresa poderia aprender com elas. As descobertas preponderantemente negativas também desestimularam os proponentes dessas auditorias.

Momentaneamente, os líderes da Harley buscaram incentivo em um artigo publicado em 1997 na revista *Fortune*, sobre as 100 melhores empresas onde se trabalhar nos Estados Unidos. O artigo (um evento anual, aguardado ansiosamente por algumas empresas e temido por outras) era baseado em pesquisas de opinião conduzidas pela *Fortune* junto aos funcionários das empresas. No cômputo geral, a Harley figurava em 17º lugar, uma posição mais do que respeitável. E na categoria "eficácia nas comunicações", a Harley superou até mesmo um eminente grupo correlato. Em resposta à questão "a gerência me mantém informado sobre acontecimentos e mudanças", 72%, em média, de todos os funcionários entrevistados nas 100 melhores empresas concordavam. Na Harley, esse percentual foi de 84%.

Como essas classificações eram o resultado de pesquisas de opinião realizadas com funcionários, e em virtude das 100 melhores empresas constituírem um ilustre grupo correlato, talvez a Harley pudesse concluir que o desafio das comunicações fora abordado de forma eficaz. Mas, no ano seguinte, a Harley caiu do 17º para o 77º lugar. Mais desanimador ainda era o fato de sua pontuação no item "eficácia nas comunicações" ter caído de 84% para 58% positiva.

Talvez a lição mais importante extraída dessas experiências seja de que a Harley não pode se dar ao luxo de não se preocupar com as comunicações, nem pode, ao mesmo tempo, se punir por não atender a altos padrões.

"A Harley é a sua maior crítica", diz Jeff Bleustein. "Somos *muito* rigorosos conosco. E embora isso às vezes tenha o seu ônus, é também uma grande vantagem. O Processo Empresarial foi bem-sucedido em angariar compromisso. As pessoas na Harley hoje alimentam expectativas muito altas em relação a si mesmas, à empresa e a todos à sua volta. Portanto, quando as coisas não saem como elas gostariam, elas abrem o verbo mesmo."

LEE: Hoje não ouço mais as reclamações que costumava ouvir a respeito das comunicações. Tendo a ouvir comentários como: "Puxa, até que enfim eles estão fazendo um bom trabalho; eles estão chegando lá; por que eles não tentam mais essa alternativa?"

Mas também não quero deixá-los imunes às dificuldades. Algumas empresas mantêm uma posição de destaque nessas avaliações ano após ano. Empresas que nunca obtêm esse tipo de classificação — ou empresas um pouco instáveis, como a Harley nos últimos anos — devem se perguntar em que aspectos elas deveriam mudar.

A comunicação não é um fim por si só, mas uma ferramenta para a viabilização de outras mudanças fundamentais. No próximo capítulo apresentamos um exemplo de resultado altamente favorável à Harley que não teria sido possível sem um bom sistema de comunicações.

11

Parceria

Um Exemplo Prático

A visão da Harley-Davidson descrita no Capítulo 5 hoje contém a declaração de que a Harley existe, em parte, para melhorar "continuamente a qualidade de relacionamentos mutuamente benéficos com todos os participantes". Essa declaração compreende implicitamente o conceito de *parceria* — uma palavra "batida", mas que capta várias idéias que vêm se tornando cada vez mais importantes para a Harley desde a década de 90.

Primeiro, uma definição. Na Harley, "parceria" significa que

- o relacionamento é interdependente;
- os interesses de ambas as partes no relacionamento são válidos;
- nenhuma das duas partes pode ser bem-sucedida sozinha;
- no relacionamento, as partes são responsáveis não apenas pelos resultados alcançados por cada uma, mas também pelo relacionamento propriamente dito.

Quem poderia ingressar na empresa envolvido nesse tipo de relacionamento? Ao elaborar pela primeira vez uma lista dos principais participantes da empresa em 1988, a Comissão Executiva da Harley se concentrou no seguinte:

- Clientes (revendedores e motoqueiros).

- Funcionários.
- Fornecedores.
- Investidores.*
- Governo.
- Sociedade.

Nos mais de 10 anos que se seguiram, a Harley procurou operar em um relacionamento de parceria com grupos nessas seis categorias. Os esforços da empresa em *cada* área — alguns mais bem-sucedidos, outros menos — seriam suficientes para encher um livro.

Vejamos, por exemplo, o relacionamento da Harley com a sua rede concessionária. Em 1993, pela primeira vez na história da empresa, o contrato de serviço de vendas que rege o relacionamento entre a Harley e suas concessionárias foi desenvolvido conjuntamente pela empresa e o Dealer Advisory Council.

RICH: É difícil transmitir as reais proporções dessa mudança. Na maioria dos casos, os contratos são redigidos pela parte que detém o poder, e o resultado é equilibrado: Eu ganho, você perde. É algo altamente inusitado um fabricante se dirigir a seus clientes de primeira linha — seus revendedores — e dizer: "Muito bem, vamos nos reunir para elaborar o tipo certo de contrato para o nosso relacionamento."

Os fornecedores também constroem relacionamentos de parceria com a Harley. Por exemplo, a empresa criou um programa chamado "Top 70" (os 70 Mais). Os gerentes seniores da Harley passam um dia por ano nas instalações de cada um dos 70 fornecedores mais importantes da empresa, explicando o que está acontecendo nela e inteirando-se do que está acontecendo do ponto de vista dos fornecedores. Ao mesmo tempo, esses fornecedores (e outros não incluídos na lista dos 70 Mais) trabalham com o departamento de compras da Harley para definir como construir conjuntamente um relacionamento mutuamente benéfico.

* Em 1994, conforme observado nos capítulos anteriores, os "investidores" substituíram os "acionistas" nessa lista, porque o termo "investidores" representava uma descrição mais abrangente e precisa desse grupo participante.

Cada um desses relacionamentos com participantes justifica a atenção. Neste capítulo, no entanto, focalizaremos os esforços de parceria da Harley com dois subgrupos específicos de funcionários da empresa, como uma forma de ilustrar a filosofia e o significado do conceito de parceria. Esses subgrupos são os dois sindicatos internacionais que, juntos, representam grande parte dos funcionários da Harley: a International Association of Machinists (IAM) e o United Paper Workers International Union (PACE)

Apresentamos também esse esforço de parceria como o primeiro de uma série de exemplos práticos, com a finalidade de demonstrar como as iniciativas descritas nos capítulos anteriores podem convergir para gerar mudanças positivas. Sem esses investimentos anteriores em pessoas e idéias, não teria sido possível a formação de parcerias.

As Raízes das Parcerias

As raízes da parceria da Harley com a IAM e o PACE remontam à crise enfrentada pela empresa no final da década de 70 e início da década de 80, na época em que a *sobrevivência* era uma meta compartilhada por todos. Líderes e membros sindicais reconheciam a extrema gravidade da situação da empresa e trabalharam em colaboração com a administração da Harley para salvar a empresa.

Depois que a crise passou e a Harley começou a sua recuperação financeira e a reconquista de mercado, a motivação para o trabalho conjunto começou a diminuir. Todas as partes — inclusive a administração, os líderes e membros sindicais, e funcionários não sindicalizados — começaram a retornar aos seus antigos hábitos. Os antigos padrões de comportamento e interação "funcionavam suficientemente bem" antes da crise — embora algumas pessoas, tanto da administração quanto dos sindicatos, se perguntassem se os antigos comportamentos haviam contribuído para a experiência quase fatal vivida pela empresa. Mas ninguém conhecia qualquer *outra* forma de comportamento.

A partir do final de 1986, a administração da Harley se convenceu de que "o antigo estilo" não atenderia às necessidades da empresa nos anos seguintes. Essa percepção levou à série de providências descritas nos Capítulos 2 e 3: a retenção de Lee e seus colegas da ROI, o Processo de Visão Conjunta cooperativo e toda a gama de atividades correlatas detalhadas neste livro. Conforme mencionado no Capítulo 3, o Processo de Visão Conjunta vigorou de meados de 1988 ao início de 1990. Até que, em fevereiro de 1990, o PACE Local Union 7209 solicitou a suspensão do processo.

A suspensão, conforme observado anteriormente, foi um contratempo, mas não um golpe mortal contra as atividades cooperativas. Os dois outros sindicatos menores da Harley continuaram com o Processo de Visão Conjunta. E a ação conjunta prosseguiu em várias frentes em todas as localidades, dentre as quais aquisição de equipamentos, visitas a clientes, comissões de segurança e saúde do trabalho, e outras. Mas no final de 1993 e início de 1994, os gerentes seniores da Harley voltaram a se preocupar com o fato de que essas atividades não proporcionassem os tipos de melhoria contínua que a empresa necessitava alcançar.

Que prova eles poderiam apontar? A demanda de mercado estava no auge. Aparentemente, essa era uma boa notícia, só que a Harley não tinha como atender a essa crescente demanda. Os revendedores clamavam por motocicletas. Os clientes estavam furiosos por terem de esperar 18 ou mais meses por uma Harley. A idoneidade da estrutura de preço sugerida no varejo estava ameaçada. Os preços começavam a alcançar níveis exorbitantes, o que levava a mais reclamações de clientes revoltados.

Um dos riscos inerentes a todo o sucesso altamente visível da Harley — as altas margens de lucro (pelo menos pelos padrões do setor de motocicletas), a fila de clientes à espera de produtos, a atenção na imprensa de negócios — era de que a Harley reforçasse seus próprios concorrentes. Os então concorrentes poderiam vender abaixo dos preços do fabricante baseado em Milwaukee, e novos concorrentes poderiam se sentir tentados a entrar na briga. Enquanto isso, é claro, Wall Street deixava clara sua intenção de cotar a Harley pelos altos padrões de desempenho da própria empresa. Os atuais sucessos da Harley na época levaram a expectativas de um crescimento ainda maior no futuro. Mas a empresa, com suas fábricas já operando a pleno vapor, literalmente não tinha mais nenhuma margem para crescer.

A ampliação da capacidade de produção parecia um primeiro passo óbvio. Mas sem uma desvinculação radical das antigas práticas, a ampliação teria que ocorrer nas instalações existentes dominadas pelo PACE e pela IAM. Que papel, se é que havia algum papel, os membros dos sindicatos deveriam desempenhar no planejamento da ampliação de capacidade nas localidades existentes da Harley?

Não é de surpreender que alguns executivos e gerentes fossem favoráveis a uma radical desvinculação. Eles diziam que estava na hora da Harley construir uma nova fábrica longe das instalações sindicalizadas existentes. Seguindo essa estratégia, argumentavam eles, a Harley poderia operar "livre dos sindicatos", com todas as vantagens supostamente associadas a esse estilo de trabalho. E, de quebra, construindo uma instalação inteiramente nova, a Harley poderia evitar todas as disputas de território, e outras do gênero, resultantes da ampliação desta ou daquela localidade existente.

Nos últimos meses de 1994, Rich, Jeff Bleustein e seus colegas deram justa atenção a essa proposta de "separação amigável". Depois de muito debate, eles decidiram que, embora uma nova instalação fizesse sentido, a Harley *não* deveria usar as circunstâncias do momento como desculpa para romper o antigo relacionamento da empresa com seus sindicatos.

Após chegar a um consenso contra a construção de uma nova instalação distinta dos sindicatos, Rich e Jeff Bleustein convocaram uma reunião em dezembro de 1994 com George Kourpias (presidente internacional da IAM) e Wayne Glenn (presidente internacional do PACE), para dar início às conversações sobre como a Harley poderia solucionar seus problemas de capacidade. Rich e Jeff enfatizaram que a Harley queria explorar a possibilidade de formar uma autêntica parceria com seus sindicatos.

O sucesso da reunião foi além das expectativas. A alta liderança das três instituições — Harley, PACE e IAM — concordava que uma parceria plena atenderia aos interesses das três partes. Ela concordava que suas metas conjuntas deveriam incluir: (1) contínua melhoria nas instalações existentes e (2) uma melhoria *radical* na nova instalação. (Os sindicatos não esperavam, nem a empresa concordaria, que um contrato existente regesse o funcionamento de uma nova fábrica.) Por fim, eles chegaram a um acordo em relação a uma estrutura e um procedimento que permitisse a evolução das conversações sobre a parceria. Jeff, Rich e os presidentes dos dois sindicatos seriam chamados de "diretores" nesse processo, mas esses diretores só interviriam em caso de absoluta necessidade. Eles se descreviam como criadores de políticas e árbitros no juízo de última instância.

A JPIC em Ação

Os diretores designaram a difícil missão de formação da parceria a um grupo que passou a se chamar "Joint Partnership Implementation Committee" (JPIC). A comissão consistia em dois representantes seniores da IAM (Jim Pinto e Lou Kiefer), dois do PACE (Keith Kirchner e Gordon Brehm), dois da administração da Harley (Tom Gelb e o vice-presidente de recursos humanos, Bill Gray), e John Ciparro, representante do Departamento do Sindicato Industrial da AFL-CIO. John havia atuado anteriormente como assistente em questões entre força de trabalho e administração, envolvendo ambos os sindicatos.

A JPIC começou a se reunir no início de janeiro de 1995, e logo decidiu que necessitava da ajuda de um facilitador externo experiente e imparcial. Na primeira sessão, os representantes da administração chegaram com Lee a tiracolo e sugeriram que ele fosse mantido como facilitador. Os representantes dos sindicatos criticaram a administração por tentar impor uma solução ao processo JPIC que estava nascendo. Mas, para sorte deles, a JPIC superou esse erro de procedimento, entrevistou Lee para a função e — com base em sua experiência anterior com ambos os sindicatos internacionais da Harley e em outras empresas — manteve-o como facilitador.

LEE: Esse episódio foi um caso de comunicações truncadas. Eu pensava que todos já tivessem conhecimento da função que me fora proposta e estivessem de acordo. Bem, obviamente não. Propus retirar-me imediatamente, mas as partes se reuniram e contornaram a situação. A administração havia cometido um erro, mas nada que pudesse destruir o esforço de parceria.

A JPIC cuidou primeiro da tarefa de definição da expressão "autêntica parceria". Quais as metas dessa parceria? Que princípios norteariam sua criação e evolução? Era uma tarefa avantajada. A JPIC se empenhou em mais de 120 horas de diálogo intenso, franco e cada vez mais produtivo entre janeiro e março. No final de março, a JPIC enviou a primeira minuta de sua declaração aos diretores para uma análise formal. Segue-se trecho desse documento:

Esta parceria tem por base o compromisso de criar uma nova era nas relações força de trabalho-administração. As principais metas da parceria são melhorar a qualidade, a produtividade, a participação, a flexibilidade e o desempenho financeiro (questões sob a égide do Guarda-Chuva do Processo Empresarial) da Empresa, aumentando paralelamente as oportunidades de ganhos, a estabilidade e a satisfação no emprego, e os níveis de segurança dos funcionários.

As partes reconhecem que a realização dessa parceria envolveria pessoas de todos os setores da empresa nos processos de troca de informações, solução de problemas e tomada de decisões em proporções muito maiores do que antes. A IAM, o PACE e a Harley-Davidson reconhecem sua responsabilidade conjunta de conquistar o compromisso de todos os funcionários, horistas e assalariados, de contribuir para o sucesso da Empresa e para a criação de um ambiente de trabalho positivo que beneficie a todos.

Desenvolveremos, através do processo decisório compartilhado, abordagens de trabalho orientadas para o desenvolvimento, a produção e a distribuição oportuna de produtos e serviços, inclusive os sistemas de suporte administrativo necessários à satisfação das necessidades atuais e futuras de nossos clientes. Essas abordagens maximizarão a contribuição de habilidades, conhecimentos e informações através dos constantes esforços e do compromisso das pessoas no sentido de buscar, aprender e aplicar a competência em diversas disciplinas.

Superando o Ceticismo

Os diretores logo deixaram claras suas antagônicas reações a essa minuta inicial. Do ponto de vista da administração, a minuta da declaração oferecia uma clara e bem-vinda prova de que o PACE e a IAM estavam prontos a assumir uma grande parcela de responsabilidade pela melhoria contínua em todas as localidades. Os sindicatos compreendiam e tinham um compromisso com as metas e os objetivos da empresa.

Por outro lado, a minuta do acordo exigia uma contribuição substancialmente maior dos sindicatos para as atividades até então de domínio exclusivo da administração. Gradativamente, através de uma série de conversações (facilitadas por Lee), Bill e Tom ajudaram Rich e Jeff a se familiarizarem com o documento *na sua integralidade.* Entretanto, Rich e Jeff continuavam a ter reservas em relação a partes específicas da minuta. Eles achavam também que, mesmo nos pontos em que eles estavam de pleno acordo com os princípios subjacentes do documento, ainda havia muito trabalho pela frente. Por exemplo, o alinhamento do comportamento dos líderes de toda a empresa (tanto dos sindicatos quanto da administração) com um estilo novo e muito diferente de atuação parecia uma tarefa repleta de dificuldades e perigos.

A diretoria da Harley também reagiu com grande ceticismo quando o plano lhe foi inicialmente apresentado pela gerência em fevereiro de 1996. Na opinião de alguns membros da diretoria, a empresa tinha uma rara oportunidade. Depois de anos, a Harley estava diante da chance de montar a sua primeira fábrica nova, longe da história e da "bagagem" de Milwaukee, e agora a gerência propunha trazer os sindicatos junto. Isso fazia sentido?

RICH: Não existe muito drama nesse tipo de mudança de que estamos falando, mas esse foi um episódio dramático. Vários membros da diretoria nos abordaram com agressividade, enquanto diversos integrantes da administração começaram a vacilar.

Chamei Jeff Bleustein reservadamente após o jantar e disse: "Veja bem — é bom você decidir esta noite se quer ou não quer a parceria, porque amanhã é provável que a idéia já esteja sendo 'leiloada'". Com isso, Jeff, Jim McCaslin e seus colegas ficaram acordados até as 2 horas da manhã preparando uma apresentação para ser feita à diretoria na reunião formal que seria realizada dali a cerca de oito horas.

Era um caso no qual a diretoria havia cumprido bem o seu papel, obrigando a gerência a pensar no que estava se metendo. E os gerentes da Harley responderam à altura, com uma apresentação muito eficaz que ganhou o dia. Fiquei muito satisfeito por isso. As coisas estavam se encaminhando.

Os líderes sindicais também expressaram reações antagônicas à minuta. Sem dúvida, eles gostaram das disposições que exigiam maior participação dos sindicatos nas decisões-chave, e os líderes sindicais estavam satisfeitos com os compromissos expressos da declaração com (1) o crescimento dos negócios e (2) a ampliação da titularidade dos sindicatos. Em relação a outros compromissos constantes na declaração, no entanto, eles não demonstravam a mesma satisfação; por exemplo, o compromisso por parte dos sindicatos em assumir responsabilidade conjunta com a administração pelos resultados. Historicamente, os sindicatos sempre adotaram uma postura reacionária nas relações força de trabalho-administração. A administração age, e os sindicatos reagem; a administração toma uma decisão, e os sindicatos a acatam ou combatem-na.

Concordar em aceitar responsabilidade conjunta significa trabalhar em conjunto com a gerência para chegar a decisões conjuntas. Isto seria uma aventura em território desconhecido e os líderes sindicais não estavam totalmente certos de que seus membros aprovariam esse novo papel "proativo" de seu sindicato.

Nesse ínterim, os diretores pensavam em suas respectivas respostas à proposta apresentada nessa minuta, enquanto a JPIC partia para a fase seguinte dos trabalhos. Conforme observado anteriormente, a minuta inicial foi elaborada em nível de princípio geral. Mas esses princípios tinham pouco significado real enquanto não fossem traduzidos em termos práticos. Por exemplo, a minuta inicial comprometia todas as partes com os princípios do "processo decisório compartilhado". Mas o que, exatamente, isso significava?

Para responder a essas pergunta, Lee sugeriu uma estrutura que permitisse uma sessão de *brainstorming* da JPIC. Juntos, os membros da JPIC identificaram todos os tipos de decisão que uma empresa como a Harley tomaria no curso normal de suas atividades, o que resultou em uma lista com cerca de 30 tipos de decisão, dentre os quais (por exemplo) o conteúdo dos programas de educação e treinamento e as decisões relativas a funcionários, *sourcing*, fusões e aquisições. A JPIC dividiu essas decisões em três amplas categorias:

1. ***Decisões unilaterais sem participação***, a serem tomadas de forma unilateral por uma instituição (isto é, administração ou sindicatos), sem a participação da outra.
2. ***Decisões unilaterais com participação***, a serem tomadas por uma instituição após ouvir e levar em consideração a opinião da outra.

3. ***Decisões consensuais***, que exigiam a participação no processo decisório de todas as instituições afetadas por tais decisões.*

A definição de "consenso" da JPIC era específica e um tanto incomum. Incluída como um apêndice ao acordo definitivo de parceria, tinha o seguinte teor:

> Como parceiros na administração da empresa, utilizamos o consenso como nosso modo preferido de processo decisório grupal...
>
> Haverá consenso em nível de grupo quando:
>
> - Forem identificadas as alternativas.
> - Todas as preocupações legítimas dos indivíduos forem abordadas de modo a satisfazer ao grupo, e
> - O grupo decidir optar por uma dessas alternativas e apoiá-la.
>
> No seu sentido mais puro, consenso significa que o grupo chegou a uma decisão que será respaldada pelas ações de cada membro desse grupo. A decisão não precisa ser a opção básica de cada membro do grupo, mas o apoio à decisão a partir do momento em que se tenha chegado a um consenso é fundamental.
>
> O nosso sucesso como parceiros está na nossa capacidade de processar informações com rapidez, e tomar decisões que permitam à empresa progredir no ritmo necessário.
>
> Caso um grupo esteja dividido em relação às decisões que pode apoiar, o grupo deve continuar a trabalhar na questão, confiando nos dados e fatos como a base desse processo decisório consensual. Na hipótese de essa parte do grupo não conseguir manifestar apoio a uma decisão que conte com o apoio do restante do grupo, essa(s) pessoa(s) deve(m) retirar sua objeção ou apresentar alternativas e convencer o grupo dos méritos dessa posição alternativa, permitindo, na realidade, que o gru-

* Observe a semelhança entre essas definições e os processos decisórios definidos no Processo de Visão Conjunta e também no esquema da organização circular. Embora nem sempre de forma consciente, os participantes estavam recorrendo e se beneficiando de um trabalho realizado meses ou anos antes.

po chegue a um consenso quanto à idéia alternativa. Dizer simplesmente "não" nunca é uma opção aceitável.

Novamente os diretores analisaram o trabalho da JPIC, e mais uma vez expressaram satisfação e reservas. À medida que os meticulosos detalhes de um processo decisório compartilhado começavam a ser definidos, ficava mais claro quão radicalmente diferentes seriam os papéis das partes, se e quando elas adotassem essa nova abordagem. Mais do que nunca, a administração envolveria representantes sindicais muito mais cedo e de forma muito ampla no processo decisório. Os líderes sindicais seriam responsáveis não apenas por representar os interesses de seus membros no decorrer de uma mudança real ou proposta, como nos moldes tradicionais, mas também de convencer seus membros da *propriedade* de uma decisão severa.

Apesar dos riscos inerentes a essas mudanças propostas, os quatro diretores apoiaram as propostas da JPIC. O processo estava prestes a entrar em uma nova fase. Um pequeno grupo de pessoas dedicadas trabalhara intensamente durante vários meses para chegar a um acordo, e havia conseguido elevar quatro indivíduos em suas respectivas escalas institucionais de modo a abençoar esse acordo. Agora a parte difícil: conseguir o apoio dos líderes locais ao acordo — tanto em nível de sindicato quanto de administração — em cada uma das localidades Harley existentes.

Dos 35 aos 100

O processo de construção de consenso em larga escala, na verdade, teve início no ano anterior. No verão de 1995, a JPIC convocou a primeira de uma série de reuniões à qual a comissão chamou informalmente de "Os 35", ou seja, os primeiros 35 principais líderes administrativos e sindicais das instalações da Harley em York, Milwaukee e Tomahawk. As regras básicas que regiam essas reuniões surpreenderam alguns membros do grupo dos 35. A JPIC declarou francamente que os princípios e metas essenciais da parceria proposta, bem como o conceito de liderança e processo decisório compartilhados, *não* poderiam sofrer alterações radicais. (Esses métodos e metas haviam sido decididos através de um processo consensual apoiado e sustentado pelos principais líderes institucionais.) Mas a JPIC incentivou os 35 a sugerir melhores maneiras de *declarar* os princípios e metas no acordo proposto; a comissão incentivou também o grupo mais amplo a procurar omissões no acordo e sugerir formas de lidar com elas.

Os 35 responderam de modo construtivo e com uma espécie de reservado otimismo. Publicamente, eles expressavam sua determinação em ajudar a tornar esses princípios realidade e sugeriam várias formas pelas quais a JPIC pudesse melhorar o documento existente. (Eles sugeriam, por exemplo, uma forma de reduzir a lista original de "tipos de decisão" com mais de 30 itens para 23.) Em particular, com vários níveis de ansiedade, eles expressavam duas preocupações: primeiro, que seus colegas da outra "facção" sindicato-administração não conseguissem cumprir suas promessas; e, segundo, que eles *próprios* não conseguissem cumprir os compromissos inerentes ao acordo proposto.

Os 35 identificaram também duas questões importantes que, se não fossem solucionadas, poderiam impedir o sucesso da implementação do acordo. A primeira era a segurança no emprego: uma questão volátil cada vez mais importante em uma época em que muitas empresas nos Estados Unidos passavam por processos de *downsizing* ou estavam transferindo funções de produção para localidades *offshore* a fim de se manterem competitivas. A segunda questão era mais de natureza local. Que impacto essa parceria proposta teria nos contratos que já vigoravam em todas as localidades e que diferiam significativamente de uma localidade para outra?

A JPIC incorporou ao documento todas as alterações de teor e outros esclarecimentos sugeridos pelos 35. Entre agosto e novembro de 1995, a comissão resolveu também a questão dos dois fatores potenciais de "quebra de acordo" identificados pelos líderes locais. O problema dos conflitos entre o acordo de parceria e os dissídios coletivos de trabalho existentes poderia ser resolvido de forma extremamente simples. O "X" da questão estava nos respectivos contratos locais que, por lei e práticas passadas, permaneceriam em vigor até que fossem alterados em nível local. Com essa diretriz em mente, a JPIC redigiu um protocolo de entendimento e o submeteu à análise e aprovação dos líderes locais.

A segunda questão, a segurança no emprego, era muito mais difícil de resolver, o que não era surpresa para ninguém na JPIC. Seus membros se lembravam muito bem do que acontecera em 1982, quando a Harley dispensou 40% de sua força de trabalho. A razão lógica para essas demissões em massa, compreendida e aceita por todas as partes na época, era de que as demissões em larga escala eram a única maneira de manter a empresa viva. E será que tempos igualmente difíceis não poderiam voltar em algum momento no futuro?

Enquanto a comissão debatia a questão contenciosa, representantes da administração na JPIC faziam algumas perguntas muito incisivas. "Tudo bem que se apregoe a segurança no emprego e se reivindique algum tipo de disposição legal de garantia empregatícia", argumentavam eles. "Mas será que isso realmente adianta para equilibrar os interesses de nossos investidores? E o que acontecerá se a Harley, *de fato*, voltar a enfrentar circunstâncias desesperadoras? Deixamos a empresa se afundar a fim de honrar um compromisso com a segurança no emprego?"

Mas os representantes dos empregados apresentavam seus fortes argumentos. A parceria proposta tinha por objetivo promover a melhoria contínua e os aumentos de produtividade. Se o plano fosse bem-sucedido, alguns funcionários poderiam ser desnecessários. Isso levou os representantes dos sindicatos, por sua vez, a fazer também suas perguntas incisivas: "Por que deveríamos concordar em trabalhar para sermos dispensados de nossos empregos?"

Esses debates internos da JPIC eram apaixonados e, na memória de vários participantes, às vezes muito *intensos.* Mas dois fatores mantinham as paixões funcionais tradicionais (sindicato *versus* administração) mais ou menos sob controle. Primeiro, os membros da JPIC tinham um enorme respeito uns pelos outros como pessoas (de acordo com os valores da Harley). E, segundo, os membros da comissão percebiam que já estavam assimilando os princípios fundamentais contidos no acordo proposto. Todos tinham um compromisso com a saúde e a viabilidade da empresa a longo prazo. Dentro desse contexto, ninguém cogitaria com a devida seriedade de uma proposta que servisse aos interesses de um grupo e ameaçasse a empresa como um todo. Conseqüentemente, os debates da JPIC quase sempre eram civilizados e substantivos, e, em última análise, geravam resultados.

LEE: Eu disse à JPIC que nos meus 30 anos de experiência profissional jamais tinha visto questões tão complexas debatidas com tamanho grau de excelência. Os membros ouviam e respeitavam os pontos de vista uns dos outros. Uma parte provava compreender as válidas preocupações da outra — às vezes até endossando os argumentos do outro lado. O mais importante é que eles se mantinham concentrados nas metas e nos princípios, sem se prenderem aos tipos de detalhe capazes de destruir um acordo.

Seria difícil exagerar a enormidade e a intensidade do trabalho da JPIC durante esse período. A comissão somou inúmeras horas de discussões face a face no curso de três meses. Entre essas sessões periódicas de grupo, indivíduos e subgrupos passavam um número incontável de horas pesquisando propostas de políticas específicas, na tentativa de descobrir como a empresa poderia implementar essas políticas e que impacto estas poderiam produzir.

Essa fase convergiu para uma nova série de consultas aos diretores, o que levou a novos pedidos de mudança, e, por sua vez, a mais debates com a JPIC. A JPIC propunha mudanças muito reais na forma de organização e gerenciamento da empresa, e era extremamente difícil conseguir a adesão dos diretores.

Com base nessa repetitiva série de discussões, a JPIC acabou por produzir um conjunto de documentos contendo versões saturadas de emendas dos princípios e metas da parceria proposta, um acordo a contento abordando os conflitos entre o acordo de parceria e os dissídios coletivos locais, e — o mais evasivo de todos! — um acordo que regia a segurança no emprego. Esse acordo dizia, em determinado trecho, o seguinte:

> Nossa parceria está baseada no total dos compromissos de todos os funcionários em aceitar a obrigação de participar ativamente dos esforços destinados a abordar as necessidades de capacidade, enquanto isso melhorando continuamente a produtividade, a qualidade, a flexibilidade e o desempenho financeiro.
>
> Em conseqüência dessa participação ativa, as funções e os requisitos funcionais serão alterados. Quando ocorrerem as mudanças, os funcionários receberão treinamento e serão redesignados de acordo com os dissídios coletivos aplicáveis.
>
> Para participar ativamente desse ambiente de parceria, as preocupações dos funcionários no tocante à perda do emprego são legítimas; assim sendo, os Parceiros concordam que os funcionários "com direito à segurança empregatícia" não perderão seus empregos em decorrência de sua participação na parceria, inclusive na subcontratação e ampliação das fábricas novas e existentes e/ou de produtos. Funcionários "com direito à segurança empregatícia" são definidos como:
>
> A. Todos os funcionários efetivos que trabalham em regime de expediente integral empregados na data em que este acordo passou a vigorar; ou,

B. Qualquer funcionário contratado em caráter efetivo para trabalhar em regime de expediente integral após a data em que este acordo passou a vigorar e que já tenha completado dois anos de serviço na empresa.

Este acordo está baseado no princípio de que cada funcionário demonstra disposição de melhorar continuamente suas habilidades, bem como de aprender novas habilidades e competências. Os Parceiros têm a obrigação de oferecer educação e treinamento à conveniência da Empresa, bem como de oferecer trabalho complementar que continue a utilizar o talento de todos os funcionários.

Em caso de sérias dificuldades econômicas, os Parceiros explorarão cursos de ação alternativos antes de cogitar da necessidade de redução de pessoal.

Com esse conjunto de acordos em mãos, a JPIC retornou aos 35 para ouvir uma nova série de reações e discutir possíveis novos passos dentro do processo mais amplo. Para alívio de todos — especialmente da JPIC — os 35 líderes locais das áreas sindical e administrativa anunciaram sua satisfação com o trabalho da JPIC. Os 35 sugeriram também que, a essa altura, o processo exigisse um envolvimento mais amplo tanto da parte dos sindicatos quanto da administração. Essa sugestão resultou na ampliação dos 35 para "Os 100". O acréscimo de 65 novos membros permitiu que cada localidade passasse a contar com uma representação mais ampla e garantisse que um número muito maior de líderes pudesse "divulgar as boas-novas" em cada localidade.

RICH: Lembro-me de uma reunião realizada no dia 19 de outubro de 1997, na qual Jeff e eu selecionamos os pontos principais da mensagem da JPIC para a York. A nossa idéia naquela reunião era de que a JPIC havia construído o seu trabalho com base no Processo Empresarial. Queríamos nos certificar de que as pessoas conseguiam ver essas relações.

Os produtos desenvolvidos pela JPIC, e aperfeiçoados pelos 35, foram objeto de longas discussões com "Os 100". Com a evolução do diálogo nas segunda e terceira reuniões, um número cada vez maior de líderes sindicais e administrativos em nível local aproveitava a oportunidade de se inteirar melhor da "razão" existente por trás da parceria. Eles passaram a compreender o abrangente trabalho que vinha sendo realizado com o intuito de garantir que os princípios e metas da parceria levassem em consideração as legítimas necessidades, os interesses e as realidades de cada localidade. Conseqüentemente, um segmento mais amplo da liderança sindical e administrativa começou a se sentir mais satisfeito com o relacionamento imaginado. Os comentários durante essas reuniões do grupo dos 100, em princípio, eram positivos, embora céticos ("parece uma boa idéia, mas jamais dará certo"); o comentário se desenvolvia à medida que os participantes começavam a se animar ("parece uma boa idéia, e talvez *pudesse* dar certo") e demonstrar solidariedade ("parece uma boa idéia, e, a meu ver, *pode* dar certo"). Durante essas reuniões, a magnitude das mudanças que os líderes individuais — tanto dos sindicatos quanto da administração — teriam que implementar para "fazer com que tudo acontecesse" também ficou mais clara. A maioria dos líderes estava apreensiva, é claro, embora percebendo que havia sido feito um grande trabalho de base, o que lhe dava mais confiança de que algo chamado "parceria" realmente poderia ser realizado.

As discussões entre a JPIC e "Os 100" logo levaram a um primeiro produto: um programa de orientação e treinamento de parceria. Os representantes de todas as três instituições desenvolveram conjuntamente o programa, posteriormente ministrado pelos recursos internos de todas as localidades Harley no segundo semestre de 1997. O programa tinha por objetivo orientar, educar e treinar todos os funcionários da Harley envolvidos na parceria — no que dizia respeito à sua base lógica, aos seus princípios e às suas expectativas (implícitas e explícitas).

A trajetória das mudanças iniciadas por Rich e seus colegas no segundo semestre de 1987, e pouco depois aderidas por Lee, vinha agora se desenvolvendo há uma década. Rich e Lee observavam com satisfação que muitas pessoas na Harley, tanto em nível de administração quanto de sindicato, relacionavam a iniciativa da parceria a tudo o que havia acontecido anteriormente. Um membro do PACE da fábrica de Tomahawk, por exemplo, expressou sua admiração diretamente a Rich, mais ou menos nos seguintes termos: "Espero que todos aqueles que encabeçaram o Processo de Visão Conjunta entendam a importância desse processo na preparação de todos nós para essa parceria".

LEE: Esse membro do PACE foi um dos muitos que fizeram declarações semelhantes, o que já esperávamos e recebíamos de bom grado. Dada a história da Harley-Davidson, o Processo de Visão Conjunta (quando começou) representou uma grande desvinculação do passado. Os líderes administrativos e sindicais simplesmente não estavam preparados para pôr mãos à obra e implementar um estilo tão diferente de trabalho e comportamento. A abordagem do tipo "plantar e cultivar as sementes" nada tinha em comum com o sistema de "comando e controle", e geralmente nos revelava uma realidade em que prevalecia a tática de "dois passos à frente e um atrás". As pessoas passaram a ver os benefícios, mas levou tempo.

Um líder da divisão local da IAM em Milwaukee demonstrava igual entusiasmo. "Isso é ótimo", disse ele a Lee durante uma discussão individual sobre a iniciativa da parceria. "É uma extensão de todo o nosso trabalho no Processo de Visão Conjunta." Outro líder sindical (representante dos membros do PACE local em Milwaukee, que havia solicitado a suspensão do Processo de Visão Conjunta) confessou que há muito não conseguia entender onde os líderes da Harley estavam tentando chegar com o Processo de Visão Conjunta. "Agora faz sentido para mim", disse ele. "Vejo quão difícil será a próxima fase da parceria, e acho que estamos todos bem preparados para essa fase."

De Volta à Difícil Questão: A Nova Capacidade

Embora tenha concluído as fases de invenção, construção de consenso e implementação de seu trabalho, a JPIC explorou também a questão da capacidade adicional. A resolução dessa difícil questão foi retardada, mas não postergada, pela iniciativa da parceira; enquanto isso, a demanda pelas motocicletas Harley continuava a aumentar.

No início de 1996, a Harley anunciou que obteria a capacidade adicional de que necessitava através da construção de uma instalação nova em folha. Em conjunto, os representantes da administração da Harley, da IAM e do PACE determinariam o local e construiriam a nova fábrica. Se e quando os funcionários locais votassem designando a IAM e o PACE como suas unidades formais de negociação, a empresa reconheceria a condição dos sindicatos na nova fábrica.

Essa foi a primeira grande decisão tomada dentro do novo modo de parceria, e ilustrava tanto os benefícios quanto os riscos da nova abordagem. Concordando com a participação dos sindicatos em aspectos-chave da decisão, a administração evitava todos os problemas de relações trabalhistas imaginados desde 1994. Além disso, a Harley teria a vantagem de se beneficiar com a contribuição de um espectro mais amplo de funcionários sindicalizados no que dizia respeito a métodos, criação de sistemas e início de operações da nova fábrica. O preço, é claro, era que a administração perderia o controle unilateral sobre os resultados.

Os sindicatos internacionais fariam jus a claros benefícios — especialmente à neutralidade da Harley em relação a seus esforços no intuito de organizar e representar a nova instalação —, mas também vivenciariam exatamente o tipo de reação que preocupava os líderes sindicais desde que a questão do plano de parceria foi abordada pela primeira vez. Por motivos óbvios, a força de trabalho local (bem como alguns gerentes) tinha a convicção de que a empresa poderia e *deveria* expandir sua capacidade através da ampliação de uma ou mais das localidades existentes. Muitos expressavam a forte opinião de que não havia necessidade de que fosse construída uma nova instalação, e que as fábricas existentes deveriam ter a oportunidade de elaborar seus *próprios* planos para um processo de parceria que aumentasse a produtividade e expandisse a capacidade.

Os sindicatos locais que representavam as fábricas locais não perderam tempo em pedir formalmente a oportunidade de fazer propostas formais à empresa — propostas que, se aceitas, poderiam eliminar a necessidade de uma nova fábrica. Wisconsin presenteou Rich com uma solicitação escrita ao final de uma reunião entre membros da força de trabalho e da administração. Os representantes de York apresentaram sua proposta à administração durante a Reunião Anual de Revendedores, em San Diego.

Esses desafios colocaram a criatividade, a credibilidade e os nervos da JPIC à prova. É claro que os membros da JPIC haviam previsto esse tipo de reação desde o início dos trabalhos da comissão. A comissão sabia que, mais cedo ou mais tarde, uma decisão tomada de forma consensual em nível de JPIC geraria insatisfação em nível "local". Agora a situação estava pegando fogo. O que a JPIC poderia fazer para apagar o incêndio?

"Quando concordamos em formar essa parceria com os sindicatos internacionais", recorda Jeff Bleustein,

> os sindicatos locais viram isso e disseram: "Ué — ótimo para os sindicatos internacionais, mas o que isso significa para *nós*?" Eles estavam preocupados que esse fosse o primeiro passo de distanciamento das localidades existentes. Com isso, os dois sindicatos locais de York e Milwaukee vieram a nós e disseram: "Ora, vocês diziam querer implantar um novo estilo de trabalho. Muito bem, estamos prontos a trabalhar com vocês dessa nova forma. Vocês não precisam de uma nova fábrica para demonstrar isso. Basta nos dar uma chance de provar que podemos trabalhar com vocês dessa nova forma. Se conseguirmos, vocês mudarão de idéia em relação à nova fábrica?"
>
> Dissemos: "Já assumimos um compromisso com a nossa diretoria de que teremos uma nova fábrica onde fabricaremos uma motocicleta completa, do início ao fim. E existem vários outros benefícios que estaremos recebendo dessa nova fábrica além de um novo relacionamento. Portanto, não podemos lhes prometer nada, mas lhes daremos a chance de vender o peixe de vocês".

Esse pedido e essa resposta levaram a mais uma intensa série de discussões e, em última instância, a uma alteração no plano por parte da JPIC. A cética diretoria da Harley concordou com um atraso de seis meses, permitindo que a JPIC ganhasse tempo para esse novo processo de invenção. A JPIC incentivou as localidades existentes a desenvolver planos específicos de expansão de capacidade para suas respectivas instalações, mas esse incentivo veio acompanhado de uma série de condições. Primeiro, a força de trabalho e a administração teriam que desenvolver quaisquer desses planos *em conjunto*. Segundo, esses planos teriam que ser desenvolvidos no prazo especificado de seis meses. E, terceiro, quaisquer desses planos teriam que atender, pelo menos, aos seguintes padrões mínimos:

- Pleno compromisso com a parceria. Isso significava que cada localidade teria que ratificar primeiro, por *dois terços de todos os votantes elegíveis*, seu compromisso de engajamento no processo de parceria. (Dois terços representavam um alto nível de compromisso, uma exigência da JPIC aos sindicatos.)
- Pleno compromisso com os elementos do processo decisório compartilhado.

- Uma operação "classe mundial" (inclusive com capacidade de competir em nível internacional).
- Consistente segurança no emprego.
- Substanciais e progressivos programas de treinamento e desenvolvimento de funcionários.
- Uma preocupação comum pela empresa e seu pessoal por parte de líderes e funcionários.
- Melhoria contínua, inclusive uma organização de trabalho baseada em grupos naturais de trabalho.
- Pleno compromisso com os valores e o Processo Empresarial da Harley, bem como com os valores dos dois sindicatos.
- Acordos de trabalho não tradicionais, *também ratificados por pelo menos dois terços de todos os membros elegíveis*:
  - ✓ De longo prazo.
  - ✓ Baseados no total reconhecimento do tempo de serviço.

A JPIC não estabeleceu esses padrões com o intuito de frustrar ou prejudicar as chances das instalações existentes. Ao contrário, na opinião da comissão, as instalações existentes deveriam atender aos padrões pelos quais a nova instalação seria avaliada, porque somente alcançando esses altos padrões a Harley poderia competir de forma mais eficaz no futuro.

Até que as instalações baseadas em Wisconsin, *de fato*, desenvolveram importantes programas de expansão de capacidade e garantiram dois terços dos votos em favor desses planos. (A liderança sindical e administrativa de York decidiu não atender ao cronograma estabelecido, embora tenha produzido um plano que atendia a esses padrões.) Todos os planos baseados em Wisconsin atendiam aos critérios definidos — embora os cronogramas de implementação variassem de forma significativa — e a JPIC aprovou-os. Conseqüentemente, a JPIC redimensionou a capacidade proposta da nova fábrica de acordo com as circunstâncias.

Rumo a Kansas City

Enquanto as negociações prosseguiam com as localidades existentes, um subgrupo da JPIC — do qual faziam parte o representante da administração, Karl Eberle, e os representantes sindicais, Jim Pinto e Keith Kirchner (representantes da IAM e do PACE respectivamente) — procurava um local para a construção da nova instalação e determinava as funções específicas que essa instalação poderia desempenhar. A missão se revelou um alvo móvel. À medida que a JPIC aprovava os planos de ampliação das localidades existentes, o tamanho e o alcance da nova instalação proposta encolhiam de forma radical.

Mas a necessidade de uma nova instalação não estava completamente eliminada. Por isso, o subgrupo dos três líderes passou muitas horas estudando os desafios e as oportunidades de um novo local.

Eles visitaram localidades potenciais, trabalhando com a colaboração de recursos internos e recursos dos dois sindicatos internacionais, bem como de um especialista escolhido conjuntamente em nível local, para desenvolver projetos inovadores para a instalação, incluindo *layout* de fábrica, equipamentos, "sistemas humanos" de trabalho, e outros aspectos críticos.

Na opinião desse trio, uma abordagem cooperativa aos processos de tomada de decisões e solução de problemas passaria a ser o procedimento operacional-padrão. Ocasionalmente, no entanto, um contato com o mundo exterior enfatizava quão inusitada era a nova abordagem da Harley. A maioria das cidades que disputava a construção de novas fábricas contava com consagradas técnicas para cortejar as grandes empresas, normalmente através de grupos de desenvolvimento comunitário e econômico acostumados a trabalhar somente com representantes administrativos. Nenhuma delas estava preparada para lidar de forma eficaz com um processo decisório *conjunto* no qual os líderes sindicais tivessem voz tão ativa quanto a administração. Historicamente, algumas comunidades respaldavam suas localidades com o argumento de que era pouco provável que os sindicatos organizassem esforços. Obviamente, essa abordagem era inadequada para uma apresentação a um grupo de tomada de decisões conjunta!

Para vender o seu peixe, as comunidades tinham que apresentar dados sobre a situação de relações positivas força de trabalho-administração na área, informações normalmente não fornecidas, mas que eram de considerável interesse para os líderes da HD, da IAM e do PACE. Algumas cidades chegaram até a apresentar suas próprias versões de "colaboração entre sindicato e administração" ao reformular suas apresentações, reunindo equipes de apresentadores para fazer seus discursos à Harley. Os membros da subcomissão gostaram de assistir ao empenho de diversas autoridades municipais para mudar seus discursos. "Era algo — recorda Pinto — que eles jamais haviam feito."

A subcomissão da JPIC reduziu a lista de localidades apropriadas para três cidades, recomendando a escolha, logo aprovada pelos diretores, de Kansas City, Missouri. Posteriormente, a diretoria da Harley aprovou a decisão.

O leitor se recorda de que dois dos três membros dessa equipe avançada eram membros sindicais. Dado esse fato, achamos (Rich e Lee) surpreendente que a segunda cidade escolhida pela subcomissão estivesse situada em um estado defensor do direito ao trabalho. Em circunstâncias normais — isto é, fora do processo da JPIC — isso teria sido um anátema para os membros sindicais.

RICH: No começo do processo, antes da JPIC dar início aos seus trabalhos, os sindicatos nos diziam: "Qualquer que seja o local, essa fábrica não poderá ser construída em um estado que defenda o direito ao trabalho." Essa era uma condição inegociável. O processo da JPIC transformou essa atitude em uma posição compartilhada: "Tudo o mais em condições de igualdade, não optaremos por um estado defensor do direito ao trabalho." Essa é uma atitude muito diferente que ilustra os tipos de contribuição que a JPIC pode prestar.

Abrindo Novas Frentes

A Harley abriu novos caminhos para a sua fábrica de Kansas City no dia 24 de agosto de 1996. A nova instalação de Kansas City comemorou a produção de sua primeira motocicleta em cerimônias realizadas na cidade em janeiro de 1998.

Quatro anos se passaram desde que a liderança da Harley começara a estudar as opções para a expansão de sua capacidade, e apenas dois anos desde que Kansas City fora escolhida como sede da nova instalação. Em apenas dois anos, em outras palavras, a Harley construiu a fábrica física e os equipamentos, criou e instalou uma produção inovadora e sistemas humanos de trabalho, além de ter concluído seus primeiros produtos.

Enquanto isso, profundas mudanças também tinham lugar em todos os setores da empresa, à medida que as fábricas expandiam suas capacidades, de acordo com os planos aprovados para cada localidade. A Harley realizou muito em pouco tempo.

O alcance e o ritmo dessas mudanças se revelaram extremamente radicais na nova instalação de Kansas City. Liderada e gerenciada conjuntamente pelo pessoal administrativo da Harley e por representantes da IAM e do PACE, a nova instalação era dirigida com base nos princípios de *parceria* e *processo decisório compartilhado.* O conceito de "grupo natural de trabalho", incutido na fábrica desde o primeiro dia, ajudou a instalação de Kansas City a trilhar mais rapidamente os caminhos da melhoria contínua.

Uma falta de história e precedentes também ajuda. Na maioria das circunstâncias, Kansas City encontrou novas soluções tanto para questões novas quanto para questões reincidentes, recorrendo a metas e princípios de parceria articulados pela JPIC. Devemos observar, no entanto, que *todas* as instalações da Harley fizeram significativos avanços no sentido de alcançar a autêntica parceria originariamente definida e defendida pela JPIC.

A essa altura, muitas das metas da JPIC (citadas no início deste capítulo) estavam se tornando realidade. O esforço da Harley para construir uma autêntica parceria resultou, entre outras coisas, em

- um compromisso de toda a empresa com a liderança conjunta e o processo decisório compartilhado;
- acordos de trabalho não tradicionais e de longo prazo abrangendo todos os setores da empresa;
- segurança empregatícia para todos;
- compromisso conjunto das três instituições (a Harley e seus dois sindicatos internacionais) de continuar a melhorar o sistema de parceria.

"Chegamos a um ótimo ponto", conclui Jeff Bleustein.

> Não podemos nos acomodar. Temos que continuar trabalhando o processo de parceria. A parceria é como os valores — as pessoas estão sempre prontas a tomá-los como reféns. As pessoas se apegam ao que quer que dê errado, e dizem: "Vocês estão

vivendo de acordo com os valores, por causa disso, daquilo e daquilo outro." O mesmo acontece com a parceria. Um supervisor olha atravessado para um funcionário, ou um processo de decisão exclui alguém, e lá vai: "Tá vendo? Eu *sabia*! Vocês não acreditam em parceria. É só *blablablá*!"

Por isso devemos continuar sempre trabalhando a parceria, desenvolvendo-a e protegendo-a. Mas o processo está fortalecido e tem trazido notáveis contribuições para a empresa.

A renúncia aos poderes tradicionais e o fato de assumir novas responsabilidades têm desafiado todos os membros da parceria. Os integrantes de cada grupo têm sentido a ambivalência — e até mesmo uma certa hostilidade — em relação à parceria. Nenhum grupo tem evitado os obstáculos encontrados pelo caminho da parceria.

Tampouco qualquer localidade, grupo ou função da Harley já percebeu o pleno potencial da autêntica parceria imaginado pela JPIC. Mas a premissa básica da parceria — a melhoria contínua — afirma que o potencial da parceria será cada vez maior. "Sucesso", em outras palavras, é algo medido a cada melhoria.

12

Indicadores da Trajetória

O capítulo anterior contou como as diversas linhas de atividade desencadeadas (por Rich, Lee e muitos outros) — esforços destinados a ajudar a Harley a abandonar uma estrutura hierarquizada de comando e controle na qual as normas são transmitidas de cima para baixo — convergiram para uma área muito complexa: as relações força de trabalho-administração. Essas atividades complementares não apenas contribuíram para um novo tipo de parceria, como também ajudaram a Harley a expandir radicalmente sua capacidade, estimulando, ao mesmo tempo, a melhoria contínua em todas as localidades existentes.

Acreditamos que essas mudanças não teriam sido possíveis sem os investimentos feitos por muitas e muitas pessoas — tanto em nível de sindicato e administração quanto de funcionários horistas e assalariados — cerca de 10 anos antes. E outros membros da Harley, dentre os quais alguns que viam nossos esforços com ceticismo, começaram a nos dizer que, em retrospecto, todos esses investimentos, por mais confusos e frustrantes que às vezes pudessem ser para os indivíduos envolvidos, pareciam ter valido a pena.

Neste capítulo, apresentamos mais quatro exemplos práticos (três curtos e um mais longo) do que pensamos respaldar nosso argumento de que a Harley se beneficiou direta e materialmente das mudanças descritas neste livro. Vemos essas mudanças como bem-vindos indicadores — sinais de que, embora a Harley esteja (e sempre estará) longe da perfeição, a sua trajetória rumo a uma nova forma de atuação está sendo cumprida.

Reformulação dos Sistemas de Informações

Em novembro de 1992, Dave Storm chegou à Harley como diretor de estratégia e sistemas de operações. Para esse cargo, Dave trouxe uma significativa experiência adquirida como sócio de uma empresa de consultoria famosa em todo o mundo. Em maio de 1994, a Harley o nomeou vice-presidente, acrescentando os serviços de logística e informações às suas responsabilidades.

Ao contemplar a gama de tarefas que agora ele tinha pela frente, Dave começou a se perguntar se a função de diretor de informações não seria demasiadamente complexa para ser desempenhada por uma única pessoa. Ele estimava que a vida média de um diretor de informações era de aproximadamente três anos. Na hora em que a pessoa se enquadra na curva de aprendizado necessária e a orientação normal da empresa necessita alcançar um determinado nível de eficácia, fica evidente que a média dos diretores de informações não dispõe de muito tempo para lidar com um grande esforço de mudança. (Na realidade, ele, em alguns casos, tem a sorte de produzir algum impacto além da simples atribuição de manter a coesão de uma empresa dinâmica.) Assim sendo, Dave resolveu utilizar o conceito de organização circular/grupo natural de trabalho para reestruturar a liderança de sua função de SI.

Esses conceitos se encaixam bem na bem fundada filosofia gerencial de Dave. (Na época em que era supervisor de loja, ele afixou uma placa bem visível na parede de sua sala: "Nenhum de nós é tão inteligente quanto todos nós.") Além disso, Dave se convenceu pouco depois de chegar à Harley de que a estrutura organizacional da empresa estava tendo um impacto positivo na gerência sênior. Por que não fazer o "*download*" da filosofia empresarial para a sua própria área funcional?

Dave criou o Information Services Leadership Circle (ISLC — Círculo de Liderança de Serviços de Informações). O círculo, segundo ele dizia a seus colegas, seria formado por três diretores de SI além dele. Dentro da estrutura existente, havia um único diretor, Rich Kolbe, que até então detinha a responsabilidade total pelo SI. Na opinião de Dave, tratava-se de uma sobrecarga irreal, sem dizer que a estrutura isolava desnecessariamente a função de SI do restante da empresa. Dave já havia identificado um outro gerente da Harley, Laurel Tschurwald, que ele pretendia promover a um cargo de diretoria, mas queria primeiro recrutar alguém de fora para ocupar o terceiro cargo de diretor.

O recrutamento para essa vaga parecia uma experiência interessante. A maioria das pessoas entrevistadas por Dave, na verdade, estavam interessadas no cargo de diretor de informações, e a estrutura do ISLC era clara em não alimentar grandes esperanças em relação ao cargo. Dave logo se decidiu por um candidato favorito — Cory Mason, com 15 anos de relevante experiência — e o seu desafio acabou por convencer Cory a fazer o que a maior parte do mundo empresarial interpretaria como uma manobra unilateral. Persuadir Cory de que a liderança compartilhada fazia sentido não era uma tarefa fácil, especialmente porque (pelo que constava a Dave) não havia modelo similar de SI empresarial em nenhuma outra parte do mundo. Dave, no entanto, acabou conseguindo vender seu peixe e convencendo Cory a aderir à idéia. O fato de o pai de Cory ter se aposentado há pouco tempo da Harley, depois de mais de 15 anos na empresa, pode ter ajudado a lábia de Dave.

Com Cory na diretoria, Dave prontamente promoveu Laurel Tschurwald ao terceiro cargo da diretoria de SI. Agora ele contava com um círculo de quatro pessoas, formado por três diretores (Kolbe, que deixou o cargo em 1998 e foi substituído por Reid Engstrom; Mason e Tschurwald), além dele próprio. Após algumas discussões sustentadas, os três diretores distribuíram as responsabilidades da função de SI entre si, de modo que cada um tivesse:

- ***Responsabilidade gerencial específica pela interface com um dos três círculos de liderança: criação de demanda, produção de produto e serviço de apoio.*** Para compreender a direção estratégica futura exigida por cada círculo de liderança, e para traduzir direção em ação, os diretores de SI criaram "Conselhos de Tecnologia da Informação" (Information Technology Councils — ITCs). A finalidade dos ITCs era tripartida:
    - Gerenciar em nome do círculo empresarial as iniciativas de informação (IT — information initiatives), como estabelecimento de prioridades, análise e aprovação de questões empresariais, monitoramento de eventos relevantes e análise pós-implementação.
    - Discutir em parceria a estratégia e a direção para as capacidades e ênfase de TI à medida que o sistema afeta o círculo.
    - Comunicar à organização-sede as questões relativas às TI e as mudanças que afetam cada círculo.

Entre o final de 1995 e meados de 1996, foram criados ITCs para cada círculo empresarial. O ITC consiste no membro do ISLC responsável pelo círculo específico. Esse grupo discute as expectativas do círculo de liderança e as capacidades do SI para atender a essas expectativas.

Trata-se de uma abordagem diferente daquela adotada pela maioria das empresas, onde "comissões diretoras" de nível sênior são criadas para alocar os recursos da empresa de cima para baixo. A Harley, ao contrário, pede àqueles que se encontram na "linha de fogo" que aloquem os recursos humanos e financeiros disponíveis. Ou, como diz um dos diretores: "Os indivíduos são investidos de poderes pelo círculo empresarial de liderança para que façam o que deve ser feito em nome do círculo."

- ***Responsabilidade técnica específica por um aspecto da função de SI.*** Cada um dos diretores trouxe vantagens específicas para suas novas atribuições. Laurel, por exemplo, tinha significativa experiência de Harley, tendo ingressado na empresa em 1977. Daí ela ter aceitado a responsabilidade de cuidar dos assuntos relacionados à história, herança e cultura da empresa. Kolbe (e posteriormente Reid) tinha significativa experiência em arquitetura de SI, o que o levou a aceitar essa responsabilidade. Cory, por sua vez, tinha muita experiência na liderança de diversas funções de SI, e, por isso, ficou responsável pelas questões relacionadas a pessoal.
- ***Responsabilidade de liderança compartilhada pela tomada de decisões estratégicas.*** Teve início com o desenvolvimento de um plano estratégico de SI que, além de oferecer o roteiro futuro, serviu de orientação para a administração de questões como recrutamento/retenção, desenvolvimento de competências funcionais, comunicação, e assim por diante.

Quaisquer preocupações que os diretores de SI tivessem quanto à adoção da estrutura do Círculo de Liderança de Serviços de Informações (ISLC) logo foram dissipadas pelas óbvias vantagens apresentadas pelo sistema. Os diretores fizeram as seguintes observações em relação a essa abordagem à liderança compartilhada:

"Embora a autonomia no processo decisório possa parecer capaz de gerar pronta ação, o modelo da liderança compartilhada, com a sua diversidade de pontos de vista, desenvolve melhores decisões, gerando, por conseguinte, melhores resultados."

"O sistema de comando e controle gera coesão através da imposição, enquanto uma abordagem que crie sólidas relações gera coesão através do compromisso pessoal de fazer o que é certo."

"Dentro desse ambiente, sou energizado para crescer e fazer uma diferença, bem como para oferecer essa mesma oportunidade a outras pessoas."

Na realidade, os três diretores optaram por levar a liderança compartilhada a um importante passo à frente. No final de 1995, eles decidiram criar um Círculo de Gerentes de Serviços de Informações (ISMC — Information Services Managers Circle), formado pelos subordinados diretos dos três diretores. No total, havia 12 membros nesse "minicírculo", e a maioria na função de IS logo reconheceria que é nesse setor que é realizada a maior parte do trabalho do dia-a-dia. Dentre esses indivíduos havia cinco gerentes locais, quatro gerentes de aplicativos e três gerentes de SI.

Todos os meses, o ISMC se reúne para confrontar anotações e determinar as ações necessárias à realização de suas respectivas tarefas compartilhadas. São abordadas especificamente quatro áreas pelas quais seus membros são diretamente responsáveis: atividades cotidianas dos grupos de trabalho, projetos ativos, conselhos permanentes e grupos de tomada de decisões. Ao final da reunião, os membros do ISLC são convidados a participar de uma discussão geral sobre os pontos mencionados e para ouvir quaisquer solicitações de ações em nível de diretoria que o ISMC entenda necessárias.

O grupo de SI promove reuniões anuais em janeiro com a finalidade de garantir que todos os funcionários tenham a oportunidade de influenciar os planos de trabalho de suas próprias unidades e desenvolver seus próprios compromissos relacionados ao PEP e planos de desenvolvimento na carreira profissional. A agenda inclui

- uma apresentação e discussão sobre todos os elementos do Processo Empresarial, do Guarda-Chuva às estratégias;
- uma análise das atividades do ano anterior;
- estratégias específicas de SI para o ano seguinte.

De posse dessas informações, as unidades de trabalho e os funcionários individuais estão devidamente munidos para cumprir seus compromissos PEP e executar seus planos de desenvolvimento de carreira.

Em suma, o grupo de SI inventou um par de círculos interligados divididos em diferentes níveis que, juntos, colocam a autoridade do processo decisório compartilhado nas mãos daqueles que estão mais próximos da ação, oferecendo ainda a esses indivíduos uma significativa oportunidade de desenvolvimento pessoal.

Recentemente, o grupo de SI da Harley foi homenageado pelo terceiro ano consecutivo como uma das 100 melhores empresas dos Estados Unidos onde se pode trabalhar. (Apenas 20 outras empresas receberam tantas vezes a mesma homenagem.) E desde que as inovações se firmaram, a rotatividade dentro do grupo de SI se manteve em torno de 4 a 5% durante todo o ano de 1998. Comparada às normas de outras empresas, trata-se de uma taxa de rotatividade notavelmente baixa em uma área cada vez mais caracterizada pela volatilidade funcional.

"Considero justo dizer que a nossa rotatividade é muito mais baixa do que aquela verificada na maioria das áreas empresariais de SI", diz Dave,

> e é justo também atribuir essa situação às mudanças ocorridas nesta empresa. Não tenho a menor dúvida de que a organização circular, o respeito pela curiosidade intelectual e todos os demais fatores que fazem da Harley o que ela é hoje são as razões pelas quais conseguimos realizar tanto justamente nessa parte tão complexa do contexto organizacional mais amplo, retendo, ao mesmo tempo, o pessoal tão talentoso com o qual contamos. Acho que as pessoas são fiéis à Harley, e a essa parte específica da Harley, por serem estimuladas, por serem tratadas com respeito e por adorarem a maneira como elas podem trabalhar.

Aprendendo com a Experiência

Uma das experiências mais frustrantes para as pessoas em uma empresa é trabalhar arduamente para corrigir um problema e vê-lo reaparecer de forma semelhante mais tarde. (No cenário empresarial, assim como campo de batalha, a repetição de erros passados pode ter conseqüências desastrosas.) Um dos benefícios oferecidos à Harley pelo seu trabalho com o Centro de Aprendizado Organizacional descrito no Capítulo 9 foi o fato de a empresa ter tido a oportunidade de aprender com os outros, evitando, assim, a armadilha da reincidência de erros.

Esse tipo específico de aprendizado foi reforçado e ampliado em conseqüência de uma visita ao War College, em Carlyle, Pennsylvania, em 1997. Lá, um alto oficial do Exército descreveu um processo de aprendizado em equipe chamado "Análise Pós-Ação", ou AARs (After Action Reviews). A meta das AARs é mudar o foco organizacional da rápida solução de um problema após o fato para a compreensão das causas básicas desse problema. Isso exige que a empresa considere a reflexão como forma de uso legítimo do tempo de uma pessoa. Como os líderes da Harley bem sabiam por experiência própria, o processo de reflexão geralmente é subestimado. A maioria das empresas enfatiza basicamente (ou até mesmo exclusivamente) a *correção* do problema, e não o entendimento de suas causas.

A Harley-Davidson adotou e adaptou as técnicas do "aprendizado pela experiência" do Exército. Tim Savino, diretor de desenvolvimento e treinamento, sintetiza os aspectos básicos da abordagem da seguinte maneira:

- Simples de aprender, mas um desafio em termos práticos.
- Baseado na premissa de que a melhor maneira de aprender é enquanto a experiência está recente.
- O aprendizado exige a perspectiva de todos os participantes (em outras palavras, é uma responsabilidade de equipe).

Os passos do processo de AAR, conforme empregado na Harley, são relativamente objetivos:

- Análise da *intenção* da ação recente.
- Reconstrução dos eventos-chave: *O que aconteceu?*
- Discussão das *lições aprendidas* a partir dessa ação.
- Definição das *implicações* geradas pela ação.
- Tomada de *providências* com base nessas implicações.
- Compartilhamento das lições aprendidas.

Em outras palavras, o relatório oferece um panorama de alto nível do que deu certo e do que deu errado, aprofundando o conhecimento sobre os sistemas e a cultura subjacentes através do uso de circuitos causais. Conforme ilustrado a seguir, são identificados os pontos potenciais de "alta-alavancagem" mediante a combinação de dados de entrevista e medições atualizadas de desenvolvimento de produtos. O relatório traça ainda um plano de ação pelo qual as partes responsáveis se comprometem a mudar, enquanto são criados dispositivos de medição para controle dos resultados.

As AARs vêm sendo utilizadas com sucesso em muitas áreas da Harley. Logo após o lançamento recente de um produto, por exemplo, elas ofereciam uma perspectiva de toda a empresa no tocante à então situação em termos de desenvolvimento de produtos. Embora fossem relatórios formais, as AARs deveriam, na realidade, ser utilizadas como uma ferramenta de melhoria.

Como esse relatório era desenvolvido? Os líderes de AAR faziam visitas a sete localidades e conduziam 38 entrevistas (individuais e em grupo) que incluíam mais de 150 participantes envolvidos em 16 atividades diferentes em toda a empresa.

O que mudou então? Estão sendo implementadas três abrangentes iniciativas — não fórmulas instantâneas com efeito a curto prazo, mas abordagens fundamentadas destinadas a ajudar a empresa a se tornar previsível, melhorar a qualidade e desenvolver lançamentos isentos de problemas no futuro. E, em termos mais genéricos, a Harley voltou a ter em mente que uma situação que, em princípio, possa ser vista como um problema relacionado a uma única fábrica pode acabar se transformando em um problema que venha afetar muitas outras áreas da empresa. O fato de permitir que essa única fábrica se concentre no seu problema de forma isolada pode colocar em risco as atividades compartilhadas mais amplas. Através do processo de AAR, existe agora um real reconhecimento de que uma fábrica não é uma ilha e que cada fábrica tem a responsabilidade de se comunicar com todos os seus participantes envolvidos e deles receber informações.

A exemplo de muitas das lições que a Harley aprendeu nos últimos anos, as melhorias podem emanar de mudanças simples a aparentemente óbvias na maneira como as informações são coletadas, analisadas e divulgadas. Sem dúvida, as AARs parecem simples, mas o fato é que poucas empresas cumprem um procedimento formal de análise do que deu certo e do que deu errado, *imediatamente*, após um esforço importante. Quando as coisas não dão certo, a maioria das empresas (1) transfere a culpa e (2) promete se empenhar mais na próxima vez.

E, novamente, as AARs não podem ocorrer em um vazio organizacional. O terreno para esse tipo de intercâmbio e esse nível de honestidade deve ser preparado por antecipação. "É o constante esforço para desenvolver um ambiente de trabalho em que haja mais envolvimento e participação", diz Don Kieffer, gerente geral de operações da Capitol Drive, "que possibilita essa abordagem".

Recrutamento e Retenção

Conforme observado nos capítulos anteriores, na década de 80, a Harley se tornou uma empresa insular e escassamente povoada. As demissões em larga escala em nível gerencial tiveram suas conseqüências na administração da Harley. Assim como os congelamentos de salário e a incerteza geral de se trabalhar em uma empresa que estava por um fio.

A recuperação levada a efeito por Vaughn Beals e seus colegas solucionou a maioria dos problemas prementes, mas deixou muitos outros por serem resolvidos. Enquanto a empresa continuava a progredir, e os funcionários dispensados eram readmitidos, a necessidade de novas habilidades e capacidades se tornava aparente. Os novos desafios impostos pelo crescimento e progresso continuados naturalmente exigiam infusões periódicas de pessoas talentosas de fora da empresa. Ao mesmo tempo, no entanto, o pessoal da Harley parecia "rejeitar" quem vinha de fora — pessoas que não "estavam presentes" na época das dificuldades. Aliás, era muito difícil alguém de fora conseguir ingressar na organização Harley.

Margaret Crawford, na época completamente envolvida no recrutamento de novos talentos para a empresa, recorda os desafios enfrentados.

> No final da década de 80, muitos dos candidatos interessados em fazer parte da família Harley eram atraídos pela marca. Outros queriam fazer jus aos descontos oferecidos aos funcionários. E havia aqueles ainda que ouviam falar da "virada" e ficavam intrigados com o nosso rápido crescimento. Esses eram bons fatores de propaganda para nós, mas que, francamente, não agrada-

vam às pessoas que queríamos. Em muitos casos, era difícil atrair as pessoas talentosas de alto gabarito de que necessitávamos.

Em meados da década de 90, no entanto, as coisas começaram a mudar. Abrangentes programas de educação e treinamento, bem como sistemas de reconhecimento e recompensas que visavam à contribuição dos indivíduos como parte de um grupo, o melhor nível de comunicação, a organização circular e o Processo Empresarial começavam a se ajustar. Margaret Crawford, por exemplo, detectou uma mudança real na maneira como a sua empresa era vista no mundo exterior. "Hoje", explica ela,

> a Harley continua a atrair alguns candidatos movidos por puro entusiasmo, e outros que gostariam de se beneficiar de nosso desempenho financeiro. Mas o que mudou foi que a empresa hoje agrada a um grupo muito mais amplo — inclusive indivíduos altamente talentosos agressivamente cobiçados por outras empresas — que desejam ingressar na Harley por se sentirem estimulados pelo estilo operacional da Harley e pelo que estamos tentando fazer em termos de cultura empresarial.

De acordo com Margaret, os novos funcionários citam com freqüência os valores da empresa, bem como o seu ambiente aberto e participativo, como algumas das principais razões para o seu ingresso na Harley. Uma candidata ao cargo de vice-presidente, por exemplo, disse que queria ingressar na Harley por acreditar que a empresa pudesse oferecer um sentido mais profundo e uma "ligação" mais íntima do que o seu emprego na época. Ela ficava impressionada com a "alma" da empresa, dizia, além do entusiasmo que os funcionários demonstravam por seus colegas de trabalho, sua empresa e seus produtos.

É claro que a Harley continua sendo uma empresa orgulhosa e rica em tradições, o que significa que continua a ser um lugar difícil onde se pode conquistar a aceitação. Contudo, parece que o Processo Empresarial — e as muitas mudanças descritas nos capítulos anteriores — ajuda a criar uma visão comum do objetivo da empresa, do seu código de ética e de sua *direção*: para onde a empresa caminha e como chegará lá.

Mudando a Maneira Como os Produtos São Lançados

Em meados da década de 80, a Harley lançou no mercado alguns novos produtos extremamente necessários: o motor Evolution, transmissões com cinco marchas, transmissão por correia, duas novas motocicletas, diferentes acabamentos, melhores freios, sistemas de som, controle de velocidade por computador e uma série de outras mudanças.

Mas o lançamento desses produtos, por mais bem-vindo que fosse, tendia a sofrer atrasos e apresentar imperfeições, onerando os recursos técnicos da empresa e geralmente se revelando de difícil solução. E, quando as coisas não davam certo, os setores de engenharia e produção tinham que corrigir esses erros de forma *ad hoc* com um orçamento limitado.

No início da década de 90, os líderes da Harley sabiam que a empresa tinha que abandonar o seu processo seqüencial tradicional de criação e desenvolvimento de produtos: primeiro os engenheiros teriam que fazer a sua parte, depois a produção e o setor de compras (fornecedores) fazer a sua, enquanto o pessoal de marketing e vendas, à margem, implorava por atenção. Em 1991, veio a ordem: *Temos que corrigir o processo de desenvolvimento de produtos.*

Nessa mesma ocasião, o programa de Ampliação da Conscientização IV estava influenciando os gerentes de toda a empresa. Conforme explicado no Capítulo 5, uma decorrência da experiência da Ampliação da Conscientização foi o fato de 10 executivos seniores da Harley terem se matriculado no "curso básico" oferecido pelo especialista em teoria organizacional Peter Senge, através do Organizational Learning Center (OLC), do MIT. Entre muitas outras observações, Senge ressaltou que o ciclo de vida da maioria das empresas é surpreendentemente curto: ele observou que, do início das operações à falência, o decurso de tempo raramente ultrapassa cerca de cinqüenta anos. Por quê? Porque, apesar de seus imensos ativos, essas empresas se esquecem de aprender.

Um dos remédios que Senge receitava para quebrar esse ciclo de falta de aprendizado era o "diagrama do circuito causal", uma representação visual de um determinado processo de trabalho que enfatizava o *feedback*; isto é, o fluxo recíproco da influência. "Nada jamais é influenciado em uma única direção", explica Senge em seu livro, *The Fifth Discipline.* O diagrama do circuito causal enfatiza causas e efeitos, e ajuda a explicar os pontos fortes e as deficiências do processo em estudo. O mais importante é que o método promove o raciocínio sistêmico enfatizando que "toda influência é uma causa e um efeito".

Essas idéias também influenciaram imensamente os líderes da Harley, inclusive os líderes do grupo de desenvolvimento de produtos. No outono de 1991, Ron Hutchinson (na época vice-presidente para assuntos relativos à qualidade) desenhou um diagrama do circuito causal representando o processo de desenvolvimento e lançamento de produtos na Harley. Ele discutiu o diagrama com seus colegas e, sem a menor cerimônia, tachou-o de "LEW" — *tardio, caro* e *errado* (late, expensive, wrong). O diagrama mostrava a convergência de uma série de metas gerenciais para a alocação de recursos, a coincidência de iniciativas, reações "impensadas" e contraproducentes aos problemas, e a insatisfação dos participantes, reproduzindo graficamente e com eloqüência a frustração organizacional (ver diagrama a seguir).

Embora captasse a frustração do momento, o diagrama LEW começou também a gerar consenso sobre o que havia de errado com os então atuais processos de criação e desenvolvimento de produtos, como, por exemplo,

- desejo de agradar e propensão cultural à administração pela crise;
- falta de visão compartilhada no tocante às expectativas e à estratégia;
- incapacidade de dizer "não" (ou de dizer "não" e merecer crédito);
- temor ao fracasso e às mudanças;
- falta de conhecimento sobre a criação de um processo mais satisfatório;
- falta de tempo para empreender mudanças.*

Os engenheiros e gerentes da Harley compartilharam o diagrama LEW com seus colegas da Senge/OLC em janeiro de 1992. Partindo desse princípio, os dois grupos concordaram em trabalhar juntos durante a maior parte de 1992. A "equipe de aprendizagem básica" da Harley lançaria mãos dos recursos externos da empresa para planejar um evento chamado "laboratório de aprendizagem", programado para outubro. Essa sessão teria a duração de vários dias e focalizaria formas de melhorar o

---

* Grande parte dessa discussão, inclusive estas questões, é uma decorrência da "história de aprendizado" da Harley, descrita mais adiante neste capítulo.

Diagrama do Circuito Causal de "LEW"

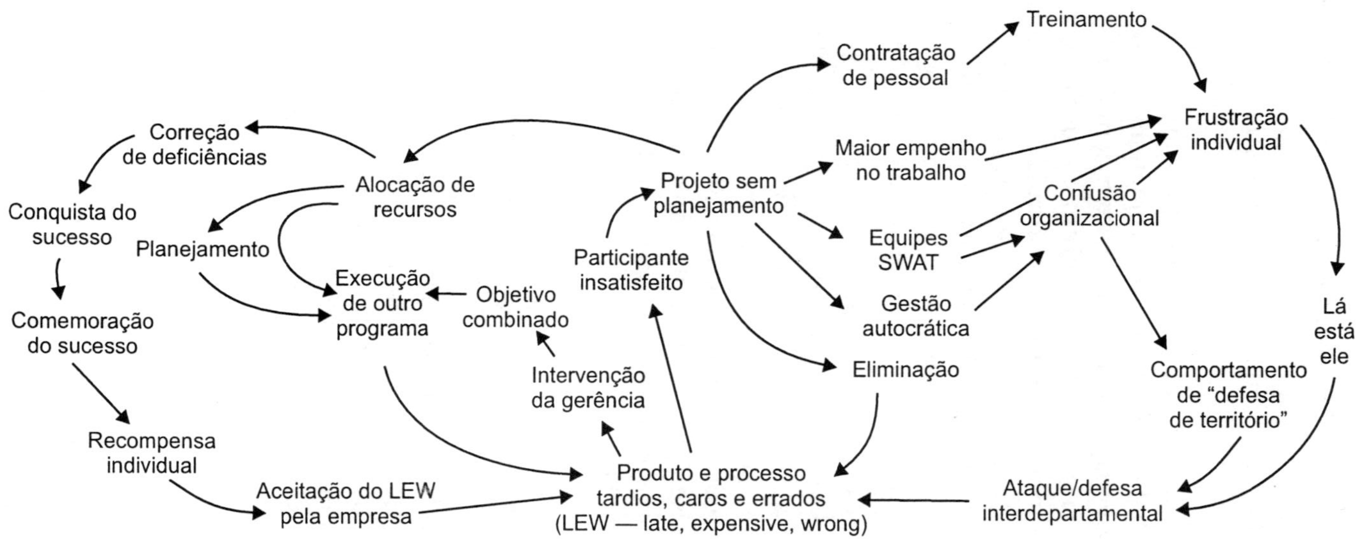

Para maiores detalhes sobre diagramas do circuito causal e os temas correlatos de raciocínio sistêmico e arquétipos sistêmicos, ver Peter Senge, *The Fifth Discipline* (Doubleday, 1990), pp. 93-113 e 378-390; Daniel H. Kim, *Systems Archetypes: Diagnosing Systemic Issues and Designing High-Leverage Interventions* (Pegasus Communications, 1993); e Senge et. al., *The Fifth Discipline Fieldbook* (Doubleday, 1994, em português, *A Quinta Disciplina — Caderno de Campo*, Qualitymark Editora, 1995), pp. 121-150.

processo de desenvolvimento de produtos na Harley. Enquanto isso, a equipe de aprendizagem básica aperfeiçoaria a sua capacidade de aplicação do raciocínio sistêmico à resolução de problemas de natureza prática da empresa.

Esse processo também gerou frustrações. Por coincidência, o OLC, na época, estava trabalhando em um projeto semelhante com um fabricante de automóveis que dispunha de margem suficiente em seu quadro técnico para "reservar" engenheiros e projetistas por períodos prolongados ao longo de muitos meses. A Harley não possuía essa margem e, conseqüentemente, a área técnica em geral não contava com representação na equipe de aprendizagem básica. De sua parte, os membros da equipe de aprendizagem básica costumavam considerar frustrante o caráter vago do que eles estavam tentando fazer. O que, exatamente, era um "laboratório de aprendizagem", e qual a sua atribuição?

Mesmo parte do valioso aprendizado que ocorria era irritante, ameaçadora ou ambas as coisas. "Para muitas pessoas na Harley — observou mais tarde um participante —, pensar no que elas estavam fazendo — e não apenas *fazê-lo* — era um conceito estranho. Ter que refletir sobre o passado fazia com que o processo parecesse, na opinião de alguns de nossos engenheiros e gerentes orientados para tarefas, que havia a presença de uma 'força estranha' [na Harley]."

O Laboratório de Aprendizagem

De acordo com os especialistas em sistemas do OLC, um laboratório de aprendizagem é uma oficina (às vezes chamada pelo OLC de "campo de prática gerencial") na qual as pessoas desenvolvem novas habilidades alternando-se entre o estudo e a prática. Os participantes "treinam" menos e "praticam" mais. São estimuladas situações "reais" de trabalho, e os participantes têm a chance de cometer erros "reais" (sem as penalidades associadas às falhas cometidas na vida real). Eles adquirem novas ferramentas e aplicam-nas em um ambiente que se assemelha ao máximo ao local de trabalho do dia-a-dia.

Enquanto se preparava para o Laboratório de Aprendizagem da Harley, a equipe de aprendizagem básica explorou uma série de "arquétipos" empresariais de Senge e descobriu que várias dessas práticas e sistemas comuns de negócios se aplicavam à Harley. A equipe reconheceu, por exemplo, a "tragédia dos comuns", na qual várias entidades tinham o direito de recorrer a um recurso central limitado — nesse caso, habilidades de criação e engenharia de produtos — sem quaisquer limitações efetivas a essas demandas.

O OLC se recusava a dizer à equipe da Harley exatamente como o Laboratório de Aprendizagem deveria ser. (Embora compartilhasse a forma e o conteúdo dos laboratórios operados por outras empresas, o OLC desestimulava a Harley da simples imitação dessas iniciativas.) Em outubro de 1992, cerca de duas dezenas de integrantes da Harley participaram de um Laboratório de Aprendizagem de dois dias em Milwaukee. Lá eles exploraram uma série de ferramentas de aprendizado desenvolvidas pelo OLC, dentre as quais as cinco disciplinas de Senge, os comportamentos arquetípicos, as simulações por computador, a "escala de dedução" (desenvolvida por Chris Argyris, pesquisador do MIT), o exercício da "coluna da esquerda" (desenvolvido por Argyris e seu colega Don Schon) e outros recursos.

Novamente, o processo gerou mais dúvidas do que respostas. Os participantes criaram seu próprio diagrama do circuito causal de desenvolvimento de produtos na Harley, e ninguém estava satisfeito com as reproduções geradas. "Uma bagunça", dizia um. "Um quadro tenebroso", dizia outro. Alguns participantes consideravam esses exercícios do circuito causal um estimulante desafio e queriam prosseguir com o intuito de encontrar formas de interromper e alterar os maus circuitos. Mas outros, condicionados pelas experiências anteriores com o sistema de comando e controle na Harley a esperar uma solução "mágica", saíam frustrados do laboratório. Mas, afinal, o que foi isso? Onde estava a *receita*?

Na opinião da maioria, a iniciativa do Laboratório de Aprendizagem não gerou quaisquer resultados concretos. "Nesse ínterim", recorda o gerente de projetos e veterano com 20 anos de Harley, Hugh Vallely, "as pessoas estavam tão envolvidas no lançamento de produtos que deixaram de comparecer às reuniões." O Laboratório de Aprendizagem ia e vinha, mas as pessoas, tanto na gerência de divisões quanto na gerência sênior, continuavam confusas. "Ainda não sabemos como *corrigir* o processo", muitos se queixavam. A divisão de engenharia interrompeu seu relacionamento com Senge e com o OLC por mais de um ano. Aparentemente, a correção do processo de desenvolvimento de produtos deixara de atrair atenção.

RICH: Mas essa história, na verdade, nunca termina, se é que isso é benéfico. Simplesmente fica adormecida por um tempo, cozinhando em banho-maria. Após o Laboratório de Aprendizagem, ouvimos as pessoas utilizando termos em suas conversas como "escala de dedução" ou "situações da coluna da esquerda". Na minha opinião, esses sinais indicam um progresso real, mesmo quando as coisas parecem estar inertes.

Primeiros Passos em Direção a Uma Visão Compartilhada

Na primavera de 1993, a Harley contratou Earl K. Werner, engenheiro da General Motors, para trabalhar sob a direção do Diretor de Engenharia Mark Tuttle. Werner aceitou o cargo por compreender que acabaria sendo o sucessor de Tuttle.

Werner logo descobriu que a sua nova empresa tinha algumas limitações. Os seus recursos técnicos eram limitados, especialmente em comparação com os da GM. Os "novos" produtos da Harley representavam, na sua maioria, variações de produtos que existiam há décadas. Enquanto isso, os concorrentes estavam aplicando a tecnologia às suas réplicas de produtos da Harley e tentando derrotá-la em seu próprio terreno: acrescentando inovações de desempenho e outras às quais a Harley não tinha como se equiparar por causa de suas limitações técnicas.

RICH: Werner, obviamente, chegou na desvantagem em dois aspectos: primeiro, por vir de fora; segundo, por ser originário do setor automotivo. Com isso, ele começou a fazer perguntas que, por si sós, subentendiam críticas; terceira desvantagem! Felizmente, ele teve mais uma chance.

Werner decidiu que a Harley precisava de uma imagem compartilhada de desenvolvimento de produtos — uma imagem que pudesse servir de roteiro técnico e fosse propriedade comum de todos os membros da comunidade técnica da Harley. A essa altura, Werner já havia absorvido as lições do OLC, os primeiros cursos sobre "competência básica", os diagramas do circuito causal e o Laboratório de Aprendizagem. Ele acreditava que essas novas formas de pensar eram valiosas para a Harley de um modo geral, e, em particular, para a função de desenvolvimento de produtos.

Conseqüentemente, Werner criou para seus colegas um novo fórum de aprendizagem (que começou a se reportar a ele depois que Mark Tuttle se aposentou). A equipe de Werner retomou o seu relacionamento com o OLC. Werner, enquanto isso, elaborou um cronograma de reuniões mensais, que começou com sessões de meio dia. O grupo de desenvolvimento de produtos se isolou em uma sala de conferências e, parando apenas para o almoço, se empenhou para chegar a uma descrição conjunta da condição futura desejada. Nesse sentido, o grupo de Werner estava repetindo aspectos tanto da Ampliação da Conscientização quanto do Processo de Visão Conjunta, todos dentro de sua própria área funcional.

"Obter o compromisso das pessoas para com esse processo era uma tarefa difícil", recorda Werner. "A Harley é uma empresa adepta das tarefas. A orientação para as tarefas é demasiadamente acentuada aqui, e poucas pessoas viam o exercício intelectual como algo produtivo. Apesar disso, comecei a realizar reuniões de meio dia. E, ocasionalmente, eu era obrigado a adotar uma abordagem autocrática. Por exemplo, certa vez quando a validade dessas reuniões foi desafiada por um engenheiro muito ocupado, respondi: 'Esse é o nosso *trabalho*. Você *terá* que dispor desse tempo — é uma exigência do emprego'."

LEE: Como dissemos muitas vezes, esse é o paradoxo inerente à transição da conformidade para o compromisso. Você precisa de uma dose de comando e controle para começar a evoluir e se afastar desse sistema.

Seis meses inteiros se passaram até que o grupo de Werner assumisse compromisso com o processo, e isso era apenas o começo. Nos anos seguintes, as sessões mensais continuaram a se realizar. As sessões de meio dia se transformaram em sessões de dia inteiro, e o grupo adquiriu um rótulo informal: "Equipe de Liderança."

"Às vezes", recorda Hugh Vallely, "essas reuniões assumiam um caráter muito reflexivo e pessoal. Começamos a demonstrar abertura e confiança à medida que discutíamos questões indiscutíveis. Continuávamos a falar na visão, na tentativa de transformá-la na *nossa* visão, não na visão apenas de Earl."

"Começamos a progredir", diz Werner. "Desenvolvemos uma nova mentalidade. Entusiasmamo-nos e nos comprometemos com o que hoje é uma visão compartilhada."

A Visão

Essa visão, formalizada em abril de 1994, se estendia por 12 páginas. A primeira consistia nos três "objetivos da visão":

> Fundamentalmente, como empresa, precisamos mudar nosso modelo atual de desenvolvimento de produtos, passando a adotar um modelo que alcance os seguintes objetivos:
>
> - Tornar-se previsível.
> - Reduzir o tempo de ciclo de desenvolvimento de produtos.
> - Demonstrar viabilidade de produto e processo e estabelecer a confiança de que os [nossos] objetivos são alcançáveis, antes de implementação da produção.

Em seguida, vinha um esquema de uma página que representava uma combinação dos gráficos desenhados por Lee em sua primeira reunião (no outono de 1987) com os gerentes seniores da Harley e as idéias que as pessoas extraíram do OLC de Senge. O lado esquerdo do esquema, um fluxograma, retratava a "realidade atual" do processo de desenvolvimento de produtos, com notas de rodapé. "O conhecimento é de natureza 'tribal' e difícil de ser recuperado/compartilhado", diz uma delas. "O aprendizado captado se soma à base de conhecimentos, formando um ponto de partida mais elevado para o próximo projeto", dizia uma das notas abaixo dessa coluna.

Vale observar que a condição futura imaginada do desenvolvimento de produtos na Harley tinha início com o *cliente* ("determinar a opinião do cliente"), com a *concorrência*, e com uma *base de conhecimentos cada vez maior.* (A opinião do cliente não aparecia na coluna "realidade atual".) A condição futura imaginada retardava a criação dos protótipos, os projetos e a instrumentação até uma fase muito posterior do processo, levando em consideração, enquanto isso, a *análise*, a *simulação*, a *otimização* e a *visuali-*

zação. E, em vez de ser um processo linear, o futuro imaginado do desenvolvimento de produtos envolvia um processo circular de *aprendizagem*, no qual a melhoria contínua se concentraria na base de conhecimentos e não no processo de produção.

Assim sendo, o documento detalhava 15 "atributos-chave da condição imaginada" e uma série de estratégias e iniciativas destinadas a direcionar a função de desenvolvimento de produtos para essa condição. Dois temas predominavam nessas seções: *angariar sabedoria* e *manter distintas as atividades distintas.* "Evitar que as pessoas designadas para desenvolver novos produtos e processos se envolvessem com a responsabilidade pela solução de problemas do dia-a-dia ou administração de crise relativa aos produtos atuais", dizia uma declaração de estratégia. O documento enfatizava também a visualização, os exemplos e a representação gráfica. "Reúnam-se em torno da máquina", dizia uma outra declaração de estratégia. "Estejam sempre perguntando: 'Essa idéia, mudança etc. pode ser visualizada?'"

A declaração de visão se encerrava sintetizando os desafios enfrentados pela empresa nas áreas de regulamentação governamental, concorrência, responsabilidade pelo produto e custo. O documento reafirmava os cinco valores básicos da Harley — dizer a verdade, ser justo, cumprir as promessas, respeitar o indivíduo e incentivar a curiosidade intelectual — e ampliava esses valores, transformando-os em um conjunto de filosofias operacionais para o grupo de desenvolvimento de produtos. "Uma sede de aprendizado proveniente de todas as fontes disponíveis conduz a empresa ao nível seguinte de realização", dizia uma declaração de filosofia. "Baseando-nos na gama existente de conhecimentos, estamos desperdiçando recursos intelectuais e reaprendendo o que já sabemos."

RICH: Vejo dois aspectos críticos nessa declaração. Um é a "sede de aprendizado", e o outro é o compromisso de reter o que já foi aprendido. Essa é uma ótima ilustração de como uma área funcional incute aquilo que lhe é importante — sem cometer o mesmo erro duas vezes — e aprimora a ordem de aprendizado para a empresa mais ampla.

LEE: Foi, de fato, ótimo observar o desenrolar desse processo, que continha os mesmos princípios e conceitos subjacentes a todos os demais esforços — visão, agora, plano —, plantação de sementes, envolvimento das pessoas, criação de consenso e compromisso.

Werner acrescenta: "Chegamos a uma metodologia comum para o desenvolvimento de novos produtos. Estabelecemos de comum acordo uma maneira de projetar motocicletas que permitisse uma previsibilidade, seguisse uma seqüência cronológica, produzisse resultados lógicos e com a qual a empresa pudesse contar. Pela primeira vez, encontramos uma forma de abandonar o LEW — tardio, caro e errado — e partir para algo muito melhor.

A PDL2T

Devemos lembrar ao leitor que essa iniciativa de criação de visão baseada na funcionalidade ocorreu dentro de um contexto organizacional mutável. A organização circular, descrita no Capítulo 7, nasceu em julho de 1993 e se desenvolveu rapidamente durante o período em que o grupo de desenvolvimento de produtos estava desenvolvendo sua nova visão. Werner e seus colegas pertenciam ao grupo de fabricação de produtos, ou PPG (Produce Product Group).* Mas o processo de criação de visão demonstrou de forma convincente que a criação e o desenvolvimento de produtos não poderiam continuar território de domínio exclusivo do PPG. Se a Harley considerasse o ponto de vista do cliente como uma contribuição vital, por exemplo, o círculo de criação de demanda não teria que desempenhar o seu papel?

A aceitação organizacional dessa idéia foi difícil. Como recorda Hugh Vallely: "Earl, assim como todos nós, estava tendo muita dificuldade em fazer com que o PPG compreendesse que éramos todos responsáveis pelo desenvolvimento de produtos — que o desenvolvimento de produtos pertencia não apenas à área de engenharia, mas também às áreas de compras, produção, estilização, e assim por diante."

---

* Infelizmente para fins de coerência organizacional, a sigla PPC — a sigla lógica que denota aquilo que deveria ter sido chamado de "círculo de fabricação de produtos", por comparação com o círculo de criação de demanda (CDC — Create Demand Circle) — já estava sendo utilizada por um grupo existente. Por isso, o círculo de fabricação de produto passou a ser o PPG.

No final de 1995, portanto, o grupo de Werner chegou a uma nova invenção, que eles denominaram "Equipe de Liderança no Desenvolvimento de Produtos e Aprendizagem", logo abreviada para "PDL2T".*

LEE: Sempre partimos do princípio de que a Harley tinha que ter as pessoas certas, fazendo o trabalho certo, na hora certa e do modo certo. O que esse grupo tinha a fazer era definir esses quatro parâmetros. Não é uma tarefa simples!

A premissa da PDL2T era de que o desenvolvimento de produtos não se limitava apenas à engenharia. No modelo antigo, o grupo de engenharia se via como (e era visto como) o único responsável pelo desenvolvimento e entrega de novos produtos. Porém, com a ajuda dos pesquisadores do OLC e à custa de muito trabalho, os responsáveis pelo desenvolvimento de produtos da Harley agora viam sua função como parte de uma "atividade empresarial", que envolvia os setores de produção, compras, marketing, finanças, e assim por diante. É claro que o conteúdo técnico ainda era dominante, mas poderia reivindicar um monopólio. "A engenharia, por si só, não é capaz de entregar um novo produto", diz Werner, pura e simplesmente.

A PDL2T, portanto, procurou envolver um grupo muito maior de pessoas. Membros de outras funções relevantes, de dentro e de fora do círculo, foram convidados a participar do processo de criação de visão. Logo, as áreas de compras, serviços, produção e uma série de outras áreas funcionais tomaram seus lugares à mesa da PDL2T. Esse procedimento levou a uma situação de vantagens e desvantagens. A vantagem era que a formação desse grupo mais amplo garantia que a nova visão acabaria por desfrutar de uma base mais ampla de participação em todas as operações da empresa. A desvantagem, por sua vez, era que, pelo menos até certo ponto, o processo de criação de visão teria que ser reiniciado.

"Enfim — recorda Werner —, fomos bem-sucedidos na ampliação do grupo em termos interfuncionais, de modo a abranger toda a empresa, conseguindo que essa visão fosse difundida entre todas essas pessoas. Agora contávamos com um poderoso grupo de liderança, situado logo 'abaixo' do nível executivo do Grupo de Liderança Funcional. Essas eram

---

* PDL2T, do inglês Product Development Leadership and Learning Team.

as heranças aparentes, por assim dizer. Esse grupo logo se tornou muito influente — suficientemente próximo aos VPs e às atividades do dia-a-dia, o que lhe permitia direcionar efetivamente a empresa para as mudanças."

LEE: Novamente, a semelhança com o processo de parceria original — no qual o Grupo dos 35 se transformou no Grupo dos 100 — era grande. O processo de construção de círculos concêntricos de envolvimento, compromisso e participação também era semelhante e ilustra uma dinâmica subjacente: Não se pode começar grande, mas também não se pode ficar pequeno.

RICH: A PDL2T capta a essência do trabalho que Lee e eu realizamos durante todos esses anos. A equipe trabalhou a organização circular de modo a atrair seus colegas de diferentes áreas funcionais e acabou por chamar a atenção dos níveis mais elevados da empresa. A energia estava concentrada no centro da organização e, no momento certo, toda essa energia se ramificou para os chamados líderes organizacionais.

Um diagrama inserido no meio da declaração de visão original insistia em bater na mesma tecla, descrevendo uma "fábrica de engenharia" completa, com uma chaminé estilizada e tudo. As "matérias-primas" que entravam na fábrica portavam rótulos que diziam "planos detalhados de produtos", e os "produtos acabados" que saíam da fábrica eram "projetos de qualidade *on time*".

As instalações existentes apresentavam problemas patentes. "Na instalação da Juneau Avenue — recorda Hugh Vallely —, não havia literalmente lugar para colocar uma motocicleta em torno da qual os engenheiros pudessem se reunir para falar sobre o produto." E o pior era que os recursos fundamentais de engenharia da Harley se encontravam dispersos por toda a área de produção da empresa. Alguns estavam na instalação da Juneau Avenue, outros na instalação da Capitol Drive, e havia aqueles ainda que se encontravam em alguma outra parte do estado ou na fábrica de York, na Pennsylvania. E agora, com a ampliação da PDL2T, novos grupos precisavam ter a chance de se "reunir em torno da máquina". Será que, de agora em diante, o setor de compras iria, de fato, participar do processo de criação e desenvolvimento de produtos? Se assim fosse, então a Harley não poderia deixar seus compradores em situação de relativo isolamento nas fábricas individuais.

A PDL2T começou a projetar uma instalação a fim de viabilizar o futuro imaginado. A equipe não se propunha a projetar uma "instalação técnica" propriamente dita. Ao contrário, o seu objetivo era criar um espaço que facilitasse o trabalho interfuncional e servisse de suporte para o processo de desenvolvimento de novos produtos da Harley.

E ao final do processo de criação da PDL2T, a equipe descobriu ter chegado a uma grande caixa com um mínimo de paredes internas e grandes espaços abertos. Os laboratórios de testes, as áreas de construção de protótipos e uma série de laboratórios especializados — emissões, acústica, dino e outros — estavam localizados junto às equipes de projeto. Ao realizar um teste de laboratório, o projetista teria acesso imediato aos resultados. O projeto abrangia também uma grande área em "maquete", onde novos projetos e produtos seriam exibidos e discutidos. Essa área incorporava um componente-chave da visão original de desenvolvimento de produtos: as maquetes seriam desenvolvidas da mesma forma que os projetos eram desenvolvidos.

A Harley abriu novas frentes em seu novo Product Development Center (Centro de Desenvolvimento de Produtos), com uma área de 63.000 metros quadrados, em 1995. "Aproximadamente 400 pessoas, dedicadas ao desenvolvimento cooperativo de novos produtos e processos de produção, estão escaladas para ser transferidas para cá quando a instalação estiver concluída até o final de 1996", dizia o relatório anual de 1995. "A nova instalação nos permitirá assimilar melhor tecnologias de ponta — e o treinamento dos funcionários necessário para que possamos aproveitar todo o potencial dessas tecnologias — destinadas a sustentar o nosso crescimento." A empresa criou oficialmente o PDC em 1997, rebatizando-o "Willie G. Davidson Product Development Center", em homenagem ao estimado diretor de estilização (e membro da família fundadora) da empresa.

Prova Bem-Vinda

Embora tenhamos apresentado uma visão sustentada da maneira como o processo de desenvolvimento de produtos na Harley mudou, não queremos dizer que esse processo ou a nova instalação dentro da qual ele agora está sendo realizado seja perfeita. A palavra "perfeição" não faz parte de nosso vocabulário. Melhoria contínua significa que nada jamais é perfeito, ou, se por um passe de mágica assim o fosse, não duraria por muito tempo. Earl Werner e outros líderes-chave responsáveis pela função de desenvolvimento de produtos recorreram ao trabalho de Peter Senge e outros especialistas externos para alcançar resultados altamente positivos, porém ainda imperfeitos.

Da mesma forma, a função de SI, a técnica da Análise Pós-Ação (After Action Review — AAR), e o processo de recrutamento gerencial descritos no início deste capítulo estão longe de ser perfeitos. Contudo, novamente nesses exemplos, vemos provas da presença de processos positivos e criativos. Através da criteriosa coleta, análise e divulgação de informações no processo de AAR, as fábricas aprenderam (novamente) que não existem no vazio. Margaret Crawford — que atua nas linhas de frente do desafio de recrutamento gerencial há mais de uma década — é uma pessoa particularmente abalizada a avaliar se as recentes mudanças na Harley agradam aos gerentes inteligentes e exigentes do "mundo exterior". Como Earl e seus colegas, Dave Storm encontrou formas de fazer o *download* de elementos da organização circular de modo a tornar a sua própria área funcional muito mais produtiva e capacitada a atender às necessidades da organização mais ampla.

Em nossa opinião, trata-se de tendências altamente positivas. Elas não se prestam particularmente bem à quantificação — *Quanto a Harley economizou ou ganhou em decorrência dos passos X, Y ou Z?* —, mas são medidas válidas da flexibilidade e vitalidade de uma empresa.

Estimamos que, pelo menos, essas tendências evidenciem um ponto: *Esse negócio funciona.* Voltaremos a abordar esse assunto em nosso último capítulo.

13

Reflexões Sobre Uma Trajetória

Recentemente, um gerente sênior da Harley fez uma significativa analogia. A seqüência de experiências que havíamos compartilhado com a empresa cerca de 10 anos antes, disse ele, fora algo como dar uma volta em uma Harley. "É a trajetória", explicou ele, refletindo o tema de uma antiga campanha publicitária da Harley. "A graça não está no destino, mas no trajeto."

A maioria dos capítulos deste livro documenta um processo de mudança ocorrido em uma empresa americana do setor de produção entre aproximadamente o final das décadas de 80 e 90. Observamos em nossa Introdução que a história e as circunstâncias da Harley eram, de certa forma, únicas, de modo que oferecer uma receita universal com base nas recentes experiências da empresa seria, na melhor das hipóteses, uma má idéia. Mas sugerimos também que havia alguns temas e lições gerais na experiência Harley que poderiam ter ampla aplicabilidade em suas atividades, e esta é a matéria deste capítulo.

Primeiro, alguns comentários sobre o sucesso e como vemos o "sucesso". Em todo este livro, evitamos principalmente fazer uso de dados estatísticos como fonte de respaldo aos nossos argumentos. Por quê? Porque a maior parte dos esforços que descrevemos não se prestava a uma avaliação quantitativa. Considera-se a Ampliação da Conscientização II um "sucesso"? Bem, as avaliações realizadas após o evento indicaram que os participantes consideraram a Ampliação da Conscientização II mais bem-sucedida do que a Ampliação da Conscientização I. Porém, coisas *muito mais importantes* não se prestavam, e nem se prestam, à quantificação.

Por exemplo, cinco anos depois das idas e vindas das sessões de Ampliação da Conscientização, os membros do grupo de liderança da Harley estavam mais receptivos a novas idéias e mais interessados em contribuir com novas idéias para as suas funções? Estamos absolutamente convencidos de que eles estavam, e ainda estão. A função de recrutamento e retenção de gerentes talentosos, exercida por Margaret Crawford, conforme descrita no capítulo anterior, foi facilitada? Acreditamos que sim. Mas nenhum dos dois argumentos pode ser provado, pelo menos a contento dos cientistas.

Será que os membros dos sindicatos da Harley estão mais comprometidos com a melhoria contínua, em assumir responsabilidade pessoal pelo aumento da eficácia e eficiência da empresa, em trabalhar entre as linhas funcionais, e em *liderar a empresa* de mil formas diferentes? Sim, estão — e, novamente, não posso apontar medidas simples que arrematem de forma conclusiva o nosso caso.

Mas vamos atualizar um gráfico apresentado no Capítulo 1. Em 1982, como você se recorda, a Harley esteve à beira da bancarrota — perdendo dinheiro e participação de mercado. Naquele ano de trevas, 40% dos funcionários da empresa perderam seus empregos.

Quatro anos depois, em 1986, os sinais vitais da empresa pareciam substancialmente melhores, devido à liderança de Vaughn Beals e seus colegas da gerência, bem como ao magnífico esforço do tipo "mãos à obra" envidado por todos os funcionários da Harley.

No ano seguinte, teve início a trajetória descrita neste livro. Rich começou a assumir mais responsabilidade pelos assuntos da empresa. Ele começou também a buscar o modelo de liderança que sucederia o modelo de comando e controle adotado pela Harley durante os seus anos de crise.

Em 1999, os sinais vitais da empresa pareciam ainda melhores (ver Tabela 13.1).

Até que ponto essa melhoria foi o resultado dos esforços descritos neste livro? Acreditamos que a resposta seja a seguinte: Muito. Mas, em última análise, essa é uma pergunta a ser respondida pelo leitor.

Tabela 13.1. Harley: Antes e Agora

	1982	1986	1999
Participação no mercado americano (651 + cc)	15,2%	19,4%	49,5%
Unidades embarcadas	32.400	36.700	177.187
Receita (US$ milhões)	210	295	2.453
Lucro (perda) operacional (US$ milhões)	(15,5)	7,3	415,9
Funcionários*	2.289	2.211	7.200

* Estimativa (inclui funcionários da Eaglemark Financial Services, Inc., uma subsidiária da Harley).

Outra observação inicial, antes de passarmos aos pontos específicos deste capítulo: O leitor pode ter observado que, ao longo deste livro, nossos próprios papéis mudaram de forma considerável. No início, estávamos (Lee e Rich) entre um pequeno grupo de líderes isolados incentivando e iniciando mudanças que ainda não éramos capazes de definir. Mais tarde, atuamos mais como recursos do que como orientadores, passando a assumir papéis menos centrais.

A nosso ver, essa é uma outra forma de medir o sucesso. Se as mudanças ocorridas na Harley ao longo da última década tiverem um significado duradouro, será em virtude de terem se enraizado e incorporado à essência da empresa. Elas não podem depender de Rich (hoje aposentado) fazer um discurso inspirador, ou de Lee (na época em que este livro estava sendo escrito, ainda consultor da Harley) sugerir mais uma inovação organizacional. Mas acreditamos que as histórias sobre parceria, recrutamento, sistemas de informações e desenvolvimento de produtos relatadas nos Capítulos 11 e 12 — bem como dezenas de outros relatos do gênero que poderiam ser citados — *de fato* sugerem que nossos esforços para ensinar as pessoas a ensinar foram bem-sucedidos.

No restante deste capítulo, examinaremos como os aspectos específicos de nossos esforços, desde de 1987 até hoje, podem ser úteis para outros líderes que estejam procurando inverter a pirâmide, delegar autoridade e inspirar outros indivíduos a liderar.

Vivencie os Seus Valores

O melhor ponto de partida é reconhecer que *os valores são importantes.* Nesse caso, estamos falando dos valores pessoais de indivíduos que ocupam posições de liderança. Os líderes têm que vivenciar a mensagem certa, dia após dia. Quando uma empresa capta sinais de ambivalência — ou, o que é pior, detecta uma lacuna entre a convicção afirmada e o comportamento — as chances de progresso sustentado são poucas.

Segundo, os valores têm que ser valores *compartilhados* por toda a liderança organizacional. Os valores devem ser congruentes para que possam ajudar os líderes a vencer os obstáculos encontrados pelo caminho. Devem também ser congruentes de modo a garantir que os esforços dos funcionários não sejam puxados em direções opostas.

Conforme observado no Capítulo 2, empreendemos nossa trajetória compartilhada com sistemas de valores absolutamente congruentes. Nós dois, por exemplo, acreditamos na suma importância do comportamento ético. (Nenhum dos dois reage bem ao ser chamado de "mentiroso" ou "trapaceiro".) Acreditamos na importância de ser autêntico e fazer o que dizemos que iremos fazer.

Como filhos de pais extremamente trabalhadores, achamos de fundamental importância que a pessoa trabalhe para se sustentar, e que ganhar o pão de cada dia quase sempre envolve longas jornadas de trabalho e, às vezes, noites em claro. Os pais de ambos insistiam intransigentemente na regra de ouro — de que tratar as pessoas como gostaríamos de ser tratados é um procedimento essencial para uma vida feliz e bem-sucedida.

Como ex-gerentes de fábrica, nós dois acreditamos que as pessoas quase sempre superestimam as contribuições da alta gerência e subestimam as contribuições daqueles que, de fato, executam o trabalho pesado de projeto, produção, comercialização e agilização das coisas.

Embora tenhamos seguido caminhos muito diferentes antes de nos encontrarmos no contexto da Harley, tínhamos experiência com uma ampla variedade de empresas. Acreditávamos ser capazes de lidar com quaisquer circunstâncias que o futuro pudesse nos reservar, e ter inteligência suficiente para perceber que outras pessoas eram mais experientes e competentes do que nós, e que, por essa razão, era melhor ouvirmos com atenção suas idéias.

A experiência nos ensinou que o diálogo pode resolver a maioria dos problemas no ambiente de trabalho. Muitos problemas no ambiente de trabalho emanam diretamente da falta de uma comunicação eficaz.

Acreditamos que pessoas são pessoas, e que, em geral, querem as mesmas coisas da vida, inclusive da vida organizacional. Achamos que o processo de liderança deve munir as pessoas com as ferramentas certas e depois, de certa forma, deixar o caminho livre para elas.

E, embora a frase seja de Rich, nós dois acreditamos convictamente que *as pessoas são a única vantagem competitiva sustentável da empresa.*

Apostando nas Pessoas

Talvez precisemos nos estender um pouco neste último ponto. Peter Senge afirma que, em média, as empresas têm uma longevidade menor do que as pessoas. Cinqüenta anos são um ciclo de vida inusitadamente longo para uma empresa. Existe relativamente pouca repetição entre a relação da *Fortune 500* de 50 (ou até mesmo 25) anos atrás e a de hoje.

Por quê? Em parte, por causa daquilo que o economista Joseph Schumpeter chamou de "destruição criativa" inerente ao capitalismo. As novas idéias desbancam as antigas; as novas formas de distribuição de recursos superam as tradicionais.

Mas achamos que essa alta taxa de mortalidade corporativa ocorre também porque as empresas fazem apostas de longo prazo nos ativos errados. Algumas (como a Wang Laboratories e a Digital Equipment Corporation) apostam em tecnologias que elas acreditam serem sustentáveis a longo prazo. Essa estratégia nunca sobrevive ao tempo. As patentes expiram; a tecnologia não pára de evoluir.

Outras empresas apostam em suas estruturas organizacionais. A invenção da Alfred Sloan, da organização composta por múltiplas divisões — incorporada pela General Motors — foi sinônimo de graves problemas para a visão que Henry Ford tinha do mundo. E a maioria dos observadores concordaria que a General Motors só "melhorou" no aspecto da divisão hierárquica no decorrer das décadas seguintes. Entretanto, a aposta na hierarquia se revelou desastrosa para a gigantesca Motor City. A Ford começou a se recuperar depois de abandonar a visão de fabricante de automóveis totalmente integrada, defendida por Henry Ford — das plantações de borracha aos salões de exposição —, e a situação da General Motors foi se agravando cada vez mais à medida que a empresa se solidificava em uma integração vertical.

Algumas empresas apostam em procedimentos, sistemas, processos ou planos sofisticados, rigorosos e altamente refinados. Às vezes, com uma "queda" por determinada área funcional: métodos de marketing, gestão de caixa, e assim por diante. Para invocar uma analogia com as corridas automobilísticas, essa prática significa atribuir mais valor ao carro do que ao piloto. Achamos que as empresas deveriam apostar nos valores, no julgamento e nas habilidades das pessoas. Acreditamos que liderança signifique oferecer aos funcionários liberdade e capacidades, inclusive parâmetros para a tomada de decisões, para utilizar tais valores, julgamento e habilidades.

Abandonando o Sistema de Comando e Controle

O que importa, portanto, são as pessoas. Mas qual a melhor maneira de estruturar uma empresa (ou qualquer outro tipo de organização) de modo a garantir que as pessoas possam apresentar seu melhor trabalho?

Nós dois vivemos a experiência de empresas adeptas do sistema de comando e controle, e Rich liderou pessoalmente empresas (ou setores de empresas) estruturadas dessa forma. Entendemos que o sistema de comando e controle funciona em determinadas situações — aliás, é a *única* coisa que funciona quando as circunstâncias atingem a raia do desespero. Quando a vaca vai para o brejo, tire-a do brejo. Em caso de incêndio, não organize uma comissão — debele o fogo!

Tomando por base nossas experiências comuns e individuais, no entanto, sabemos que grandes hierarquias não fazem grandes empresas. Em particular, as empresas hierarquizadas adeptas do comando e controle fatalmente acabam fracassando a longo prazo. Suas falhas incluem:

- Falta de aceitação de responsabilidade pessoal.
- Síndrome geral do "não é a minha função".
- Foco direcionado para tarefas e obrigações restritas.
- Participação limitada ou restrita nos processos de solução de problemas e tomada de decisões.
- Frustração.
- Conformidade em vez de compromisso.

Decisões tomadas unilateralmente em nível de cúpula, uma nítida corrente de comando e soldados bem mandados que cumprem ordens e executam meticulosamente os planos de terceiros — todas essas táticas têm o seu lugar no modo de crise, mas não ajudam a empresa nos meses ou anos subseqüentes à extinção do incêndio.

RICH: Afirmo também que as empresas que adotam o sistema de comando e controle se tornam vulneráveis às mudanças sutis verificadas no ambiente externo, e que a maioria das mudanças que ameaçam as empresas começam como mudanças pequenas e sutis que as hierarquias tendem a negligenciar.

LEE: E as empresas reagem de forma imprevisível às crises identificadas pelos líderes do sistema de comando e controle. Basta ver os desafios enfrentados pelos militares americanos, por exemplo. Quais os respectivos níveis de compromisso das baixas patentes gerados por eventos como a Primeira Guerra Mundial, a Segunda Guerra Mundial, a Guerra da Coréia, a Guerra do Vietnã e a Tempestade no Deserto? No mínimo, muito diferentes.

Vista do alto da pirâmide, a liderança pelo sistema de comando e controle é limitadora e solitária. O líder precisa conhecer todas as respostas e deve manter uma aura de infalibilidade. Nossa experiência nos mostra que *ninguém* conhece todas as respostas. Ninguém é bom a esse ponto. Quando os destinos de uma empresa dependem da visão e experiência de uma única pessoa (ou, o que é mais provável, de apenas algumas pessoas), com o tempo essa empresa acabará fracassando.

Outra falha da abordagem de comando e controle está no nível de motivação individual. O dinheiro certamente é um dos fatores de motivação. Os mercenários aderem às causas com base no atrativo da recompensa financeira. Mas a história nos mostra que os mercenários — mesmo os mercenários que ganham acima da média — tendem a ser pessoas desmotivadas. Os hessianos contratados pelos ingleses para expulsar o famigerado Exército Continental de George Washington eram bem equipados, bem alimentados e bem pagos — e perderam.

A analogia com a vida empresarial é óbvia. Você sempre pode comprar o tempo de uma pessoa, e pode até contratar o melhor profissional, mas o dinheiro por si só não basta para conquistar o *coração* do melhor profissional. Por que um grande engenheiro de software deixa um emprego bem remunerado para, numa mudança horizontal, ir trabalhar em uma loja de software de vanguarda? Para enfrentar os mais estimulantes desafios profissionais e descobrir a alegria da motivação intrínseca. Um alto salário pode muito bem ser um aspecto secundário a ser considerado.

"Você está defendendo a hipótese de os loucos assumirem a direção do manicômio", disse um executivo principal certa vez a Rich, com um certo tom de deboche. Não exatamente. Sem dúvida acreditamos que as empresas necessitem de estruturas, procedimentos e processos. (Afinal, nós dois somos ex-gerentes de fábrica, e os gerentes de fábrica adoram a previsibilidade.) Mas as nossas experiências nos ensinaram que os líderes desfrutam uma *situação muito mais favorável* quando criam estruturas, procedimentos e processos em cooperação com as pessoas que devem fazê-los funcionar. Isso aumenta o escopo das idéias e cria uma base mais ampla de participação. Cria as *liberdades* e as *limitações* necessárias à flexibilidade e criatividade. Em muitos casos, os loucos são o único recurso capaz de salvar o manicômio.

A Criação do Ambiente

Se as pessoas são a única vantagem competitiva sustentável da empresa, e se o modelo de comando e controle não explora a motivação intrínseca das pessoas a longo prazo, então o líder deve criar e manter um tipo de ambiente diferente — um ambiente no qual as pessoas possam prosperar.

O desafio primordial na criação desse ambiente é a *angariação de muitos co-inventores.* Essa abordagem permeou todas as iniciativas descritas nos capítulo anteriores. Ninguém pode criar o ambiente sozinho. A mudança deve envolver o maior número possível de co-inventores.

Talvez essa receita pareça patente. Porém, a nossa experiência nos mostra que a tática vale para a maioria dos esforços de mudança organizacional bem-sucedidos. O desafio da liderança não implica grandes ciências, apenas um pouco de bom senso. O bom senso permeia todos os princípios que nortearam nossas próprias ações. Por exemplo:

- Compreender o que a empresa está tentando realizar.
- Oferecer a todos a oportunidade de participar de suas avaliações de desempenho e do desenvolvimento de sua carreira profissional.

- Estruturar a empresa de modo a incentivar, de fato, a participação de todos.
- Criar um ambiente que valorize o eterno aprendizado.
- Procurar formas eficazes de abordagem à comunicação.

Vejamos um a um desses princípios: Todos na empresa têm que saber o que ela está tentando realizar. Há quem possa relegar essa tarefa a um esforço de comunicação, mas é mais do que isso — trata-se de uma tentativa de oferecer a todos uma participação em seu sucesso. Desenvolvemos um processo simples que tem início com os valores e termina com o indivíduo, conforme descrito nos Capítulos 5 e 8.

A maioria das pessoas quer fazer uma diferença em suas tarefas diárias. Dado o tempo que passamos no trabalho, é natural que queiramos ter a oportunidade de influenciar a maneira como possamos fazer essa diferença. Queremos que seja feita uma avaliação eficaz de nosso desempenho, e desejamos ser regiamente reconhecidos e remunerados. Descrevemos os esforços da Harley nesse sentido nos Capítulos 6 e 8.

A estrutura de uma empresa exerce uma influência específica no modo de comportamento das pessoas. Em uma hierarquia rigorosa, em geral existem limites específicos sobre a responsabilidade e autoridade das pessoas. Uma das formas pelas quais tentamos oferecer maior responsabilidade e autoridade às pessoas foi reduzindo a hierarquia através da criação de grupos naturais de trabalho, detalhada no Capítulo 7.

Como seres humanos, todos nós gostamos de ser admirados. Muitas empresas consideram que essa admiração é mais bem expressa através de remuneração e benefícios. Mas nós sabíamos que era preciso algo mais. Resolvemos, portanto, procurar outras formas de agradecimento, assunto abordado no Capítulo 8.

As pessoas que almejam ou detêm níveis mais elevados de responsabilidade precisam de oportunidades para desenvolver as novas competências necessárias à operação desse novo nível, uma questão abordada no Capítulo 9.

Sem uma comunicação eficaz em todos os níveis da empresa, nada funciona. A empresa não consegue estar "ligada" nem focalizada. Descrevemos nossas iniciativas relacionadas às comunicações no Capítulo 10.

Os Capítulos 11 e 12 oferecem exemplos de como os princípios até aqui relacionados, quando aplicados, podem fazer uma grande diferença na vida de uma empresa. Como alternativa para esses tipos de relatos, poderíamos ter abordado medidas mais quantitativas, como a tabela apresentada no início deste capítulo. Participação de mercado, rentabilidade ou capitalização: De acordo com qualquer dessas medidas — e, por assim dizer, de acordo com todas as outras medidas-padrão que conhecemos — a Harley vem apresentando um desempenho extraordinário nos últimos anos. Mas algumas das mudanças mais importantes, como explicamos, fogem ao reino das quantificações.

Algumas Observações Pessoais

Gostaríamos de concluir este livro, e encerrar simbolicamente esta fase de nossa jornada juntos, apresentando algumas observações pessoais sustentadas sobre o que aprendemos nessa empreitada.

LEE: Víamos o nosso desafio desde o início da seguinte maneira: liderar sem liderar. Como poderíamos ajudar a incentivar uma empresa na qual os funcionários, não os chefes, moldariam e desenvolveriam a organização sem que se lhes dissesse o que fazer e como fazê-lo?

Era uma tarefa difícil? Sem dúvida. Complexa? Muito mais do que subentende a maioria dos tratados sobre mudança organizacional. Exigia humildade? Sempre. Assustadora? Nem tanto. Afinal, como observamos, Rich e eu trabalhamos baseados em valores e convicções extraordinariamente semelhantes, e um sabia que o outro não abandonaria o barco. Frustrante? Sem dúvida. Mas ficamos frustrados principalmente conosco, individualmente, e não um com o outro ou com o pessoal da Harley.

Recapitulando, o que teríamos feito diferente? Acho que poderíamos ter sido mais pacientes conosco, individualmente. Mas pedir a Rich Teerlink que "pegue leve" é perda de tempo, e desconfio que ele diria o mesmo de mim.

Estou confiante de que a trajetória da Harley continuará a ser seguida, bem depois que Rich e eu tivermos saído de cena. No dia 13 de janeiro de 1999, em uma sessão da Harley-

Davidson University na qual estiveram presentes cerca de 300 revendedores e alguns funcionários isolados, Rich foi homenageado na ocasião por sua iminente aposentadoria. Os comentários de um dos participantes me tocaram profundamente. "Não se preocupe, Rich", disse esse revendedor. "Não podemos e nem queremos retornar à situação em que nos encontrávamos. Estamos caminhando, e nada nos impedirá de continuar seguindo a trajetória que iniciamos."

Novamente em nível pessoal, eu via a minha trajetória com Rich mais como um relacionamento entre colegas, iguais e assessores mútuos do que como um executivo principal/consultor em relacionamentos. Respeitamos as prerrogativas um do outro e tínhamos certeza de que o outro agiria com a devida habilidade, a partir de uma sólida base de valores. Não fizemos contagem de pontos, mesmo porque essa não era a nossa proposta.

Abordei o compromisso com a Harley (assim como abordo meus outros compromissos profissionais) com cinco princípios norteadores básicos:

1. No início, o consultor deveria ajudar a identificar o problema e o cliente potencial a encontrar o recurso certo para abordar esse problema. Em geral, isso significa que existe sempre uma outra pessoa mais adequada para desempenhar a tarefa em questão.
2. O consultor deve assumir responsabilidade pela gestão do relacionamento e certificar-se de que o cliente está utilizando os serviços do consultor de forma rentável.
3. O consultor deve fazer pelo cliente somente o que não pode fazer ou não fará sozinho. Os meus compromissos mais bem-sucedidos foram aqueles em que, com o passar do tempo, o cliente passou a construir uma capacidade interior de identificar e solucionar sozinho os problemas.
4. Por razões práticas, o consultor deve procurar os recursos internos que já conheçam as respostas "certas" — e existem sempre algumas dessas pessoas —, faça-as suas aliadas e dê-lhes o devido crédito por sua sabedoria.
5. Juntos, consultor e cliente devem desenvolver um "contrato" muito explícito, que eu coloco entre aspas por estar me

referindo a muito mais do que um simples documento legal. Quero dizer um claro acordo sobre funções e responsabilidades tanto para os recursos internos quanto externos envolvidos em uma iniciativa. Durante todo o meu relacionamento de doze anos com a Harley, descrito neste livro, a contratação e recontratação contínuas foram uma constante, comprometendo todo o pessoal envolvido e afetado pessoalmente pela relação.

Devo observar que Rich, Tom Gelb, John Campbell e outros trataram (juntamente comigo) de transmitir tanto os aspectos específicos do contrato quanto a filosofia que lhes era subjacente. Em conjunto, deixamos claro o que eu faria e não faria, bem como o que empresa faria e não faria. Por exemplo, concordamos todos que quaisquer de meus colegas da ROI jamais violariam o sigilo interno, tampouco nos permitiríamos ser utilizados como mensageiros. O pessoal da Harley testava com freqüência esses compromissos no início do relacionamento, e acabou decidindo que nós cumpríamos com o que dizíamos.

Nós dois — Rich e Lee — nos reuníamos regularmente para avaliar a evolução de nosso relacionamento. Conversávamos explicitamente sobre se estava sendo algo proveitoso para a Harley. Entre outras coisas, esse procedimento exemplificava comportamentos adequados que se revertiam em benefício da empresa. Conforme afirmado regularmente nos capítulos anteriores, os líderes devem se comportar de maneira congruente com seus valores declarados.

Vou concluir dizendo que tive o privilégio de conhecer e trabalhar intimamente com mais de duas dezenas de executivos principais, os quais sempre respeitei e admirei. Mas nunca conheci nem trabalhei com uma pessoa, executivo principal ou não, que merecesse tanto o meu respeito, a minha admiração ou o meu apreço quanto Rich.

Em muitos aspectos, Rich não se enquadra no estereótipo hollywoodiano de executivo principal. Rich não é alto, seus cabelos não são grisalhos e ele prefere os trajes de couro, ao estilo motoqueiro, aos ternos risca-de-giz. Ele é direto e nada diplomático, além de extremamente inteligente. Mas uma das primeiras coisas que se nota em Rich é a sua capacidade de ouvir com atenção. Ele está determinado a aprender com você, independente de quem você seja ou onde esteja.

Tínhamos e ainda temos um relacionamento único. Trabalhamos juntos durante 12 anos. Ele me serviu da mesma maneira que eu o servi — como orientador e consultor de minha própria empresa. Em muitos casos, ele me deu o melhor tipo de conselho: os conselhos indesejáveis.

Por tudo isso, agradeço-lhe. E o parabenizo por ter iniciado e incentivado uma das mais bem-sucedidas transformações que já vi de uma organização humana.

RICH: Quase 40 anos se passaram desde que me formei. Durante esse tempo, trabalhei em sete empresas. Eram empresas de grande e pequeno portes, públicas e privadas, e assumi missões tanto em nível de empresa quanto de divisão. Com o tempo, a escala e o escopo de minhas responsabilidades aumentaram: auditor júnior, supervisor de contabilidade, auditor interno/gerente de tributos, gerente de fábrica, diretor de planejamento empresarial, diretor financeiro, presidente, executivo principal e presidente do conselho.

Em cada uma dessas empresas, recebi lições de "como atuar" e "como não atuar". Recebi sábios conselhos de muitos orientadores e mentores. Um cidadão chamado Earl Fester, por exemplo, tentou me ensinar como ser gerente de fábrica, enfatizando a importância dos sólidos processos de produção e da flexibilidade operacional. Outro líder de não muitas palavras, Rollie Nelson, me demonstrou a importância de se estar em contato com todo o pessoal da empresa. Max DePree, da Herman Miller, me ajudou a compreender a função de um líder, expressa através de palavras que sempre citei durante o tempo em que trabalhei na Harley: "Através de suas ações, não de suas palavras, os líderes criam o sentido de justiça dentro da organização."

Além daqueles indivíduos com os quais trabalhei nas empresas, muitos outros que escreveram livros, apresentaram seminários ou de outras formas influenciaram meu crescimento pessoal. Dois dos mais significativos foram Michael Kami e Peter

Senge. No final da década de 70, Mike escreveu um livro intitulado *Management in Crisis, or Why the Mighty Fail.* Este livro me veio à mente em 82, quando, na Harley, estávamos à procura de um consultor que pudesse nos ajudar a planejar o nosso futuro. Mike acabou se tornando assessor da Harley e depois membro da diretoria. Embora obrigado a se aposentar da diretoria aos 70 anos, continua na ativa como assessor da empresa. Não tenho a menor dúvida de que ele ajudou a salvar a Harley-Davidson.

Peter Senge escreveu *The Fifth Discipline* em 1990. Na minha opinião, este livro trouxe consigo muitos dos conceitos com os quais me vi às voltas durante anos. Falava dos inter-relacionamentos entre os sistemas. Peter demonstrou claramente que, examinando os fenômenos isoladamente, não conseguimos compreender todas as possíveis causas de um problema, não podendo, conseqüentemente, solucioná-lo de forma eficaz. Ele ofereceu ferramentas que permitissem ao leitor melhorar sua capacidade de análise e comunicação. Considero Mike e Peter não apenas grandes pensadores, mas também, o que é mais importante, bons amigos, que me abriram os olhos para conceitos novos e aplicáveis.

Até aqui, identifiquei cinco pessoas que influenciaram minha carreira. Outras centenas me ajudaram nessa trajetória, à medida que procurei trabalhar com elas e para elas. Elas ouviam minhas idéias e me respondiam com idéias ainda melhores. Na melhor das hipóteses, recorríamos à sabedoria coletiva e, em conjunto, desenvolvíamos ações eficazes. Para quem estava de fora, é possível que esses indivíduos fossem vistos como pessoal de loja, pessoal de escritório, funcionários horistas e funcionários assalariados, mas eu os via, e ainda os vejo, como parceiros, professores, orientadores e mentores. Muitos deles se tornaram eternos amigos. Quase sempre fiquei aquém de suas expectativas, mas eles sempre me deram uma segunda chance. Sou especialmente grato a todos os membros da família Harley que desempenharam tão importante papel na criação desse ambiente em que todos têm oportunidade de fazer uma diferença e crescer. Sem eles, este livro não teria sido escrito.

Concluindo aqui os comentários sobre aqueles aos quais sou grato pelo meu sucesso, gostaria de falar um pouco sobre o aprendizado que extraí de minha experiência como executivo principal. Essas lições podem ter ou não valor para outros executivos principais, e apresento-as simplesmente a título de informação, não como receitas.

Os executivos principais são seres humanos que, por algum misterioso conjunto de circunstâncias, ascenderam à mais alta posição de poder da vida empresarial. Por força das circunstâncias, eles são incentivados a pensar que são as únicas pessoas capazes de liderar suas respectivas organizações. Todas as armadilhas inerentes à função de executivo principal reforçam diariamente essa conclusão. Mas sugiro que os executivos principais tenham em mente o fato de que existem muitas pessoas capazes de fazer o que eles fazem, e que o fariam se tivessem oportunidade para tal. Você é tão "especial" quanto as suas ações. Em última análise, você só desfruta a autoridade que recebe.

Como executivos principais, somos investidos de imenso poder. A maneira como exercemos esse poder tem significativo impacto sobre muitas pessoas. Podemos agir como tiranos, ditadores benevolentes ou capacitadores. Os bons executivos principais raramente são (se é que o são) tiranos, ocasionalmente são ditadores benevolentes e, com muita freqüência, capacitadores. Como capacitadores, temos a oportunidade de fomentar e participar do sucesso dos outros.

Pessoalmente, desenvolvi um alto nível de paixão pela Harley-Davidson como instituição orgulhosa, capacitada e dirigida. A empresa é tudo isso. Mas a minha maior paixão é pelas milhares de pessoas que, todos os dias, preservam a herança da Harley. Algumas ganham o seu sustento como funcionários, revendedores ou fornecedores; outras são clientes que compram e utilizam nossos produtos. Sem essas pessoas, na realidade, todas voluntárias, não teríamos o sucesso que temos. Considero-as uma família — não apenas números expressos nos diversos relatórios internos e externos. Espero sinceramente que essas pessoas saibam o quanto são valiosas para o sucesso da Harley. Digo-lhes isso todas as vezes que tenho uma chance.

Os executivos principais são "vigilantes dos valores" de sua empresa, pelo menos enquanto esses valores forem uma parte real, arraigada e incorporada dos membros da organização. Com ou sem um contexto de mudanças, mas especialmente dentro de um contexto de mudanças, o executivo principal deve servir de exemplo organizacional. Uma andorinha só não faz verão, é claro, mas a ausência dessa única andorinha pode desestruturar as demais.

Quando necessário, um executivo principal deve atuar como iniciador das mudanças, devendo também fazer rapidamente a transição para o papel de capacitador, facilitador, partidário e alimentador.

Um executivo principal deve ajudar outros líderes a compreender seu papel primário: como capacitadores e partidários dos esforços dos outros.

Um executivo principal deve ser vulnerável, o que permite que tanto ele quanto os outros aprendam.

Os executivos principais devem se fazer visíveis e disponíveis para a empresa. Quanto maior, mais complexa ou mais geograficamente dispersa a empresa, mais difícil se torna essa tarefa. Embora a tecnologia possa ser um instrumento de auxílio eficaz, os executivos principais devem aprender a depender de outros líderes em todos os níveis para transmitir a mensagem em pauta a todo o pessoal da empresa.

Os executivos principais necessitam de uma fonte de constante aconselhamento. Max DePree exigia um "secretariado": um grupo de indivíduos que não teme dizer ao imperador que ele está nu. Durante 12 anos, contei com a colaboração de um secretariado formado por um único membro: Lee Ozley. Lendo este livro, você tomou conhecimento de como ele contribuiu com anos de experiência ao lidar com as mudanças organizacionais ocorridas na Harley-Davidson. Ele nos ajudou a crescer em conhecimento e sabedoria. Desafiou nossas idéias sem fazer com que nos sentíssemos diminuídos ou inferiores. Os funcionários de toda a organização Harley buscam seus conselhos. Ele é visto como um parceiro.

Na minha opinião, particularmente, ele chegou como um consultor, mas um tipo diferente de consultor. Lee é um generalista e, por essa razão, talvez membro de uma espécie ameaçada de extinção neste mundo de alta tecnologia e especialização. Ele nunca tentou introduzir o último modismo na Harley. Sua empresa nunca rebatizou uma ferramenta ou uma abordagem para fins de marketing. Ao contrário, ao perceber que ainda não havíamos identificado a real preocupação, Lee e seus colegas nos conduziram por um processo de aprendizado. Foi algo tranqüilizador, e a sua abordagem generalista lhe permitiu oferecer-nos uma ampla base de serviços de consultoria que toca a todas as áreas funcionais da empresa.

Num primeiro momento, Lee se manifestou aos nossos olhos como uma alma gêmea, tendo se revelado, em seguida, como orientador, mentor e colega. Ele me obrigou a repensar assuntos sobre os quais eu pensava ter suficiente e clara compreensão. Lee foi o meu mentor em momentos muito difíceis e estressantes durante o nosso processo de mudanças. Ele passou a conhecer minhas experiências de vida e inseriu-as em seu acervo de ferramentas como fonte de auxílio para a Harley e para mim. E me deu a grande honra de me aceitar como orientador e mentor durante o desenvolvimento de sua carreira, mudando o seu próprio foco de trabalho.

O relacionamento que Lee e eu tínhamos, como executivo principal e consultor, era único — um relacionamento que, no meu entender, permitiu o desenvolvimento das mudanças na Harley. Do ponto de vista individual, não estávamos interessados em ser identificados como os donos de uma idéia. Na verdade, estávamos mais interessados em levar uma idéia à fase de implementação através dos esforços dos outros. Essa abordagem permitiu o desenvolvimento do benefício real e duradouro da trajetória compartilhada por Lee e eu. Ganhei um amigo.

Esperamos (e acreditamos apaixonadamente) que a Harley se beneficie das mudanças descritas neste livro. Esperamos que outras empresas possam tomar por base nossas experiências para melhorar através da criatividade de seus próprios métodos. "A história não se repete — escreveu certa vez Mark Twain —, mas, às vezes, rima." Este livro não pode ser usado como um livro de receitas — mas talvez as nossas idéias possam servir como fonte de boas rimas.

Esperamos ansiosamente dar continuidade ao nosso diálogo — uns com os outros e com outras pessoas que tenham o objetivo de construir e melhorar organizações humanas eficazes. Caso deseje continuar o diálogo conosco, você poderá fazer contato através do site http://www.richleebooks.com.

Índice Remissivo

Os Autores

RICH TEERLINK se aposentou como presidente do conselho e executivo principal da Harley-Davidson em 1999. Durante seus 18 anos de serviços prestados à Harley, Teerlink ocupou os cargos de diretor financeiro, presidente, executivo principal e presidente do conselho. Nomeado para a diretoria em 1982, ele fez parte da equipe de liderança que encabeçou o processo de revitalização da empresa. Em 1986, ele ajudou a Harley a retomar sua condição de empresa pública. Antes de ingressar na Harley, Teerlink teve o benefício de atuar em empresas públicas e privadas de grande e pequeno portes, tanto em nível de empresa quanto de divisão, em missões de linha e funcional. Nesse período, o autor ocupou relevantes cargos executivos em empresas como Herman Miller, RTE Corporation, Union Special Corporation e MGD Graphic Systems. Teerlink é formado em contabilidade pela Bradley University, com grau de mestre pela Universidade de Chicago. Atualmente ele é membro das diretorias da Harley-Davidson, Johnson Controls, Snap-on Incorporated e Bering Truck Corporation, além de proferir freqüentes palestras para empresas em todo o mundo e ser participante ativo de muitas organizações empresariais e comunitárias.

LEE OZLEY já atuou como consultor, orientador e assessor para mais de 80 empresas na América do Norte e Europa nos últimos 30 anos. Seus clientes, dentre os quais figuram empresas como Harley-Davidson, Cummins Engine Company, National Steel, Air Canada, e Lockheed Martin, incluem um variado espectro de organizações de pequeno e grande portes, empreendimentos familiares e empresas sindicalizadas do setor de produção. Antes de começar a atuar como consultor, Ozley serviu como representante operacional em organizações sindicais e administrativas. O autor é formado pela Auburn University e pós-graduado pela Universidade de Wisconsin, com especialização nos trabalhos de Abraham Maslow. Autor de vários artigos, atualmente ele está semi-aposentado e dedica seu tempo a um pequeno número de clientes selecionados, fazendo apresentações e ministrando palestras freqüentes em associações comerciais, universidades e outras instituições.

Teerlink e Ozley são membros do conselho universitário da Faculdade de Administração da Auburn University.

DADOS TÉCNICOS

FORMATO:	16 x 23
MANCHA:	12 x 19
CORPO:	11
ENTRELINHA:	13
FONTE:	NEW BASKERVILLE
TOTAL DE PÁGINAS:	320

Impresso nas oficinas da
SERMOGRAF - ARTES GRÁFICAS E EDITORA LTDA.
Rua São Sebastião, 199 - Petrópolis - RJ
Tel.: (24) 2237-3769